UNI-WISSEN

W0396692

Grundkurs Sprachwissenschaft

Klett Lerntraining

Bibliografische Information der Deutschen Nationalbibliothek
Die Deutsche Nationalbibliothek verzeichnet diese Publikation in der Deutschen Nationalbibliografie; detaillierte bibliografische Daten sind im Internet über http://dnb.d-nb.de abrufbar.

Auflage 6 5 4 3 | 2015 2014 2013 2012
Die letzten Zahlen bezeichnen jeweils die Auflage und das Jahr des Druckes.
Dieses Werk folgt der reformierten Rechtschreibung und Zeichensetzung. Ausnahmen bilden Texte, bei denen künstlerische, philologische oder lizenzrechtliche oder andere Gründe einer Änderung entgegenstehen.
Das Werk und seine Teile sind urheberrechtlich geschützt. Jede Nutzung in anderen als den gesetzlich zugelassenen Fällen bedarf der vorherigen schriftlichen Einwilligung des Verlages. Hinweis zu § 52a UrhG: Weder das Werk noch seine Teile dürfen ohne eine solche Einwilligung eingescannt und in ein Netzwerk eingestellt werden. Dies gilt auch für Intranets von Schulen und sonstigen Bildungseinrichtungen.
Fotomechanische Wiedergabe nur mit Genehmigung des Verlages.

© Klett Lerntraining GmbH, Stuttgart 2009. Alle Rechte vorbehalten.
www.klett.de/uniwissen
Umschlaggestaltung: Sabine Kaufmann, Stuttgart
Umschlagbild: P. Windbladh, zefa, Corbis
Satz: Kassler Grafik-Design, Leipzig
Druck: AZ Druck und Datentechnik GmbH, Kempten
Printed in Germany
ISBN 978-3-12-939004-7

9 783129 390047

Inhalt

Der britische Linguist John Lyons meint in einem Einführungsbuch, Studierende der Linguistik müssten zunächst einmal alles vergessen, was sie über die Sprache zu wissen glaubten. John Lyons hat Recht. Vieles von dem, was allgemein über Sprache und Sprachwissenschaft gesagt wird, ist falsch oder hat keinen Platz in einem Linguistikstudium. Auch wenn Sie sich darauf verlassen können, dass Sie, sobald Sie zugeben Linguistik zu studieren, auf der nächsten Party nach einer Kommaregel gefragt werden: Linguistinnen und Linguisten interessieren sich nicht hauptsächlich dafür, was ‚richtig' oder ‚gut' ist. Wir sind nicht den ganzen Tag damit beschäftigt, uns neue Namen für Nebensätze auszudenken und schon gar nicht wollen wir den Sprachwandel aufhalten.
Was aber dann? Uns interessiert, wie Menschen Sprache verarbeiten und verstehen, wie Sprache gelernt wird, wie Kommunikation glücken kann oder wie Sprachen sich verändern und entwickeln. Denken Sie daran, dass jede menschliche Sprache im Prinzip unendlich viele Wörter und Sätze haben kann. Das bereitet uns in der Kommunikation aber keine Probleme, weil wir implizit viel mehr über Sprache wissen, als wir denken. Dieses implizite Wissen sollen wir natürlich nicht vergessen, sondern erforschen. Und darum geht es hier.

Die Arbeit an diesem Buch hat mir viel Spaß gemacht. Dazu beigetragen haben die Kolleginnen und Kollegen, die seit vielen Jahren den Grundkurs Linguistik an der Humboldt-Universität unterrichten, von denen ich sehr viel gelernt habe. Genauso viel habe ich von den Studierenden der Grundkurse gelernt! Ich möchte mich herzlich bedanken bei den Kolleginnen und Kollegen, die Kapitelentwürfe gelesen und ausführlich, kompetent und konstruktiv kritisiert haben. Ganz herzlichen Dank an Peter Bosch, Hagen Hirschmann, Stefanie Jannedy, Stefan Müller und Christina Noack!
Vielen Dank auch an den Reihenherausgeber Gerhard Lauer, der mir dieses Buch anvertraut und es mit genau der richtigen Mischung aus Ermutigung und sanftem Druck begleitet hat. Manfred Ott vom Klett-Verlag hat jede Frage freundlich und kompetent beantwortet – auch dafür vielen Dank.

Anke Lüdeling
August 2008

1 Ziel und Aufbau dieses Buches

Fragestellungen

Die Sprachwissenschaft beschäftigt sich auf vielfältige Weise mit der menschlichen oder natürlichen Sprache. Einige Forscherinnen und Forscher untersuchen unabhängig von einer bestimmten Sprache die Sprachfähigkeit von Menschen, den Spracherwerb bei Kindern und Erwachsenen oder die überhaupt möglichen Strukturen in natürlichen Sprachen. Andere interessieren sich für eine bestimmte Sprache oder Sprachfamilie und erforschen die Entwicklung und Strukturen dieser Sprache. Die Untersuchungen zu einzelnen Sprachen sind dann oft wieder eine Voraussetzung für die sprachübergreifenden Themen.
In diesem Buch geht es um die Strukturen des Deutschen. Wir werden an einigen Stellen aber sehen, dass die Erkenntnisse über das Deutsche zu einer allgemeinen Theorie über natürliche Sprache beitragen können. Das erste Kapitel versucht eine erste Annäherung an den Gegenstand der Sprachwissenschaft: Was ist natürliche Sprache? Was ist die deutsche Sprache? Und wie fragt die Sprachwissenschaft nach diesen Gegenständen?

Deskription und Theorie

Man kann die Sprache unter sehr vielen verschiedenen Gesichtspunkten und Fragestellungen betrachten. Das führt dazu, dass sich Linguisten und Linguistinnen ständig uneinig sind – wie Sie sehen werden, sogar über grundlegende Begriffe wie ‚Wort' und ‚Satz'. Das ist an sich nicht schlimm, weil man durch kontroverse Diskussionen Erkenntnisse gewinnen kann. Kontroversen werden in dieser Einführung aber weitgehend außen vor bleiben, weil ich Sie zunächst mit wichtigen Beschreibungsmethoden vertraut machen möchte. Ich werde dabei im Wesentlichen deskriptiv bleiben, da ich es für wichtig halte, dass man sprachliche Phänomene erst genau beschreiben kann, bevor man sie in einem theoretischen Rahmen diskutiert (zum Unterschied zwischen Deskription und theoretischer Modellbildung siehe Kapitel 3). Da dies aber kein ‚Katechismus' ist, möchte ich Ihnen an einigen wenigen Stellen doch zeigen, wie Wissenschaftler diskutieren. Ich werde auch viele schwierige Daten ignorieren und an einigen Stellen stark vereinfachen.
In eine Einführung gehört eigentlich die Darstellung der Geschichte eines Faches. Da die Geschichte besser zu verstehen ist, wenn bestimmte Hintergründe bekannt sind, habe ich die Kästchen „Hintergrund" eingefügt. In diesen werden verschiedene Ansätze, wesentliche Fragestellungen und berühmte Vertreter kurz dargestellt. In der kommentierten Literaturliste finden Sie dazu Vorschläge zum Weiterlesen.

2 Natürliche Sprache

Semiotik

Was ist natürliche Sprache? Kann man sie von Kommunikationsformen zwischen Tieren und anderen Zeichensystemen unterscheiden? Zunächst bildet die natürliche Sprache ein Zeichensystem, mit dem Menschen sich verständigen. Es gibt viele solcher Zeichensysteme: Verkehrszeichen, Gesten, Noten in Partituren etc. Die Wissenschaft, die sich mit Zeichen und Zeichensystemen beschäftigt, heißt Semiotik. Für eine kurze Einführung siehe das Kapitel ‚Semiotik' in LINKE/NUSSBAUMER/PORTMANN (2004). Ein Zeichensystem besteht aus Zeichen, in denen eine Form mit einer Bedeutung oder Funktion verknüpft ist. ‚Form' muss man ganz abstrakt verstehen – eine Form kann graphisch oder lautlich sein. Oft ist die Bedeutung eines Zeichens abhängig von seiner Stellung in einem Kontext, wobei der Kontext innerhalb des Zeichensystems gegeben sein kann oder außerhalb.

Zeichen

Betrachten Sie die folgenden Verkehrszeichen: Das Zeichen „Ende sämtlicher Streckenverbote" bezieht sich auf den Zeichenkontext – es hebt genau die Verbote auf, die vorher durch andere Verkehrszeichen gegeben waren. Man kann es nur verstehen, wenn man die vorherigen Zeichen kennt. Das Zeichen „Gefahrenstelle" hingegen deutet auf einen Kontext außerhalb des Zeichensystems hin – irgendeine externe Gefährdung muss beachtet werden.

Eigenschaften von Zeichensystemen

Auch Tiere nutzen Zeichensysteme, um sich zu verständigen. Man denke etwa an den Schwänzeltanz der Bienen, bei dem eine Biene durch bestimmte Bewegungen den anderen Bienen im Stock mitteilt, in welcher Richtung und Entfernung eine Nahrungsquelle liegt. Auch hier besitzen bestimmte Zeichen, zum Beispiel bestimmte Drehungen, eine Bedeutung, die von innerem und äußerem Kontext abhängt. Die menschliche Sprache unterscheidet sich von diesen Zeichensystemen und auch von vielen anderen Zeichensystemen nicht kategorial: Auch sie verwendet Zeichen, wobei Zeichen hier zum Beispiel Wörter oder Sätze sein können. Diese Zeichen sind mit bestimmten Bedeutungen verknüpft und oft vom Kontext abhängig. Man kann die menschliche Sprache nicht durch ein einziges Merkmal von allen anderen Zeichensystemen unterscheiden, sondern nur durch ein Bündel von Merkmalen, die alle zusammen vorhanden sein müssen. Dies wurde von verschiedenen Autoren formuliert, ein einflussreicher Aufsatz dazu stammt von HOCKETT (1960). Die Merkmale sind:

Bidirektionalität

- **Bidirektionalität:** Menschen können sowohl Sender als auch Empfänger eines beliebigen Sprachsignals sein. In der Kommunikation vieler Singvögel ist das anders: Während die Männchen singen, um ihr Revier zu markieren oder ein Weibchen anzulocken, können die Weibchen oft nicht oder nur wenig singen. Sie verstehen den Gesang der Männchen, können ihn aber selbst nicht produzieren.

Situationelle Ungebundenheit

- **Situationelle Ungebundenheit:** Menschen können über Dinge kommunizieren, die nicht hier und jetzt stattfinden. So können wir zum Beispiel über die Menüfolge von gestern Abend im 2-Sterne-Restaurant berichten oder die Menüfolge für kommenden Samstag in unserer Wohnung planen. Dies unterscheidet menschliche Kommunikation von vielen Kommunikationsformen bei Tieren.

Rückkopplung

- **Rückkopplung:** Ein Mensch kann sein eigenes Sprachsignal hören und darauf reagieren, indem er sich zum Beispiel korrigiert.

Diskretheit

- **Diskretheit:** Die Zeichen natürlicher Sprache können in kleine, diskrete, also voneinander unterscheidbare, Einheiten zerlegt werden. So kann man zwischen den Wörtern *Tisch* und *Fisch* unterscheiden und genau sagen, dass der Unterschied zwischen dem Laut [t] und dem Laut [f] liegt. [t] und [f] sind also diskrete Einheiten. Diese Einheiten bedeuten selber nichts, unterscheiden aber die Bedeutung der Wörter *Tisch* und *Fisch*.

Produktivität

- **Produktivität:** Die natürliche Sprache erlaubt es, aus einer begrenzten Menge der diskreten Einheiten wie Lauten und Wörtern neue, komplexe Zeichenketten zu produzieren, zu verstehen (siehe Kapitel 3) und über immer wieder neue Themen zu kommunizieren. Der Schwänzeltanz der Bienen kann dagegen nur eine einzige Funktion erfüllen.

Arbitrarität des Zeichens

- **Arbitrarität:** Das Aussehen eines Zeichens, zum Beispiel eines Wortes, ist nicht durch das Bezeichnete bestimmt. So können verschiedene Sprachen den gleichen Gegenstand völlig unterschiedlich benennen – ein Gegenstand, der auf Deutsch *Tisch* heißt, heißt auf Englisch *table*, auf Polnisch *stół*, auf Finnisch *pöytä* etc. Nichts an dem Gegenstand TISCH verlangt die Benennung *Tisch*. Die Benennung ist nur konventionell, d.h. durch die Sprachgemeinschaft, festgelegt. Beim Schwänzeltanz der Bienen ist das anders: Die Richtung des Tanzes symbolisiert die Richtung der Futterquelle, die Anzahl der Drehungen symbolisiert die Entfernung. Der Tanz ist nicht arbiträr, sondern motiviert.

Insgesamt bildet die natürliche Sprache also ein produktives, bidirektionales, arbiträres und diskretes Symbolsystem. In diesem Buch werden wir uns vor allem zwei dieser Eigenschaften näher anschauen, die Diskretheit und die Produktivität.

HINTERGRUND

Die Frage, ob und inwieweit sich die Kommunikation der Tiere von der menschlichen Kommunikation unterscheidet, wird seit Jahrtausenden diskutiert – oft vor religiösem Hintergrund. Die Forschung der letzten Jahre hat entdeckt, dass zumindest bestimmte Tiere wie Primaten und einige Vögel mit Symbolen produktiv umgehen können. Falls Sie sich für diese Thematik interessieren, könnte Deacon (1997) interessant sein.

1 Diskretheit und Produktivität

Sprache als System

Dieses Buch blendet viele Aspekte der Sprache zunächst einmal aus und begreift Sprache als ein System, in dem auf unterschiedlichen Ebenen kleine Einheiten zu größeren zusammengefasst werden. Hier einige Beispiele:

Sprachlaute

- Wir können Sprachlaute zu Silben und Wörtern zusammensetzen. Die Fragen dabei sind: Welche Sprachlaute gibt es in allen natürlichen Sprachen oder in einer bestimmten Sprache? Wie können diese zu Silben zusammengesetzt werden? Gibt es hier interessante Unterschiede zwischen den Sprachen? Im Deutschen zum Beispiel kann eine Silbe nicht mit [mn] anfangen, im Polnischen hingegen schon: *mnie* ‚mir, mich'. Auf mögliche Sprachlaute gehen wir in Kapitel 4 ‚Phonetik' ein, die Kombinationsmöglichkeiten und Beschränkungen im Deutschen werden in Kapitel 5 ‚Phonologie' besprochen.

Wörter

- Wir können aus Wörtern und anderen Einheiten komplexe Wörter zusammensetzen: *rot* und *Wein* verbinden sich zu *Rotwein* oder *weinrot*, *Milch* und *-ig* verbinden sich zu *milchig*, aber nicht zu **igmilch*. (Der Stern vor einem Ausdruck zeigt an, dass ein Wort oder ein Satz nicht grammatisch ist, siehe Kapitel 3.) Welche Möglichkeiten und welche Beschränkungen der Kombination existieren? Das Gebiet, das sich mit der Bildung von komplexen Wörtern beschäftigt, heißt Wortbildung und wird in Kapitel 7 behandelt. Ein Wort kann in verschiedenen Kontexten unterschiedliche Formen annehmen, wie in *ich lache, du lachst, er lacht*. Auch hier werden Einheiten, hier *lach*, regelmäßig mit anderen Einheiten, hier *-e, -st, -t*, verbunden. Der Bereich, der sich damit beschäftigt, heißt Flexion und ist Gegenstand von Kapitel 8.

Sätze

- Wörter können zu Sätzen kombiniert werden. Das Nomen *Milch*, das Verb *schmecken*, das Adjektiv *frisch* und das Adverb *immer* können zum Beispiel zu dem Satz *frische Milch schmeckt immer* zusammengesetzt werden, aber nicht zu **frische immer Milch schmeckt*. Ganz analog kann man mit anderen Wörtern Sätze bilden, wenn die Wortarten gleich bleiben, wie bei *unzufriedene Lokomotivführer streiken oft*. Die kleinsten Bausteine von Sätzen sind deshalb nicht Wörter, sondern Wortartklassen wie Adjektiv, Verb, Nomen etc. Einige Einheiten in obigem Satz gehören enger zusammen als andere. *frische*

Milch zum Beispiel lässt sich nur als Ganzes verschieben, wie bei der Umstellung zur Frage sichtbar wird: *schmeckt frische Milch immer?* **frische schmeckt Milch immer?* Im Deutschen steht in einer solchen Adjektiv-Nomen-Verbindung das Adjektiv fast immer vor dem Nomen. In anderen Sprachen ist das anders: Im Italienischen und anderen romanischen Sprachen steht das Adjektiv oft nach dem Nomen, auf das es sich bezieht: *frische Milch* ist also *latte fresco*. Das Gebiet, das die Kombination von Wörtern zu größeren Einheiten wie Sätzen beschreibt, heißt Syntax und wird in den Kapiteln 9, 10 und 11 behandelt.

Bedeutung

- Woher weiß man, was ein neues komplexes Wort oder ein bisher noch nie gehörter Satz bedeuten? Genauso, wie es Regeln zur Kombination von Lauten zu Silben oder von Wörtern zu Sätzen gibt, kann die Bedeutung komplexer Ausdrücke aus der Bedeutung einfacher Ausdrücke ‚errechnet' werden, wenn man die Art der Zusammensetzung kennt. Dies nennt man Kompositionalität. Das Gebiet, das sich mit der Bedeutung von sprachlichen Ausdrücken beschäftigt, heißt Semantik (siehe Kapitel 12). In Kapitel 13 beschäftigen wir uns schließlich mit der Verwendung von Sprache.

Strukturalismus

Diese Sichtweise auf Sprache, das Isolieren der kleinsten Einheiten und die Beschreibung der Kombinationsmöglichkeiten, nennt man strukturalistisch.

HINTERGRUND

Die Sprachwissenschaft des 19. Jahrhunderts beschäftigte sich vor allem mit Fragen des Sprachwandels, siehe Kapitel 2. Im Gegensatz dazu hat der Strukturalismus, der Anfang des 20. Jahrhunderts aufkam, das Ziel, eine Sprachstufe zu einem bestimmten Zeitpunkt genau zu beschreiben. Man nennt diese Betrachtungsweise synchron (zu einem Zeitpunkt) im Gegensatz zur vorher vorherrschenden diachronen (über mehrere Zeitstufen hinweg) Betrachtungsweise. Der Strukturalismus entwickelt Beschreibungsformalismen und -methodiken für alle linguistischen Ebenen und ist deutlich formaler als die Sprachwissenschaft bis dahin. Im Strukturalismus werden zum ersten Mal in größerem Stil auch nichteuropäische Sprachen untersucht. Als Begründer des Strukturalismus gilt der Schweizer Linguist Ferdinand de Saussure (1857–1913). De Saussure unterscheidet systematisch zwischen dem Sprachsystem (langue) und dem Sprechen (parole). Beides kann unabhängig voneinander untersucht werden. Der Strukturalismus entwickelt an unterschiedlichen Orten verschiedene Schwerpunkte. Im so genannten Prager Strukturalismus beschäftigt man sich hauptsächlich mit der Phonologie, im Amerikanischen Strukturalismus mit der Erforschung von Indianersprachen und der Morphologie. Viele der im Strukturalismus entwickelten Methoden und Fachtermini werden immer noch verwendet.

Generative Linguistik

Die Sprachwissenschaft interessiert sich aber nicht nur für die Regularitäten an sich. Mit deren näherer Bestimmung will sie herausfinden, was ein Mensch eigentlich weiß, wenn er eine Sprache kennt. Diese Sichtweise nennt man kognitiv oder generativ. Die Grundannahme solcher Ansätze ist, dass ein Mensch im Prinzip unendlich viele Wörter oder Sätze verstehen und produzieren kann. In Kapitel 3 lernen wir ein formales System kennen, mit dem wir diese Unendlichkeit beweisen können. Wenn es so ist, dass wir im Prinzip unendlich viele komplexe Wörter und Sätze produzieren können, bedeutet das, dass ein Mensch nicht einfach eine Liste von Wörtern und Sätzen kennt, sondern, dass es irgendein Produktionssystem geben muss, mit dem wir aus Grundeinheiten größere Einheiten zusammensetzen können.

HINTERGRUND

Während der Strukturalismus das Sprachsystem an sich beschreiben möchte, beschäftigt sich die generative Theorie mit der Frage, was ein Mensch weiß, wenn er eine Sprache beherrscht, also mit der Sprachfähigkeit. Die Grundannahme ist, dass es ein angeborenes ‚Sprachzentrum' oder Sprachorgan im Gehirn geben müsse, da Kinder in der Lage sind, schnell und auch mit schlechtem Input eine Sprache zu lernen, und jeder Mensch im Prinzip unendlich viele neue Ausdrücke produzieren und verstehen kann. Außerdem stellt man fest, dass alle Sprachen eine ähnliche Komplexität und ähnliche Strukturen aufweisen – dies wird laut der generativen Theorie dadurch erklärt, dass nur solche Sprachen und Strukturen gelernt werden können und daher überleben, die in diesem Sprachzentrum verarbeitet werden können. Das kann man sich ganz biologisch vorstellen: Unser Sehzentrum kann auch nur bestimmte Teile des Spektrums wahrnehmen. Generative Linguisten nehmen an, dass es gewissermaßen eine gemeinsame angeborene Grammatik bzw. Universalgrammatik gibt und alle existierenden Sprachen sich nur in bestimmten Eigenheiten von dieser unterscheiden.
Diese damals sehr revolutionäre und umstrittene Theorie wurde von dem amerikanischen Linguisten Noam Chomsky (geb. 1928) in den späten 1950er Jahren entwickelt. Chomsky und dann schnell viele weitere Linguisten entwickelten formale Theorien, die die Sprachfähigkeit und die Universalgrammatik modellieren sollten. Die generative Theorie hat bis heute einen sehr großen Einfluss, auch wenn die einzelnen vorgeschlagenen Modelle sich zum Teil stark unterscheiden.

Mit solchen Fragen beschäftigt sich diese Einführung. Es gibt natürlich noch viel mehr Fragestellungen in der Linguistik. Diese brauchen aber als Grundlage immer das Wissen über Laute, Wörter und Sätze, das hier im Mittelpunkt steht. Ich werde hier ein paar der anderen Gebiete kurz anreißen und in der Bibliographie am Ende des Buches auf weiterführende Literatur hinweisen.

2 Erstspracherwerb und Pädolinguistik

Kindersprache

Kinder können schon ganz kurz nach der Geburt und wahrscheinlich sogar schon im Mutterleib menschliche Sprache von anderen Geräuschen unterscheiden. Der Spracherwerbsverlauf bei Kindern läuft ähnlich ab,

unabhängig von der zu lernenden Sprache. So kann man sehen, dass bestimmte Unterschiede in der Lautung, der Konsonanten in den Silben *ba* und *da* zum Beispiel, schon ganz früh wahrgenommen werden, dass in einem bestimmten Alter alle Kinder eine ‚Lallphase' durchmachen, in der sie alle möglichen Sprachlaute, also auch die, die in der Umgebungssprache nicht vorkommen, produzieren, dass sie dann die für die Umgebungssprache nicht relevanten Laute wieder verlernen und bestimmte Unterschiede erst später wieder lernen. Zum Spracherwerb gibt es viele interessante Fragen: Wann verknüpft ein Kind zum ersten Mal eine Bedeutung mit einer bestimmten Lautung? Wann und wie lernt es abstraktere Einheiten wie zum Beispiel das Tempus? Wann lernt ein Kind den Unterschied zwischen regelmäßigen und unregelmäßigen Formen, zum Beispiel *ging* statt *gehte*? (Zur Flexion finden Sie mehr in Kapitel 8.) Warum sind bestimmte Lautungen schwieriger als andere? Warum sagen zum Beispiel viele Kinder *tatau* zu Kakao? (Zum Unterschied zwischen vorderen und hinteren Konsonanten siehe Kapitel 4.) Gibt es ein Alter, ab dem Sprachenlernen schwierig wird?
Das Gebiet, das sich mit diesen Fragen beschäftigt, heißt Pädolinguistik oder Erstspracherwerbsforschung. Die Erkenntnisse aus der Spracherwerbsforschung sind für viele theoretische Fragen grundlegend, da man davon ausgeht, dass der Spracherwerb einen Einblick in die kognitiven Prozesse der Sprachverarbeitung ermöglicht.

3 Fremdspracherwerb und Deutsch als Fremdsprache

Alle, die schon einmal eine Fremdsprache gelernt haben, wissen, dass es bestimmte schwierige Gebiete gibt – erinnern Sie sich etwa an das Tempussystem des Englischen. Die Schwierigkeiten beim Erwerb einer Fremdsprache unterscheiden sich von den Schwierigkeiten, die ein Kind hat, das die betreffende Sprache als erste Sprache lernt. Wie lernt man eine Fremdsprache? Gibt es auch hier bestimmte Muster? Wie genau unterscheidet sich der Erwerb einer Fremdsprache von dem Erwerb der Muttersprache? Wenn man mehrere Sprachen kennt: Beeinflussen diese sich gegenseitig? Wie beeinflusst die jeweilige Muttersprache die zu erlernende Fremdsprache? Welche Hypothesen hat ein Lerner oder eine Lernerin über die zu erwerbende Sprache? Was können wir aus bestimmten Lernerfehlern über solche Hypothesen schließen? Was nimmt zum Beispiel die Lernerin über das Verb *umarmen* an, die eine E-Mail mit folgendem Satz beendet: *ich arme Dich um*? (Vergleichen Sie zu komplexen Verben Kapitel 7.)

Deutsch als Fremdsprache

Das Gebiet, das sich mit dem Erwerb von Fremdsprachen beschäftigt, heißt Fremdspracherwerbsforschung. Es beschäftigt sich mit dem Erwerbsverlauf, typischen Erwerbsmustern und dann, aufbauend auf den Erkenntnissen zum Erwerb, auch mit der Erarbeitung von Unterrichtsformen und -materialien. Speziell um den Erwerb des Deutschen kümmert sich der Bereich Deutsch als Fremdsprache/Deutsch als Zweitsprache – abgekürzt DaF oder DaZ.

4 Soziolinguistik

Die Soziolinguistik beschäftigt sich mit Fragen der Sprachverwendung. Beobachten Sie sich und Ihre Freunde und Freundinnen: Sie schreiben ganz anders, als Sie sprechen. Sie sprechen unterschiedlich, wenn Sie in einem Seminar reden, wenn Sie mit Ihren Freundinnen telefonieren, wenn Sie mit einem Kind spielen etc.: Sie verwenden wahrscheinlich andere Wörter und die Satzlängen sowie die Komplexität der Strukturen unterscheiden sich. Eine situationsgebundene Redeweise mit allen ihren Merkmalen nennt man Register.

Register

Wir können mühelos und unbemerkt von einem Register in ein anderes umschalten. Die Beschäftigung mit unterschiedlichen Registern ist ein Teil der Soziolinguistik oder der Varietätenlinguistik.
Die Soziolinguistik beschäftigt sich auch mit den Fragen, wie Sprache für bestimmte Zwecke zum Beispiel in der Werbung oder zur Einschüchterung eingesetzt werden kann, was Texte verständlich macht oder wie Menschen auf bestimmte sprachliche Äußerungen reagieren.

5 Neurolinguistik und Patholinguistik

Sprache und Gehirn

Die Neurolinguistik untersucht die neuronale Sprachverarbeitung im Gehirn. Seit dem 19. Jahrhundert weiß man, dass es im Gehirn bestimmte abgrenzbare Areale gibt, in denen Sprache verarbeitet wird. Vereinfacht ausgedrückt: Das so genannte Broca-Zentrum (nach Paul Broca) ist hauptsächlich für die Sprachproduktion zuständig und das so genannte Wernicke-Zentrum (nach Carl Wernicke) vor allem für die Sprachrezeption.

Aphasie

Früher konnte man diese Zentren nur erforschen, wenn eine Störung vorlag. Es ist kein Zufall, dass die Zentren nach der Erfindung der konischen Gewehrkugel entdeckt und erforscht wurden, die eine genaue Lokalisierung von Verletzungen möglich machte. Man beobachtete die Sprachstörungen, die sich nach bestimmten Verletzungen zeigten, und schloss auf die Funktionalität der betroffenen Hirnareale. Auch heute beschäftigen sich noch viele Forscher in der Patholinguistik mit erworbenen Sprachstörungen, auch Aphasien genannt. Viele Erkenntnisse aus der Patholinguistik sind Grundlage von logopädischen Therapien.
Heute gibt es viele nichtinvasive Techniken, um die Sprachverarbeitung im Gehirn von gesunden Sprechern zu erforschen. Dazu gehören verschiedene Imaging-Techniken wie die Kernspintomographie, die Hirnaktivitäten sichtbar machen. Die Hirnaktivitäten werden bei bestimmten, genau kontrollierten Aufgaben beobachtet, zum Beispiel beim Verstehen

ungrammatischer Sätze. Aus den so gewonnenen Daten kann gezeigt werden, welche Hirnareale wie zusammenwirken, wenn Sprache rezipiert oder produziert wird.

6 Psycholinguistik

Mentales Lexikon

Auch die Psycholinguistik beschäftigt sich mit der Verarbeitung von Sprache im Gehirn, allerdings nicht auf neuronaler Ebene. Die Psycholinguistik will vielmehr wissen, wie genau bestimmte sprachliche Einheiten im Gehirn organisiert sind und abgerufen werden können. Betrachten wir das so genannte mentale Lexikon, also den ‚Speicher', in dem alle uns bekannten Wörter im Gehirn abgelegt sind. Wie ist das mentale Lexikon organisiert? Es ist ganz bestimmt nicht wie ein gedrucktes Wörterbuch alphabetisch aufgebaut. Man kann aber zeigen, dass Wörter, die in einer Sprache häufig sind, viel schneller abgerufen werden können als seltene Wörter. Das kann man vielleicht dadurch erklären, dass häufiges Abrufen zu einer Stärkung der neuronalen Verbindungen führt. Man kann auch zeigen, dass Wörter bestimmte bedeutungsähnliche Wörter ‚mitaktivieren': *Käse* aktiviert *Milch*. Außerdem sind Wörter zusammen mit verwandten Wörtern gruppiert: *Milch* zu *Vollmilch, milchig* und *Milcheiweiß*. Wir können von sehr komplexen Bedeutungs- und Verwandtschaftsnetzwerken ausgehen.
Die Psycholinguistik arbeitet sehr experimentell und mit den unterschiedlichsten Experimenten. Die Forschung zur Lexikonstruktur benutzt oft Entscheidungsexperimente, bei denen einer Versuchsperson auf einem Bildschirm oder über Lautsprecher ein Wort präsentiert wird und diese ganz schnell entscheiden muss, ob das Wort zu ihrer Muttersprache gehört oder nicht. Dabei wird die Zeit bis zur Entscheidung gemessen. Aus den unterschiedlichen Reaktionszeiten können Aussagen über die interne Sprachverarbeitung abgeleitet werden. Die Psycholinguistik prüft auch, wie Sätze oder andere größere Einheiten verarbeitet werden, ob und wie die Sprache die Konzeptualisierung der Welt beeinflusst etc.

3 Zusammenfassung

In diesem Kapitel sollte in einer ersten Annäherung deutlich geworden sein, dass die menschliche Sprache ein Zeichensystem mit bestimmten interessanten Eigenschaften ist. Zu den Eigenschaften, die die menschliche Sprache von anderen Zeichensystemen abgrenzen, gehören Bidirektionalität, Arbitrarität, Diskretheit und Produktivität. In diesem Buch beschäftigen wir uns hauptsächlich mit Diskretheit und Produktivität: Dargestellt und untersucht werden für unterschiedliche sprachliche Ebenen, (a) welches die kleinsten relevanten Einheiten sind und (b) wie diese Einheiten produktiv kombiniert werden können.

4 Fragen und Aufgaben

- Wir haben oben über die Arbitrarität des Zeichens gesprochen. Es gibt bestimmte sprachliche Zeichen, die vielleicht nicht arbiträr sind – die so genannten Onomatopoetika oder lautmalerischen Zeichen. Das sind Zeichen, die Laute nachbilden, zum Beispiel Tierrufe wie *kikeriki, miau, wuff,* oder bestimmte Verben wie *klicken, klatschen* oder *tuten.* Finden Sie heraus, wie die Tierlaute in anderen Sprachen abgebildet werden und diskutieren Sie die Frage, ob Onomatopoetika wirklich nicht arbiträr sind.
- Wie unterscheiden sich Computersprachen von menschlicher Sprache? Diskutieren Sie die in Abschnitt 2 angegebenen Eigenschaften einzeln.

1 Was ist die deutsche Sprache?

In diesem Buch geht es um die deutsche Sprache. Was ist eigentlich ‚die deutsche Sprache'? Wenn wir genauer hinsehen, ist ‚die deutsche Sprache' nicht leicht fassbar oder abgrenzbar – weder historisch noch zu anderen Sprachen hin. Wir alle wissen, dass es unterschiedliche Dialekte gibt. Wir wissen auch, dass sich die Sprache verändert. Daher möchte ich in den nächsten Abschnitten ein wenig zur Geschichte des Deutschen und zur Bestimmung und Verteilung der Dialekte sagen.

1 Sprachwandel und Entwicklung des Deutschen

Sprachen verändern sich ständig. Betrachten Sie folgenden Satz:

huue mimihhiles ist bezira man danne scaf

Dieser Satz ist nicht in einer fremden Sprache geschrieben, sondern stammt aus der ersten Hälfte des neunten Jahrhunderts, aus den so genannten Monseer Fragmenten (Hench 1890), und ist eine deutsche Übersetzung eines lateinischen Texts aus dem Matthäusevangelium. In den etwas mehr als tausend Jahren, die zwischen diesem Text und der aktuellen – neuhochdeutschen – Fassung desselben Satzes

um wie viel ist der Mensch besser als ein Schaf

liegen, hat sich das Deutsche sehr verändert. Als erstes fällt natürlich die Veränderung in der Aussprache der Wörter auf, die durch die Schreibung vermittelt wird. Charakteristisch ist die Veränderung von *bezira* zu *besser*. *Bezira* ist dreisilbig und hat nur so genannte Vollvokale, während *besser* nur noch zweisilbig und der letzte Vokal ganz abgeschwächt ist. Diesen nicht betonbaren Vokal nennt man „Schwa", siehe Kapitel 4. Die Abschwächung von Vollvokalen zu Schwas und der Verlust von Silben ist in vielen Wörtern passiert. Es gibt noch mehr Veränderungen. Die Wortstellung zum Beispiel ist anders und wir haben nun Artikel: *der Mensch* für *man*, *ein Schaf* für *scaf*. Die Entsprechungen sieht man in der Gegenüberstellung der beiden Sätze, in der die jeweils korrespondierenden Teile im gleichen Font dargestellt sind.

huue mimihhiles *ist BEZIRA* man *danne scaf*
um wie viel *ist* der Mensch *BESSER als* ein Schaf

Sprachstufen

Sprachwandel vollzieht sich auf allen linguistischen Ebenen, immer langsam und für die einzelnen Sprecher und Sprecherinnen kaum merkbar. Weil der Sprachwandel so langsam und kontinuierlich vor sich geht, kann man Sprachstufen eigentlich nicht richtig voneinander abgrenzen.

Es ist ja nicht so, dass eines Morgens alle aufwachen und beschließen: Ab heute verwenden wir Artikel. Trotzdem kann man Sprachstufen mit gemeinsamen Eigenschaften unterscheiden. Die Vorläuferstufen des Neuhochdeutschen werden grob folgendermaßen eingeteilt:

750–1050	Althochdeutsch (AHD)
1050–1350	Mittelhochdeutsch (MHD)
1350–1650	Frühneuhochdeutsch (FNHD)
1650–heute	Neuhochdeutsch (NHD)

Welche Sprache sich an welchem Ort durchsetzt, ist immer von der politischen Situation abhängig. Es ist nicht so, dass bestimmte Sprachen ‚besser' oder ‚besser geeignet' sind als andere und sich daher durchsetzen. Die sprachliche und politische Situation in Mitteleuropa bei Beginn der deutschen Überlieferung ist unübersichtlich und wir haben nur wenige überlieferte Texte.

Althochdeutsch und Altsächsisch

Mit dem Zerfall des Römischen Reichs, der Christianisierung und den Kämpfen zwischen germanischen Stämmen konnten sich langsam bestimmte hochdeutsche Varietäten gegenüber anderen durchsetzen. Mit Althochdeutsch bezeichnet man eine ganze Gruppe von Varietäten, die zwischen dem achten und elften Jahrhundert in Zentraleuropa von den verschiedenen Stämmen wie den Franken, Baiern, Alemannen oder Langobarden gesprochen wurden. Im Norden wurde gleichzeitig von den sächsischen Stämmen das Altniederdeutsche oder Altsächsische gesprochen.

Abb. 2.1: Schriftdialekte in mittelhochdeutscher und mittelniederdeutscher Zeit: DTV GmbH & Co. KG (aus: Werner König: dtv-Atlas Deutsche Sprache. Grafiken von Hans-Joachim Paul. © 1978, 1994 Deutscher Taschenbuch Verlag, München), München.

Mittelhochdeutsch und Mittelniederdeutsch

Aus den althochdeutschen Varietäten entwickelte sich das Mittelhochdeutsche und aus dem Altsächsischen das Mittelniederdeutsche, das als Hansesprache lange Zeit quasi eine ‚Welthandelssprache' war.

Hochdeutsch und Niederdeutsch

Mit dem Niedergang der Hanse und aus verschiedenen anderen Gründen wurde dann das Niederdeutsche langsam vom Hochdeutschen verdrängt. Das Niederdeutsche wird heute meist nur noch informell als Plattdeutsch verwendet; zur Entwicklung des Niederdeutschen siehe z. B. Sanders (1982). Das Hochdeutsche ist heute stärker standardisiert als jemals zuvor. Zu den deutschen Dialekten finden Sie weiter unten mehr.

HINTERGRUND

Das Wort ‚deutsch' bedeutet eigentlich ‚in der Volkssprache'. Es ist zum ersten Mal 786 bezeugt in einem lateinischen Text, in dem der päpstliche Nuntius Georg von Ostia seinem Papst Hadrian von Synoden in England berichtet. In dem Text sagt Georg von Ostia, dass die Synode auf Latein und in der Volkssprache ‚theodisce' abgehalten wurde. Aus ‚theodisce' wurde über ‚teudiska', ‚tiutisk', ‚diutischemo' und viele weitere Formen das Wort ‚deutsch' (Sonderegger 1987, 31).

Wie unterscheiden sich Niederdeutsch und Hochdeutsch? Bevor wir darauf eingehen, müssen wir uns Folgendes klar machen: Obwohl die ältesten Überlieferungen des Deutschen von ca. 750 n. Chr. stammen, ist die Sprache natürlich nicht in dieser Zeit ‚entstanden'. Die damaligen deutschen Varietäten haben sich aus einer gemeinsamen Vorläufersprache entwickelt. Man kann sich das so vorstellen, dass eine Gruppe von Menschen mit einer gemeinsamen Sprache sich aufteilt, weil die Nahrung knapp geworden ist oder es soziale Spannungen gibt. Beide Teilgruppen pflegen anschließend keinen oder wenig Kontakt und die Sprache entwickelt sich jeweils in unterschiedliche Richtungen. Die ersten Generationen würden sich noch verstehen, aber je länger die Trennung andauert, desto mehr Änderungen gibt es, bis sich die Teilgruppen nicht mehr gegenseitig verstehen.

Indogermanistik

Man kann die Vorläufersprachen der althochdeutschen und altsächsischen Varianten aus Ähnlichkeiten zwischen den ältesten erhaltenen Sprachstufen zum Teil rekonstruieren und – analog zu den Stammbäumen für biologische Spezies – auch Stammbäume für Sprachen und Sprachfamilien erstellen. Das Deutsche gehört zur germanischen Sprachfamilie, wie auch die skandinavischen Sprachen, das Englische und das Niederländische. Das Urgermanische stammt ab vom Indoeuropäischen (oft auch Indogermanisch genannt); die Wissenschaft, die sich damit beschäftigt, heißt Indogermanistik oder Vergleichende Sprachwissenschaft. Aus dem Indoeuropäischen sind auch die romanischen und slawischen Sprachfamilien entstanden. Bis auf Baskisch, Finnisch, Estnisch und

Ungarisch sind alle heutigen europäischen Sprachen indogermanisch; außerdem gehören noch viele weitere Sprachen dazu, wie Hindi oder Armenisch. Die Abb. 2.2 (angelehnt an SONDEREGGER 1987, 14) zeigt etwas vereinfacht die rekonstruierbare Vorgeschichte des Deutschen.

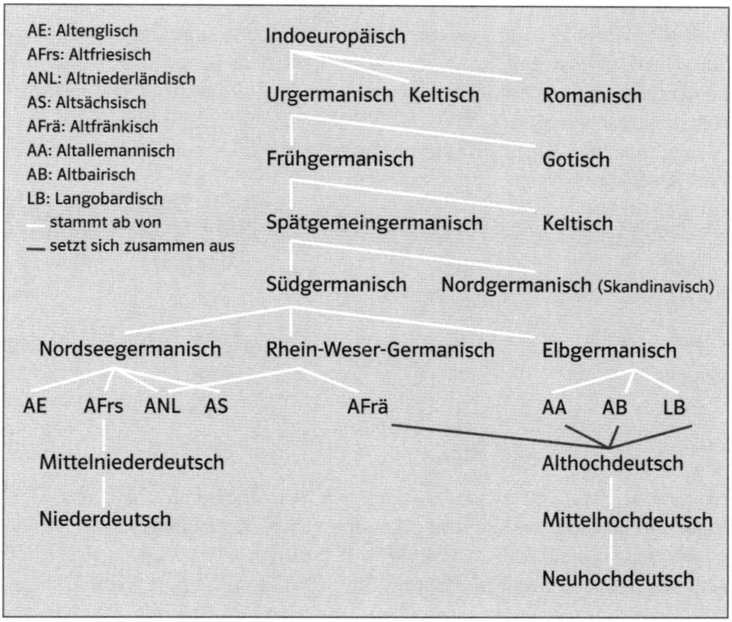

Abb. 2.2: Stammbaum des Deutschen

Sprachverwandtschaft

Wie kann man solche Sprachstammbäume erstellen? Woher weiß man, welche Sprachen verwandt sind? Stammbäume für biologische Spezies werden heutzutage über Ähnlichkeiten im Genom ausgerechnet. Bevor man das Genom kannte, hat man andere Ähnlichkeiten wie zum Beispiel Blatt- oder Blütenform, Art der Fortpflanzung etc. herangezogen. Beiden Verfahren liegt die Idee zugrunde, dass bestimmte ähnliche Eigenschaften nicht zufällig sein können, sondern nur durch gemeinsame Vorfahren, die diese Eigenschaften haben, erklärbar sind. Genauso verhält es sich mit den Sprachen: Ende des 18. Jahrhunderts stellte SIR WILLIAM JONES (1746-1794) fest, dass bestimmte Wörter im Sanskrit dem Lateinischen, Griechischen und Persischen viel ähnlicher sind, als sie per Zufall sein könnten.

Lautverschiebungen

Im 19. Jahrhundert wurde dann viel über historische Sprachstufen und Sprachwandel geforscht, vor allem im Bereich der Lautung, also der Phonologie, und der Form der Wörter, der Flexionsmorphologie. Dabei wurden viele ganz regelmäßige, miteinander interagierende Lautveränderungen gefunden. So unterscheiden sich alle germanischen Sprachen von den anderen indogermanischen Sprachen durch gemeinsame Konsonantenverschiebungen. Dies nennt man die erste oder germanische Lautverschiebung. Innerhalb der südgermanischen Sprachen haben sich die hochdeutschen Varietäten von den anderen Varietäten (Nordseegermanisch) durch weitere regelmäßige Konsonantenverschiebungen entfernt. Diese Verschiebungen haben vor dem 8. Jahrhundert stattgefunden, ihre Auswirkungen kann man aber immer noch sehen. Betrachten Sie die folgenden korrespondierenden Wörter in den Nachfolgesprachen der nordseegermanischen Sprachen Englisch und Plattdeutsch im Gegensatz zum Hochdeutschen. Es gibt natürlich mehrere Unterschiede; der, auf den es hier jeweils ankommt, ist fett markiert.

Englisch	**Plattdeutsch**	**Hochdeutsch**
slee**p**	sla**p**en	schla**f**en
dee**p**	dee**p**	tie**f**
a**pp**le	A**pp**el	A**pf**el
pound	**P**und	**Pf**und
ea**t**	e**t**en	e**ss**en
wa**t**er	Wa**t**er	Wa**ss**er

Man sieht, dass das Hochdeutsche sich vom Plattdeutschen und Englischen in bestimmten Konsonanten unterscheidet. Aus dem germanischen *p* wird nach einem langen Vokal *f* und sonst *pf*, aus *t* wird *ss* (eigentlich geht es um die Laute und nicht um die Schreibung). Diese Verschiebung nennt man die zweite oder hochdeutsche Lautverschiebung. Dazu gehören noch viel mehr Veränderungen, wichtig ist aber, dass solche Veränderungen nicht zufällig sind oder nur einige Wörter betreffen. Vielmehr sind sie regelmäßig, d.h. in einer bestimmten lautlichen Umgebung finden sie immer statt.

HINTERGRUND

Die Evolutionstheorie für Spezies wurde bekanntlich im 19. Jahrhundert von Charles Darwin (1809–1882) formuliert, auch wenn sie schon lange vorher angelegt war (siehe Gould 2002). Zur gleichen Zeit wurde die Theorie von Sprachfamilien und Sprachwandel ausgearbeitet. Der erste veröffentlichte Sprachstammbaum stammt von August Schleicher (1861). Schleicher (1821–1868) kannte Darwins Theorie und hat mit ihm korrespondiert. Die Idee, dass Sprachen wie Spezies oder Organismen funktionieren, hat viele Ansätze in der historischen Linguistik geprägt. Es gibt große Ähnlichkeiten zwischen Sprachen und Spezies, aber auch wesentliche Unterschiede: Sprachen können durch Kontakt zu anderen Sprachen beeinflusst werden und, im Extremfall, von zwei ‚Elternsprachen' abstammen (siehe das Altniederländische in Abb. 2.2). Außerdem ist es gar nicht offensichtlich, welche Eigenschaften von Sprachen eigentlich dem ‚Erbgut' von Lebewesen entsprechen. Eine sehr klare und interessante Diskussion dieser Themen finden Sie in McMahon & McMahon (2005).

Historische Linguistik

Wir können überall sehen, dass Sprachen sich ändern und sich Sprachwandel zumindest zum Teil regelmäßig vollzieht. Viele Forscher beschäftigen sich mit der Frage, *warum* und *wie* Sprachwandel stattfindet. Es gibt dabei ganz unterschiedliche Gründe. Einer davon ist der Sprachkontakt: So hat das Deutsche in seiner frühen Zeit sehr viel vom Lateinischen übernommen und im 18. Jahrhundert viel vom Französischen. Ein anderer sind interne Prozesse, bei denen zum Beispiel bestimmte Unregelmäßigkeiten abgebaut werden. Sie verwenden wahrscheinlich das regelmäßige *backte* statt des unregelmäßigen *buk*, wie noch Ihre Großeltern. Das Gebiet, das sich mit historischen Sprachstufen und Sprachwandel beschäftigt, heißt historische Linguistik.

HINTERGRUND

Die systematische Beschäftigung mit grammatischen Themen ist sehr alt. So gibt es zum Beispiel bereits im klassischen Griechenland eine philosophische Tradition, die sich mit Themen wie Wortarten, Syntax, Anaphern etc. beschäftigt. Diese hat (vermittelt über das Lateinische) die Grammatikschreibung bis heute beeinflusst. Die akademische Disziplin ‚Sprachwissenschaft' hat sich im späten 18. und dann im 19. Jahrhundert herausgebildet. Wilhelm von Humboldt (1767–1835) wird von vielen als Begründer der Sprachwissenschaft angesehen. Er hat sehr viel über Sprache und das Verhältnis von Sprache und Denken geschrieben und viele seiner Erkenntnisse sind für uns immer noch relevant. Jakob Grimm (1785–1863) hat eine umfassende Grammatik des Deutschen veröffentlicht. Die meisten Sprachwissenschaftler des 19. Jahrhunderts beschäftigten sich mit der Erforschung des Sprachwandels und der Rekonstruktion von nicht mehr überlieferten Sprachstufen. Der Fokus lag auf der Lautung und der Flexionsmorphologie. Dabei wurde eine ausgefeilte und subtile Methodik entwickelt, die in der Indogermanistik vielfach noch heute verwendet wird.

2 Dialekte

Betrachten Sie den alten Witz:

Sitzen ein Hamburger, ein Stuttgarter und ein Züricher im Zug.
Fragt der Züricher den Hamburger: „Sin si z Züri gsi?"
Da ihn der Hamburger nicht versteht, wiederholt der Züricher seine Frage: „Sin si z Züri gsi?" Der Hamburger versteht ihn immer noch nicht. Darauf will ihm der Stuttgarter helfen: „Gwää moint r, gwää!"

Hier sehen wir, dass drei Varianten des Deutschen ganz unterschiedliche Formen für das Perfektauxiliar haben.

Standarddeutsch: *gewesen*
Schwäbisch: *gwää*
Zürichdeutsch: *gsi*

Wir können weitere Dialektformen betrachten und finden noch mehr Formen. Daneben verwenden verschiedene Dialekte unterschiedliche Wörter für denselben Gegenstand (siehe Abb. 2.4), unterschiedliche syntaktische Strukturen etc. Dialektunterschiede sind vor allem historisch zu erklären – linguistisch und politisch. Neben internen Sprachwandeltendenzen gibt es natürlich immer Kontakteinflüsse durch die jeweiligen Nachbarsprachen, so finden sich zum Beispiel im Schwäbischen viele französische Lehnwörter wie *Plafond, Trottoir* oder *ade* (von *adieu*).

Sprachatlanten

Die ersten systematischen Dialektkarten des Deutschen stammen aus dem 19. Jahrhundert. GEORG WENKER (1852–1911), ein Germanist aus dem Rheinland, verschickte an Lehrer in vielen kleinen Orten Fragebögen mit 40 Sätzen (die nach ihm Wenker-Sätze genannt werden), die systematisch viele mögliche phonologische, morphologische und lexikalische Unterschiede abdeckten. Die Lehrer wurden gebeten, die Sätze Sprechern des örtlichen Dialekts vorzulegen und sie zu fragen, wie diese in ihrem Dialekt wiedergegeben werden. Die Antworten wurden möglichst genau aufgeschrieben. WENKER hat anschließend die Unterschiede in Karten eingetragen und auf diese Art die Dialektunterschiede abgebildet. Abb. 2.3 zeigt die deutschen Dialekte um 1900, Abb. 2.4 eine Dialektkarte für das Konzept ‚Kartoffel'.

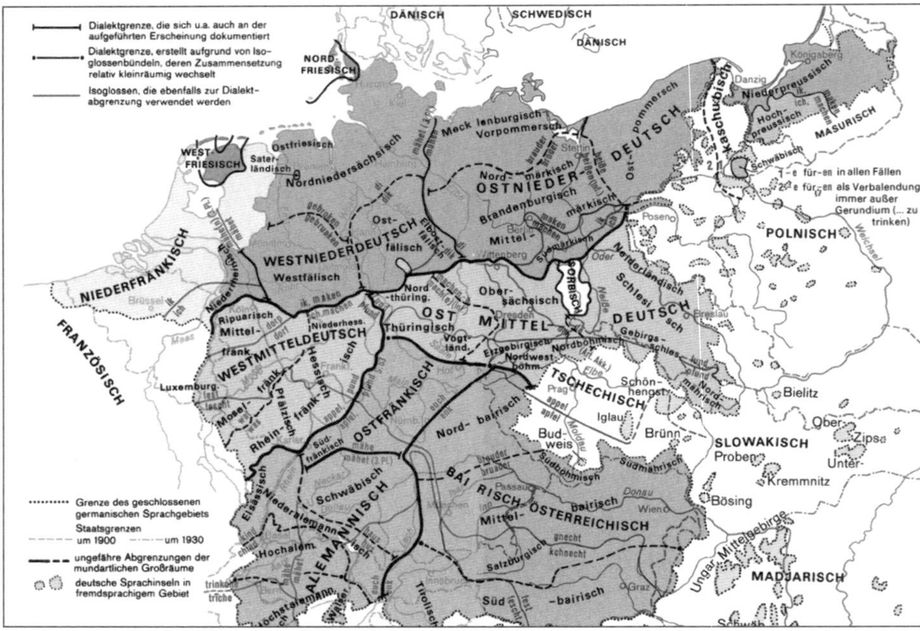

Abb. 2.3: Übersichtskarte deutsche Dialekte: DTV GmbH & Co. KG (aus: WERNER KÖNIG: dtv-Atlas Deutsche Sprache. Grafiken von HANS-JOACHIM PAUL. © 1978, 1994 Deutscher Taschenbuch Verlag, München), München.

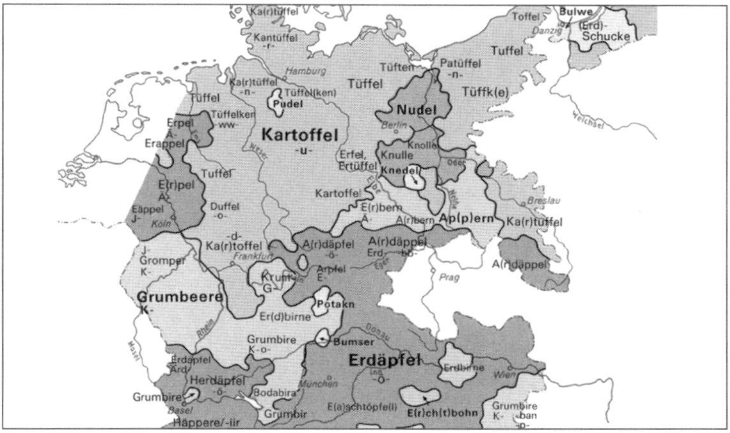

Abb. 2.4: Die deutschen Mundarten/Wortschatz (Die Bezeichnungen für Kartoffel in den Mundarten des ehemaligen deutschen Sprachgebiets): DTV GmbH & Co. KG (aus: WERNER KÖNIG: dtv-Atlas Deutsche Sprache. Grafiken von HANS-JOACHIM PAUL. © 1978, 1994 Deutscher Taschenbuch Verlag, München), München.

Standardhochdeutsch

Zurück zu der Ausgangsfrage, was eigentlich ‚die deutsche Sprache' ist. Wir wissen jetzt, dass die deutsche Sprache weder historisch noch von den Nachbardialekten einfach abgegrenzt werden kann und sich ständig verändert. Was kann dann aber der klar umrissene Gegenstand der Sprachwissenschaft überhaupt sein? Im Folgenden geht es uns um einen angenommenen Konsensbereich, von dem die meisten von uns sagen würden, dass sie ihn als deutsch akzeptieren, also einem ‚Standardhochdeutsch'.

HINTERGRUND

Seit Beginn der Überlieferung gibt es Klagen über den Sprachverfall. Einige Grammatiker im antiken Griechenland schrieben ihre Grammatiken, um die ‚reine' Sprache HOMERS als ein Vorbild für die vermeintlich schon verwässerte Sprache ihrer Zeit herauszustellen. Immer wieder wurde auch der angeblich verderbliche Einfluss von Lehnwörtern und anderen Kontaktphänomenen beklagt. Lesen Sie in der Sprachgeschichte von VON POLENZ (1994) das Kapitel über französische Lehnwörter im 18. Jahrhundert. Sie können überall, wo damals ‚französisch' stand, einfach ‚englisch' einsetzen und Sie haben die Klagen der heutigen ‚Sprachschützer'. Es gibt in keiner Sprache Anzeichen dafür, dass bestimmte Wandelphänomene zu weniger Komplexität oder schlechterer Ausdrucksfähigkeit geführt haben. Bis heute sehen sich viele Grammatiken als Anleitung dafür, wie man ‚korrekt' und ‚gut' schreibt. Solche Grammatiken nennen wir präskriptiv. Präskriptive Grammatiken sind für viele Zwecke hilfreich und notwendig. Sprachwissenschaftler und Sprachwissenschaftlerinnen interessiert aber eher, was wirklich passiert, wie sich die Sprache wandelt, welche Veränderungen überleben und wie diese das System beeinflussen. Die Sprachwissenschaft ist also nicht wertend, sondern beobachtend, nicht präskriptiv, sondern deskriptiv.

2 Zusammenfassung

Sprachwandel im Deutschen

Das Deutsche verändert sich ständig, wie jede andere natürliche Sprache auch. Dabei gibt es sprachinterne Veränderungen, zum Beispiel bestimmte Tendenzen zur Regularisierung, genauso wie Veränderungen, die durch Sprachkontakt ausgelöst werden.
Deutsch ist wie die meisten heutigen europäischen Sprachen indoeuropäisch. Von den indoeuropäischen Sprachen unterscheiden sich die germanischen Sprachen durch die erste germanische Lautverschiebung. Innerhalb der germanischen Sprachen haben sich die südgermanischen Sprachen abgespalten. Innerhalb der südgermanischen Sprachen gibt es die hochdeutschen Sprachen, die die zweite hochdeutsche Lautverschiebung mitgemacht haben, und die nordseegermanischen Sprachen, die diese Lautverschiebung nicht vollzogen haben. Zu den nordseegermanischen Sprachen gehört das Niederdeutsche.
Synchron zerfällt das heutige Deutsch in verschiedene hoch- und niederdeutsche Dialekte, die vielfach zusätzlich zum ‚Standarddeutschen' gesprochen werden.

3 Fragen und Aufgaben

- ▶ Das Vaterunser ist in viele Sprachstufen und Dialekte übersetzt worden und eignet sich daher gut für Vergleiche. Stellen Sie fünf Versionen des Vaterunsers aus verschiedenen Sprachstufen oder Dialekten zusammen und beschreiben Sie die Unterschiede möglichst präzise. Ein Tipp: Es gibt Webseiten, die das Vaterunser in unterschiedlichen Versionen bereitstellen.

HINTERGRUND

Die Datenlage für die historische Linguistik ist in vieler Hinsicht schwierig. In den frühen Sprachstufen gibt es wenig Texte; manchmal sind die Manuskripte auch beschädigt oder schwer lesbar. Für Sprachvergleiche mit parallelen Texten aus verschiedenen Sprachstufen muss man oft religiöse Texte heranziehen, da insbesondere die ersten belegten Texte fast ausschließlich Bibelübersetzungen und -interpretationen sind. Hier haben wir aber eine besondere Situation: Die Texte sind fast alle aus dem Lateinischen und Griechischen übersetzt. Übersetzte Texte verhalten sich anders als autochthone, in der betrachteten Sprache geschriebene Texte. Man spricht von Übersetzungseffekten: So wird oft die Wortstellung des Originals beibehalten. Zum Beispiel spiegelt die Stellung von Possessivpronomen und Nomen in ‚Vater unser' die lateinische Wortstellung ‚pater noster' und wird auch in den Sprachstufen des Deutschen so verwendet, in denen sonst eindeutig das Possessivpronomen vor dem Nomen steht. Bibeltexte haben auch deshalb einen besonderen Charakter, da sie oft formelhaft sind.

Die Annahme vieler Schreiber war, dass diese Texte ‚von Gott gegeben' seien und daher nicht verändert werden dürften. Die Sprache vieler Bibeln ist sehr konservativ: Veränderungen werden erst vollzogen, wenn es gar nicht mehr anders geht und die Texte sonst unverständlich würden. Solche Daten sind natürlich problematisch: Was können wir wirklich über die Wortstellung in einer bestimmten Stufe des Deutschen sagen, wenn wir Texte finden, die die Wortstellung des Lateinischen spiegeln? Was können wir über den Zeitpunkt von Veränderungen wissen? Da wir aber oft keine anderen Daten zur Verfügung haben, müssen wir entsprechend vorsichtig mit unseren Schlussfolgerungen umgehen (siehe für eine Diskussion dieser Probleme zum Beispiel CURZAN, erscheint, und FLEISCHER 2006).

- Diskutieren Sie den Werbespruch aus Baden-Württemberg: *Wir können alles außer Hochdeutsch.*
- Erstellen Sie eine Dialektkarte für ein Konzept Ihrer Wahl; gut eignen sich Bezeichnungen für Lebensmittel. Schauen Sie sich dazu die Methodologie und die Karten im digitalen Wenker-Atlas an: http://www.diwa.info/main.asp. Finden Sie mindestens 15 Sprecher/Sprecherinnen aus unterschiedlichen Regionen und tragen Sie deren Benennungen für das von Ihnen gewählte Konzept in die Karte ein. Vergessen Sie dabei die Orthographie und versuchen Sie, die Aussprache möglichst gut wiederzugeben.

TIPP

Das Projekt ‚Digitaler Wenker Atlas' aus Marburg stellt eine digitale Form zur freien Verfügung, unter: ***http://www.diwa.info/main.asp.*** *Weitere Informationen zu Dialektkarten gibt es beim Projekt ‚Deutscher Sprachatlas' unter* ***http://www.uni-marburg.de/fb09/dsa/.*** *Informationen zu einzelnen Dialekten finden Sie zum Beispiel beim Institut für niederdeutsche Sprache* ***http://www.ins-bremen.de*** *oder bei den Teilprojekten des Bayerischen Sprachatlas.*

- Bei Radio Bremen gibt es aktuelle Nachrichten auch immer auf Plattdeutsch (http://www.radiobremen.de/nachrichten/platt/). Nehmen Sie eine Nachricht, übersetzen Sie sie ins Hochdeutsche und versuchen Sie so genau wie möglich die Unterschiede herauszuarbeiten. Nachdem Sie dieses Buch durchgearbeitet haben, schauen Sie sich Ihre Notizen dazu wieder an. Sie sollten dann in der Lage sein, die Unterschiede viel präziser zu beschreiben.

1 Motivation: Modelle

Im Laufe dieses Buchs und Ihres Studiums werden Sie sich vielleicht wundern, warum viele linguistische Theorien recht formal, d.h. in einem mathematischen Modell, dargestellt werden. Hier möchte ich diese Art der Theoriebildung motivieren. Es wird noch nicht so sehr um bestimmte sprachliche Ebenen und Phänomene gehen, sondern eher um Grundlagen, die Sie für die Beschreibung vieler Phänomene brauchen. Beginnen möchte ich mit einem Beispiel aus einem ganz anderen Bereich.
Stellen Sie sich CHARLES DARWIN auf der Reise zu den Galapagos-Inseln vor, während der er die Beobachtungen gemacht hat, die ihn später zu seiner Formulierung der Evolutionstheorie geführt haben. Angestellt ist DARWIN als naturwissenschaftlicher Beobachter und Dokumentator der Reise. Er beobachtet auf den Galapagos-Inseln Finken und stellt fest, dass deren Schnäbel sich auf interessante Weise unterscheiden. Damit hat er zunächst Einzelbeobachtungen. Seine Forschungsfrage ist, ob die Unterschiede zufällig oder systematisch sind und wie sie zustande kommen. Um aus der Beobachtung von Einzelereignissen eine Theorie der Evolution zu entwickeln, muss DARWIN mehrere Schritte unternehmen.

Schritte zur Modellbildung

1. Klassifikation: Er muss die Finken nach der Schnabelform klassifizieren, also nicht mehr die Finken jeweils alleine betrachten, sondern von einzelnen Finken und einzelnen Schnabelformen auf Klassen von Finken und Schnabelformen übergehen. Dabei muss er notwendigerweise von bestimmten, für diese Zwecke nicht relevanten Eigenschaften der einzelnen Finken, wie Farbe der dritten Flügelfeder oder Augenabstand, abstrahieren.
2. Hypothesenbildung: Um das tun zu können, muss er schon Hypothesen darüber haben, welche Eigenschaften für seine Forschungsfragen einschlägig sein könnten und welche nicht. Aus der Beobachtung erhält er die Hypothese, dass die Schnabelform mit bestimmten Umgebungsparametern, in diesem Fall der Art des Futters, korreliert. Eine reine Korrelation (wenn oft A, dann oft B) reicht aber nicht aus. Für sein Modell braucht DARWIN die Hypothese über einen kausalen Zusammenhang: B weil A. DARWIN stellt die Hypothese auf, dass die Art des Futters die Schnabelform beeinflusst.
Die zugrunde liegende Beobachtung, dass sich bestimmte Eigenschaften von Tieren einer Art in verschiedenen Umgebungen unterscheiden, wurde auch vor DARWIN schon mit allen möglichen Erklärungsversuchen gemacht (siehe GOULD 2002). DARWIN hat aber eine Forschungsfrage, er will nicht nur beobachten und beschreiben, sondern verstehen. Dazu entwickelt er ein Modell: Er nimmt an, dass es kleine zufällige Veränderungen zwischen den Finken gibt und dass diejenigen Finken eher überleben und sich fortpflanzen, deren Schnabelform besser an die jeweilige Futtersituation angepasst ist. Außerdem nimmt er Vererbungsmechanismen an.

Darwins Modell erklärt nicht nur, was er sieht, sondern sagt bisher nicht gesehene Ereignisse voraus. Es ist empirisch überprüfbar, z.B. indem man Finken in andere Futtersituationen bringt und über mehrere Generationen beobachtet. Darwins Modell ist nicht nur für Finken geeignet – er formuliert eine allgemeine Theorie für alle sich fortpflanzenden Lebewesen. Auch das umfassende Modell liefert empirisch überprüfbare Voraussagen.

Das alles klingt nun erstmal trivial – im Laufe dieses Buches und viel mehr noch im Laufe des Studiums werden Sie aber immer wieder an Stellen kommen, an denen Sie fragen müssen:

- Wie können wir aus Einzelbeobachtungen allgemeine Klassen und Prinzipien ableiten? Welche Eigenschaften müssen wir jeweils betrachten? Wovon können wir abstrahieren?
- Wie können wir bestimmte Beobachtungen zu kausalen Aussagen in Modellen zusammenfassen?
- Wie können wir Modelle so formulieren, dass sie überprüfbar sind? Welche Vorhersagen trifft das Modell? Welche Daten braucht man zur Überprüfung?

All das ist nicht einfach. Hervorragende Naturbeobachter vor Darwin haben bereits gesehen, was er gesehen hat. Sie haben aber keine überprüfbaren Modelle formuliert, die die Eigenschaften bisher nicht gesehener Ereignisse vorhersagen. Modelle können falsch oder nicht ausreichend sein und vieles an Darwins Modell musste auch korrigiert werden, aber ohne Modelle bleiben Beobachtungen nur Beobachtungen, nichts wird erklärt. Ein Modell ist zunächst immer einfacher als die Wirklichkeit, die es beschreiben will. Wichtig ist dabei herauszufinden, welche Aspekte der Wirklichkeit wann vernachlässigt werden dürfen und welche Generalisierungen zum Ziel führen. Welche Klassen und welches Modell man wählt, hängt von der jeweiligen Fragestellung ab. Mit Fragen der Modellbildung beschäftigt sich die Wissenschaftstheorie, ein Teilgebiet der Philosophie.

Modelle in der Linguistik

Auch in der Linguistik werden natürlich Modelle gebildet, mit denen man versucht, wesentliche Zusammenhänge innerhalb der Sprache darzustellen. Das übliche Vorgehen ist analog zu dem eben beschriebenen: Einzelbeobachtungen – Klassenbildung – Hypothesenbildung – Modellbildung – Voraussagen – Überprüfung – Anpassung des Modells etc. Für jede linguistische Ebene gelten folgende Fragen:

- Was sind die Grundeinheiten? Welche Klassen muss man annehmen? Wovon kann man abstrahieren?
- Wie können regelmäßig gebildete komplexe Einträge von Ausnahmen bzw. Einzelfällen unterschieden werden?
- Wie sehen die Regeln und Modelle aus, die das ‚Verhalten' der Klassen erklären? Modelle sollten sich nur mit den regelmäßigen Fällen beschäftigen. Die Einzelfälle können in einer Extra-Liste gespeichert werden und sind für die Modellbildung nicht relevant.

Zunächst werden wir unterschiedliche Formen der Klassenbildung betrachten, dann über Regeln und Modelle sprechen.

2 Klassen

Wir haben oben gesagt, dass wir in unserem Modell keine Aussagen über Einzelfälle machen wollen, sondern Aussagen über Klassen. Klassen sind Abstraktionen von Einzelfällen: Die Klasse FINK enthält alle Finken, unabhängig von ihrer Größe und Schnabelform, die Klasse VERB enthält alle Verben.
Wie bestimmt man, ob ein Element, zum Beispiel *verspeisen*, zu einer Klasse, zum Beispiel VERB, gehört? Man gibt bestimmte Bedingungen an. Es gibt klar abgrenzbare Klassen und unscharfe Klassen. Bevor wir dies besprechen, müssen wir über Klassen und Einzelfälle reden.

1 Klassen und Einzelfälle

Wie wir in Kapitel 1 gesehen haben, funktioniert die Sprache wahrscheinlich zu einem großen Teil regelhaft. Andererseits ist die Sprache ein gewachsenes Gebilde, so dass bestimmte vorherige regelhafte Zustände ihre Spuren hinterlassen haben – zum Beispiel in der Form von Einzelwörtern, die jetzt nicht mehr ins System passen. Ein Beispiel: Man kann bestimmte Verben mit dem Suffix *-bar* zu Adjektiven verbinden. (Ein Suffix ist ein Element in der Wortbildung, das nicht alleine stehen kann und hinten an ein anderes Element angehängt wird. Eine genauere Erläuterung finden Sie in Kapitel 7.)

lesen → lesbar, essen → essbar, vergleichen → vergleichbar

Produktivität

Dieser Prozess ist produktiv, das bedeutet, dass es keine begrenzte, für immer festgelegte Liste von *-bar*-Adjektiven gibt, sondern dass man neue *-bar*-Adjektive bilden kann, wenn es geeignete Verben gibt, wie in folgendem Beispiel aus einem Text über Zweigstrukturen bei Bäumen illustriert.

[...] eine gleichmäßige Zerstreuung auskämmender Oberflächen erhöht die Effizienz gut durchströmbarer Zweige [...]

Auch wenn man den Text sonst nicht kennt und vielleicht nicht versteht, ist es ganz klar, was *durchströmbar* bedeutet.

X ist essbar – X kann gegessen werden
X ist vergleichbar – X kann verglichen werden
X ist durchströmbar – X kann durchströmt werden

Regeln

Man kann eine allgemeine Regel ableiten, obwohl es in Wirklichkeit etwas komplizierter ist, als hier dargestellt. In dieser Regel wird die Klasse VERB als Variable für alle transitiven Verben eingesetzt.

X ist VERBbar – X kann geVERBt werden

Eine solche Regel lässt auch für nicht vorhergesehene Fälle eine Interpretation zu – genau, wie wir es bei *durchströmbar* gesehen haben. Wir wenden solche Regeln, wenn auch unbewusst, ständig an, weil wir ständig neue komplexe Ausdrücke erzeugen oder verstehen.
Es gibt neben den von den Verben abgeleiteten *-bar*-Adjektiven aber auch einige wenige von Nomina abgeleitete, z.B.

furchtbar, fruchtbar, schiffbar

Diese sind bekannt und in der Sprache etabliert. Man kann allerdings keine allgemeine Interpretationsregel aufstellen. Vergleichen Sie etwa die Bedeutungen von *furchtbar* und *fruchtbar.* Man kann auch keine neuen Adjektive aus Nomina und *-bar* bilden.

**obstbar, *flugzeugbar*

(Ungrammatische Beispiele werden mit einem Sternchen gekennzeichnet, siehe unten.)
Für die Wörter aus Verb und *-bar* kann man, wie oben gezeigt, eine Bildungs- und Interpretationsregel angeben. Die Wörter, die aus Nomen und *-bar* gebildet sind, muss man einfach einzeln lernen. Woher kommen sie dann? Sie sind Reste oder Relikte einer bis zum Frühneuhochdeutschen produktiven Regel, nach der sich Nomina mit *-bar* verbinden konnten. Aus irgendwelchen Gründen ist diese Regel heute nicht mehr produktiv. Einige der Wörter, die damit gebildet waren, haben als Einzelwörter überlebt.

Regel und Ausnahme

Wenn man die Adjektive auf *-bar* beschreiben möchte, braucht man also neben den Regeln auch eine Liste mit Einzelwörtern. Ganz Ähnliches gilt auch für andere komplexe Wörter, für Laute oder Sätze.
Für die Theoriebildung bedeutet das, dass man zwischen regelmäßigen, produktiven Fällen und Einzelfällen unterscheiden möchte. Ein Modell beschäftigt sich zunächst nur mit den regelmäßigen Fällen.
Im Folgenden werden wir uns nun anschauen, wie Klassen beschrieben werden können.

2 Klar definierbare Klassen

Wir haben gesehen, dass man, um allgemeine Modelle formulieren zu können, Einzelbeobachtungen zu Klassen zusammenfasst und dabei nur die für die jeweils vorliegende Aufgabe wesentlichen Eigenschaften betrachtet. Es gibt klar definierbare Klassen und Klassen, die weniger leicht beschrieben werden können.

Notwendige und hinreichende Bedingungen

Klar definierbare Klassen können durch notwendige und hinreichende Bedingungen beschrieben werden. Notwendige Bedingungen sind solche, die erfüllt sein müssen, damit ein Objekt zu einer Klasse gehört. Hinreichende Bedingungen müssen nicht immer erfüllt sein – ein Bündel hinreichender Bedingungen kann aber dazu führen, dass ein Objekt zu einer Klasse gehört.
Wenn notwendige und hinreichende Bedingungen angegeben werden können, kann man immer bestimmen, ob ein Element zu einer Klasse gehört oder nicht. Beispiele für solche Klassen sind QUADRAT oder JUNGGESELLE. Eine geometrische Figur ist ein Quadrat genau dann, wenn (a) alle Winkel 90°-Winkel sind und (b) alle Kanten gleich lang sind. Ein Junggeselle ist (a) männlich, (b) erwachsen und (c) unverheiratet. Die Bedingungen sind einzeln notwendig und zusammen hinreichend. In diesen Beispielen ist jede Bedingung eindeutig abprüfbar.

DEFINITION

Notwendige Bedingung: A ist eine notwendige Bedingung für die Zugehörigkeit zu einer Klasse K, wenn alle Objekte, die zu K gehören, A erfüllen. Aber allein daraus, dass ein Objekt A erfüllt, folgt noch nicht, dass es auch zu K gehört.
Betrachten wir als Beispiel die Klasse JUNGGESELLE und die Eigenschaft UNVERHEIRATET. Wenn ein Mensch zur Klasse JUNGGESELLE gehört, folgt daraus, dass er unverheiratet ist. Aber nicht jeder Mensch, der unverheiratet ist, ist notwendig ein JUNGGESELLE – es könnte sich ja um eine Frau handeln.
Hinreichende Bedingung: A ist eine hinreichende Bedingung für die Zugehörigkeit zu einer Klasse K, wenn jedes Objekt, das A erfüllt, zu K gehört, aber auch Objekte in K sind, die A nicht erfüllen.
Betrachten wir als Beispiel die Klasse STUDIENBERECHTIGT und als Eigenschaft HAT_ABITUR. Jeder, der die Eigenschaft HAT_ABITUR erfüllt, gehört zur Klasse STUDIENBERECHTIGT, aber es gibt auch Leute in der Klasse STUDIENBERECHTIGT, die kein Abitur haben – zum Beispiel Studierende an Kunsthochschulen oder mit ausländischen Schulabschlüssen.

3 Unscharfe Klassen

Viele Klassen sind allerdings nicht auf diese Weise definierbar. Versuchen Sie zum Beispiel, die Klasse TISCH zu definieren. Was ist ein Tisch? Eine horizontale Platte auf vier Beinen? Muss ein Tisch vier Beine haben? Muss er überhaupt Beine haben? Denken Sie an Klapptische, die an der Wand aufgehängt sind. Muss er eckig sein? Vielleicht muss er eine wie auch immer geartete horizontale Fläche haben, aber diese Eigenschaft allein grenzt Tische nicht von anderen Dingen wie z.B. Kommoden ab. Vielleicht kann man Tische nicht über die Form, sondern über die Funktion definieren? Ist eine auf eine Bierkiste gelegte Tür, an der man isst, ein Tisch? Vielleicht, aber was genau ist die Funktion eines Tisches? Soll man daran essen? Was ist mit Arbeitstischen, zum Beispiel einem Schneidetisch in einer Schneiderei? Oder einem Pflanztisch?

Prototypen

Sie sehen, dass es nicht leicht ist, die notwendigen Bedingungen dafür anzugeben, wann ein Objekt zur Klasse TISCH gehört. Vielleicht kann man aber hinreichende Bedingungen angeben: Wenn ein Objekt vier Beine und eine horizontale Fläche hat und man daran isst, ist es ein Tisch. Die Bedingungen sind nicht einzeln, wohl aber zusammen hinreichend. TISCH ist also definierbar durch ein Bündel von Bedingungen. Wenn nicht alle Bedingungen erfüllt sind, kann ein Element immer noch ein Tisch sein; es ist aber nicht klar, wann ein Element kein Tisch mehr ist. Man hat eine Klasse mit unscharfen Rändern. Solche Klassen haben eindeutige Mitglieder (die ‚tischigsten' Tische) und weniger eindeutige. Die eindeutigen Mitglieder nennt man prototypische Mitglieder und solche Klassen nennt man Prototypenklassen.

4 Klassen in der Linguistik

Sind Klassen wie WORT, PHONEM oder SATZ, mit denen wir es in diesem Buch zu tun bekommen, klar definierbare Klassen oder Prototypenklassen? Die Antwort ist nicht einfach. Wir werden sehen, dass selbst scheinbar klare Klassen wie die Wortartklassen VERB, NOMEN, ADJEKTIV nicht immer leicht abgrenzbar sind. Das ist an sich für die Formulierung von Theorien kein Problem. Auch wenn Sie eben nicht genau definieren konnten, was ein Tisch ist, haben Sie ja im Alltag kein Problem, wenn Sie jemand bittet, etwas auf den Tisch in der Küche zu stellen. Selbst wenn Sie noch nie in der betreffenden Küche waren, können Sie den Tisch sofort identifizieren. In einer avantgardistischen Möbelausstellung könnte das eher problematisch sein. Wahrscheinlich halten Sie sich aber häufiger in Küchen als in avantgardistischen Möbelausstellungen auf. Für die Linguistik bedeutet das, dass man sehr gut für die allermeisten Zwecke mit Prototypenklassen arbeiten könnte. (Die unscharfen Ränder sind an sich auch interessant, werden aber in dieser Einführung nicht behandelt.)

Granularitätsebenen

Wenn wir alle Klassen, die wir nicht sofort abgrenzen können, unscharf nennen, machen wir es uns allerdings zu einfach. Einige Klassen sind wirklich unscharf, andere hingegen erscheinen unscharf, weil wir noch nicht die richtigen Kriterien und die richtige Granularitätsebene gefunden haben. Die Kategorisierung hängt vom Zweck der Untersuchung ab. Wenn Darwin alle Eigenschaften der Finken gleichzeitig betrachtet hätte, wäre er vielleicht nie auf eine interessante Klassifikation und die Forschungsfragen gekommen, die ihn zur Evolutionstheorie angeregt haben. Er musste von bestimmten Eigenschaften abstrahieren.

Wir können uns vorstellen, dass wir zum Beispiel die Wörter einer Sprache je nach Untersuchungsgegenstand unterschiedlich einteilen können: Wenn wir über die Aussprache reden, wollen wir vielleicht einsilbige von mehrsilbigen Wörtern unterscheiden. Wenn wir das Verhalten von Wörtern in Sätzen untersuchen wollen, müssen wir auf ganz andere Eigenschaften achten, zum Beispiel darauf, an welcher Position sie relativ zu anderen Wörtern stehen können. Klassen existieren also hier nicht ‚an sich', sondern werden für jeden Forschungszweck neu definiert. Für einen bestimmten Zweck können dann oft notwendige und hinreichende Bedingungen angegeben werden. Ein Beispiel für die Unterteilung von Verben finden Sie unten.

3 Regelmäßigkeiten und Regeln

Algebraische Modelle

Im folgenden Abschnitt beschäftigen wir uns damit, wie man aus Beobachtungen Modelle entwickelt. Zu modellieren ist, wie sich einfache Elemente zu komplexen Strukturen zusammensetzen. Das braucht die Linguistik überall, wie wir in Kapitel 1 schon gesehen haben.

Viele linguistische Theorien, vor allem in der generativen Tradition, sind als algebraische Modelle formuliert, in denen Regeln in Regelsystemen zusammengefasst werden. So gibt es Regelsysteme für den Aufbau komplexer Wörter, Regelsysteme für den Aufbau komplexer Sätze, Regelsysteme für die Errechnung von Bedeutung etc. Diese Regelsysteme haben immer vorher definierte formale Eigenschaften, die sich nach Grundannahmen und Forschungszweck unterscheiden können. Wir betrachten hier Regelsysteme, die sich zusammensetzen aus

(a) einem Alphabet mit Variablen,
(b) einem Lexikon und
(c) dem eigentlichen Regelapparat.

Variablen

Es gibt immer ein Alphabet mit Variablen, die für bestimmte vorher definierte Klassen stehen. So könnte zum Beispiel S für Sätze stehen, V für Verben oder N für Nomina und D für Artikel (englisch ‚Determiner'). Wenn man ausdrücken möchte, dass sich Sätze im Deutschen auf eine bestimmte Art aus Verben, Artikeln und Nomina zusammensetzen, kann man die folgenden Regeln schreiben:

Variablenalphabet: S, D, N, V
Regelapparat:

S → D N V	lies: S setzt sich zusammen aus D gefolgt von N gefolgt von V
S → D N V D N	lies: S setzt sich zusammen aus D gefolgt von N gefolgt von V gefolgt von D gefolgt von N

N, V, S und D sind Variablen, d.h. sie bezeichnen nicht konkrete Verben und Nomina, sondern irgendwelche Verben und irgendwelche Nomina. Daher braucht man ein weiteres Alphabet und eine weitere Regelmenge, die sagt, welche Elemente eigentlich für welche Variablen eingesetzt werden können. Dieses nennen wir Lexikon. Jeder Lexikoneintrag wird einer Klasse zugeordnet. Nehmen wir an, unsere – zugegebenermaßen sehr eingeschränkte – Sprache besteht aus folgenden Lexikoneinträgen:

Lexikon: *die, Frau, Schokolade, verspeist, lacht*
D: *die*
N: *Frau, Schokolade*
V: *verspeist, lacht*

Man kann jetzt für die Variablen alle passenden Lexikoneinträge einsetzen. Wir bilden also Hypothesen über die möglichen Sätze unserer Sprache:

S → D N V
die Frau lacht
die Frau verspeist
die Schokolade lacht
die Schokolade verspeist

S → D N V D N
die Frau verspeist die Schokolade
die Frau lacht die Schokolade
die Schokolade verspeist die Frau
die Schokolade verspeist die Schokolade
die Frau verspeist die Frau
die Schokolade lacht die Frau
...

Einige Sätze sind semantisch merkwürdig, allerdings syntaktisch völlig korrekt – diese können wir durch syntaktische Regeln nicht ausschließen. Die fettgedruckten Sätze allerdings sind syntaktisch nicht zulässig und zeigen, dass unser Modell nicht gut genug ist und wir es anpassen müssen. Mit den vorhandenen Variablen und Lexikoneinträgen geht das nicht. Es gibt offenbar Verben, die ein Subjekt und ein Objekt brauchen, und andere, die nur ein Subjekt zulassen. Die Klasse V muss in $V_{intransitiv}$

und $V_{transitiv}$ aufgeteilt werden. Das Variablenalphabet, die Regeln und das Lexikon können angepasst und nur noch die erwünschten Sätze erzeugt werden.

Aus
Variablenalphabet: S, D, N, $V_{transitiv}$, $V_{intransitiv}$
Lexikon: *die, Frau, Schokolade, verspeist, lacht*
D: *die*
N: *Frau, Schokolade*
$V_{transitiv}$: *verspeist*
$V_{intransitiv}$: *lacht*
und Regelapparat
$S \rightarrow D\ N\ V_{intransitiv}$
$S \rightarrow D\ N\ V_{transitiv}\ D\ N$
kann man ableiten
die Frau lacht
die Frau verspeist die Schokolade
...

Die anderen Sätze sind von unserer Grammatik nicht ableitbar und heißen deshalb ungrammatisch. Wir markieren sie mit einem Sternchen.

**die Frau lacht die Schokolade*
**die Frau verspeist*

1 Konstituentenstrukturbäume

Die Ergebnisse eines solchen Regelsystems kann man auch graphisch als Bäume darstellen.
$S \rightarrow D\ N\ V_{intransitiv}$ bedeutet ja, dass es eine Klasse S gibt, die sich in weitere Klassen D N und $V_{intransitiv}$ aufspaltet. Der dazugehörige Baum ist in Abb. 3.1 dargestellt.

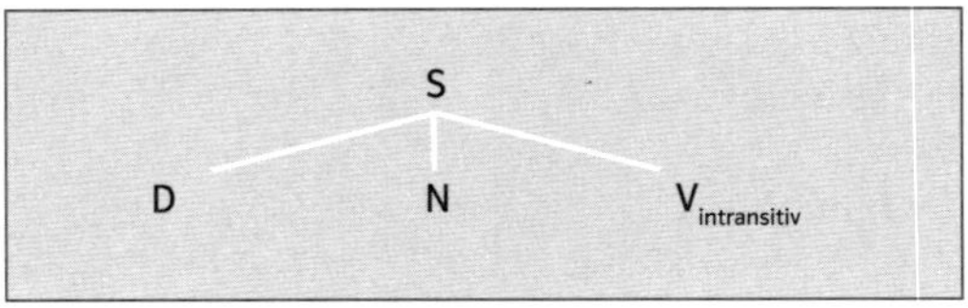

Abb. 3.1: Beispiel für einen Konstituentenstrukturbaum

Bäume bestehen aus Knoten und Kanten. Die Linguistik ist ganz feministisch und sagt: S ist die Mutter (oder der Mutterknoten) von D, N und $V_{intransitiv}$. D, N und $V_{intransitiv}$ sind Töchter (oder Tochterknoten) von S und Schwestern (oder Schwesterknoten) voneinander. Die Kanten bedeuten ‚besteht aus'.

Man kann den Baum auch lexikalisieren, d.h. unter die Variablen passende Elemente aus dem Lexikon einfügen.

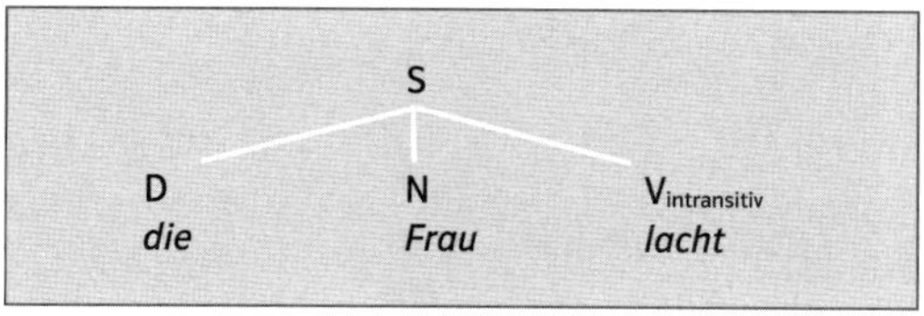

Abb. 3.2: Beispiel für einen lexikalisierten Konstituentenstrukturbaum

Solche Bäume können natürlich mehrere Ebenen haben. In Sätzen, die von dem angegebenen Baum beschrieben werden, zeigt eine Umstellungsprobe, dass D und N irgendwie enger zusammengehören als N und $V_{intransitiv}$.

die Frau lacht
lacht die Frau?
**die lacht Frau*

D und N können also noch einmal zusammengefasst werden. Wir nennen die Oberklasse DP und ändern unsere Regeln. Der Name ist an sich völlig egal, aber wir werden diesen Namen in Kapitel 10 für vergleichbare Strukturen gebrauchen.

$S \rightarrow DP\ V_{intransitiv}$
$DP \rightarrow D\ N$

Der durch die neuen Regeln erzeugte Baum ist in Abb. 3.3 dargestellt.

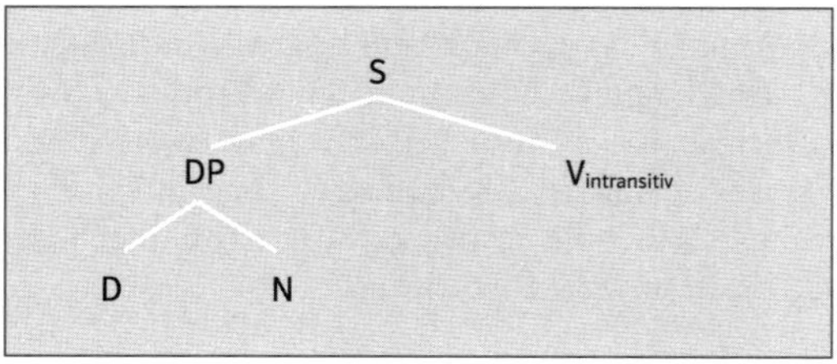

Abb. 3.3: Konstituentenstrukturbaum mit zwei Ebenen

Bäume, in denen die Tochterknoten Bestandteile, also Konstituenten, der Mutterknoten darstellen, nennt man Konstituentenstrukturbäume. Der Knoten, der keinen Mutterknoten hat, heißt Wurzel. Knoten, die keine Töchter haben, heißen Blätter. Der Baum steht gewissermaßen auf dem Kopf.

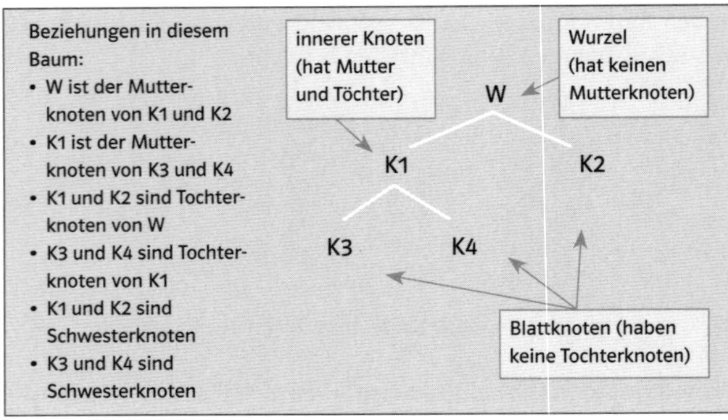

Abb. 3.4: Beziehungen und Bezeichnungen in einem Konstituentenstrukturbaum

Konstituentenstrukturbäume werden wir in Kapitel 7 bei der Beschreibung von komplexen Wörtern und in den Kapiteln 10 und 11 bei der Beschreibung von Sätzen wiederfinden.

Eins Struktur mit ihren Konstituenten kann alternativ auch als Klammerausdruck dargestellt werden (das ist nur eine Darstellungsfrage, sonst ändert sich nichts). Dabei werden die jeweils zusammengehörigen Konstituenten geklammert, der Mutterknoten wird dann an der schließenden Klammer als Subskript dargestellt. Der Baum in Abb. 3.3 sieht dann folgendermaßen aus:

$((D\ N)_{DP}\ V)_{S}$

2 Rekursion und Koordination

Im Kapitel 1 haben wir gesehen, dass es eine Eigenschaft von natürlichen Sprachen ist, unendlich viele komplexe Wörter und Sätze produzieren zu können. Welche Mechanismen haben Sprachen, um neue Wörter und Sätze zu erzeugen? Es gibt viele solcher Mechanismen; hier möchte ich auf zwei eingehen, die generell für alle natürlichen Sprachen angenommen werden: die Koordination und die Rekursion.

Koordination

Mithilfe der Koordination (‚und'-Verknüpfung) können gleichartige Elemente verbunden werden. Erinnern sich an das Kinderbuch mit der kleinen Raupe Nimmersatt (Carle 1996). Das Buch handelt von einer kleinen Raupe, die sehr viel Hunger hat. Jeden Tag isst sie mehr und *„am Sonnabend frisst sie sich durch ein Stück Schokoladenkuchen, eine Eiswaffel, eine saure Gurke, eine Scheibe Käse, ein Stück Wurst, einen Lolli, ein Stück Früchtebrot, ein Würstchen, ein Törtchen und ein Stück Melone."* Die Kommata sind hier als Abkürzungen für ‚und' zu lesen: *[ein Stück Schokoladenkuchen] und [eine Eiswaffel] und [eine saure Gurke] und [eine Scheibe Käse] …*

Die Raupe hört irgendwann auf zu essen, verpuppt sich und wird ein Schmetterling. Die Länge der Liste wird durch ‚die Welt' begrenzt, nicht durch die Sprache. Es gibt in der Sprache keine Höchstgrenze von koordinierten Elementen (allerdings ist eine lange Koordinationskette irgendwann schwierig zu verstehen). Der Mechanismus der Koordination alleine würde schon ausreichen, damit ein Regelsystem unendlich viele Ausdrücke produzieren kann.

Rekursion

Es gibt einen weiteren Mechanismus, die Rekursion. Rekursion bedeutet, dass eine Regel auf ihr eigenes Ergebnis angewendet werden kann. Nehmen wir folgende abstrakte Regel an:

A → A B

Eine Anwendung der Regel gibt uns den Baum in Abb. 3.5.

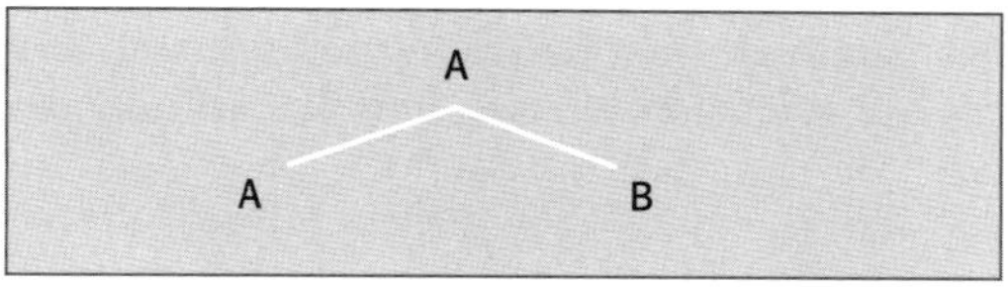

Abb. 3.5: Konstituentenstrukturbaum nach einfacher Regelanwendung

In dem Baum sehen wir einen Tochterknoten A. Auf den können wir die Regel noch einmal anwenden. Und so weiter …

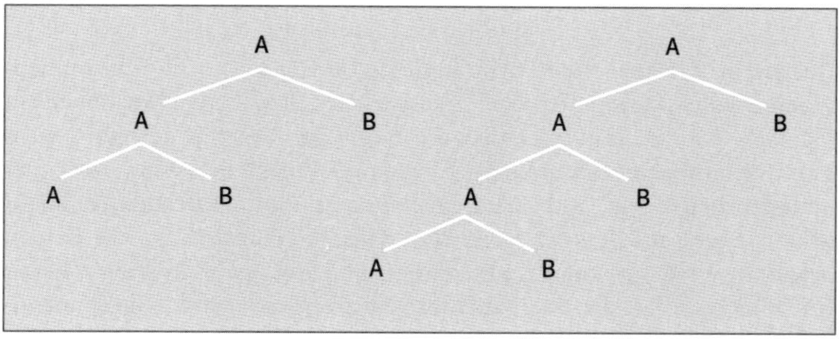

Abb. 3.6: Konstituentenstrukturbäume nach mehrfacher Anwendung der Regel

Die Regel in diesem abstrakten Beispiel hat dieselbe Variable links und rechts des Ersetzungspfeils. Sie kann immer wieder angewendet werden; es gibt auch hier kein Ende, man kann allein mit dieser Regel unendlich viele Strukturen erzeugen. Wenn ein Regelsystem für die natürliche Sprache auch nur eine einzige Regel aufweist, in der dieselbe Variable links und rechts vom Ersetzungspfeil vorkommt, ist auch dieses System unendlich.

Im Deutschen gibt es sogar mehrere solcher Regeln. Eine von ihnen ist die Regel, die Nomina zu neuen Nomina zusammenfügt und solche Wörter beschreibt wie *Donaudampfschifffahrtskapitänsmützenband...* Diese Regel lernen wir in Kapitel 7 kennen. Eine andere Regel ist die, die Strukturen wie *das Band der Mütze des Kapitäns des Schiffs...* beschreibt (siehe Kapitel 10).

4 Zusammenfassung

Linguistische Modellbildung

Wir haben dieses Kapitel mit der Frage begonnen, warum wir in der Linguistik formale Modelle brauchen. Die Sprache ist ein produktives und regelmäßiges System. Die Antwort auf die eingangs gestellte Frage ist daher, dass es nicht ausreicht, über Einzelfälle zu reden. Vielmehr müssen, wo möglich, allgemeine Aussagen über das Verhalten und die Interaktion von Klassen sprachlicher Objekte abgeleitet werden. Mithilfe von Modellen sollen empirisch überprüfbare Hypothesen über bisher nicht gesehene Ereignisse formuliert werden, zum Beispiel über das Verhalten neuer Verben.

Klassifikation

Ein erster Schritt zur Modellbildung ist die Bildung geeigneter Klassen. Wir haben gesehen, dass es unterschiedliche Arten von Klassen gibt: Klassen, die durch notwendige und hinreichende Bedingungen beschrieben werden, und Klassen, die durch prototypische Vertreter angegeben werden und unscharfe Ränder haben. Wie die Elemente, die wir beobachten, in Klassen eingeteilt werden, hängt vom Forschungszweck ab.

Regelformulierung

Der zweite Schritt ist die Formulierung von Regeln für die Zusammensetzung der einfachen Elemente zu komplexen Strukturen. Wir haben ein formales Modell mit folgenden Bestandteilen kennen gelernt: einem Variablenalphabet, einem Lexikon, in dem Elemente Klassen zugeordnet und gespeichert sind, und einem Regelapparat. Für jede produktive linguistische Ebene müssen die geeigneten Klassen gefunden und die Regeln bestimmt werden. Durch Koordination und Rekursion können wir mit einem solchen Regelapparat auch aus einem begrenzten Lexikon unendlich viele komplexe Ausdrücke erzeugen.

Die Regelhaftigkeit ist nur ein Aspekt menschlicher Sprache. Da Sprache historisch gewachsen ist, gibt es immer auch Relikte früherer Sprachzustände, zum Beispiel einzelne komplexe Wörter, die nach Regeln gebildet wurden, die heute aber nicht mehr produktiv sind. Wir wollen unsere Modelle nur für die noch produktiven Regeln aufstellen und alles andere hier nicht betrachten.

5 Fragen und Aufgaben

- Diskutieren Sie die folgenden Bedingungen für die Zulassung zur Diplomprüfung in Physik an der Universität Augsburg. Welche sind notwendig? Welche sind hinreichend?
  Folgende Leistungen sind Zulassungsvoraussetzungen zur Diplomprüfung:
  1. *zwei fachlich verschiedene Seminare mit eigenem Vortrag in Physik, davon mindestens eines in einem Spezialgebiet der Physik,*
  2. *Physikalisches Praktikum für Fortgeschrittene Teil A und B,*
  3. *zwei Übungen in Theoretischer Physik, zusätzlich zu der für die Diplomvorprüfung geforderten Übung, davon eine in Quantenmechanik,*
  4. *im Wahlpflichtfach Mathematik beziehungsweise Informatik die erfolgreiche Teilnahme an einer weiterführenden Lehrveranstaltung […]. Im Wahlpflichtfach Philosophie ist die erfolgreiche Teilnahme an zwei Seminaren mit eigenem Vortrag aus den in § 17 Abs. 2 genannten Bereichen für das Fach Philosophie erforderlich.*
- Können die folgenden Begriffe kategorial definiert werden? Welche notwendigen und hinreichenden Bedingungen gelten?
  Quadrat, Fruchtsaft, Getränk, Buch, Auto, Kraftfahrzeug
- Zeichnen Sie die Konstituentenstrukturbäume für folgende Ausdrücke
  $(A\ (B\ C)_D)_E$, $((A\ B)_D\ C)_E$, $((A\ B)_E\ (C\ D)_F)_G$,
  $(\mathit{Hans}\ (\mathit{liebt}\ (\mathit{Linsensuppe}\ (\mathit{mit}\ \mathit{Nudeln})_{PP})_{DP})_{VP})_S$

1 Sprachlaute

Die Phonetik beschäftigt sich mit den Sprachlauten, d.h. allen den Lauten, die der menschliche Sprechapparat produzieren kann, um sie in irgendeiner Sprache zur sprachlichen Kommunikation zu nutzen (also nicht husten oder röcheln). LADEFOGED (2005) schreibt, dass es mehr als 200 Vokale und mehr als 500 Konsonanten gibt, die in menschlichen Sprachen genutzt werden.
Jede einzelne Sprache nutzt nur einige davon, allerdings sehr unterschiedlich viele. MADDIESON (1984) hat 300 Sprachen untersucht und gezeigt, dass es Sprachen gibt, die nur elf verschiedene Laute (eigentlich Phoneme, siehe Kapitel 5) verwenden und andere, die 141 Laute nutzen. Als Sprecher oder Sprecherinnen einer bestimmten Sprache können wir ohne Übung bestimmte lautliche Unterschiede in anderen Sprachen nicht produzieren, sondern höchstens wahrnehmen (viele Unterschiede nehmen wir nicht einmal wahr). Denken Sie an das <th> im Englischen, das für viele Deutsche schwer zu sprechen ist. Dass wir bestimmte Laute nicht hören oder sprechen können, ist aber nicht angeboren, sondern erlernt. Schon wenige Tage alte Kinder können Sprachlaute von nicht sprachlichen Geräuschen unterscheiden. Bevor Kinder die Laute ihrer Muttersprache(n) lernen, haben sie die Anlage, alle möglichen Sprachlaute in voller Perfektion zu lernen. Erst ab etwa sechs Monaten fokussieren sie dann ihre Aufmerksamkeit auf die Sprache, die sie hören, und ‚verlernen' andere Laute. (Einen Überblick zum Spracherwerbsverlauf finden Sie bei LUST 2006.)

Hören Sie bewusst zu, wie unterschiedliche Leute dasselbe Wort aussprechen. Es gibt Gemeinsamkeiten – denn sonst würden Sie das Wort nicht als ‚dasselbe' erkennen. Es gibt jedoch in den Realisierungen auch Unterschiede in der Tonhöhe, in der Geschwindigkeit und in der Aussprache der einzelnen Laute, was sehr deutlich hörbar ist in unterschiedlichen dialektalen Färbungen. In diesem Kapitel abstrahieren wir zunächst von diesen Unterschieden und konzentrieren uns auf die Gemeinsamkeiten in der Produktion von Lauten.

Artikulatorische Phonetik

- Wir befassen uns hier hauptsächlich mit der artikulatorischen Phonetik. Sie beschreibt, wie Laute im Sprechapparat gebildet werden.

Akustische Phonetik

- Neben der Artikulation beschäftigt sich die Phonetik mit den messbaren physikalischen Eigenschaften von Sprachlauten – das entsprechende Teilgebiet heißt akustische Phonetik. Wir werden am Ende des Kapitels die akustische Repräsentation einer Äußerung sehen.

Perzeptive Phonetik

- Ein drittes Teilgebiet der Phonetik, die perzeptive Phonetik, behandelt die Wahrnehmung von Sprachlauten. In dieser Einführung können wir die perzeptive Phonetik nicht behandeln.

Laute und Buchstaben

Bevor die Artikulation beschrieben wird, möchte ich auf einen ganz grundlegenden Punkt hinweisen: In der Phonetik geht es um Laute und nicht um Buchstaben! In Kapitel 6 werden wir sehen, dass es in vielen Schriftsystemen, so auch im Deutschen, keine 1:1-Abbildung von Lauten auf Buchstaben gibt, sondern dass manchmal ein Laut durch mehrere Buchstaben ausgedrückt werden kann (<sch> bezeichnet einen Laut). Manchmal können mehrere Laute durch denselben Buchstaben geschrieben werden, z.B. sind die Laute, die durch das fettgedruckte <e> in folgenden Wörtern geschrieben werden, unterschiedlich: *Tass**e**, w**e**m, B**e**tt*. Die Schreibung ist aber sekundär und nicht von den Lauten abhängig – Kinder können Laute produzieren, lange bevor sie schreiben können; viele Gesellschaften hatten oder haben keine Schrift. Derselbe Buchstabe kann in verschiedenen Sprachen unterschiedlich ausgesprochen werden.

Internationales Phonetisches Alphabet

Wenn man über die Eigenschaften eines Lautes sprechen möchte, muss man aber eindeutig sein. Daher gibt es zur Bezeichnung der Sprachlaute ein eigenes Alphabet, das Internationale Phonetische Alphabet IPA. Einen Ausschnitt des IPA sehen Sie in den Abb. 4.1 und 4.2. Einige Zeichen des IPA sehen aus wie Zeichen des von uns verwendeten lateinischen Alphabets. Aber Vorsicht: Hier darf man nicht automatisch annehmen, dass sie auch gleich ausgesprochen werden. Um anzuzeigen, dass man gerade nicht im ‚normalen' Alphabet schreibt, sondern das IPA verwendet, werden phonetische Angaben in eckigen Klammern [ ] geschrieben. Die Bezeichnungen, die im Internationalen Phonetischen Alphabet verwendet werden, werden im Folgenden erläutert. In den Abbildungen 5.1 und 5.3 in Kapitel 5 werden dann die im Deutschen verwendeten Laute aus dem IPA mit Beispielen vorgestellt.

TIPP

Sie können sich alle Laute im IPA auf der Webseite der International Phonetic Association anhören:
http://www.arts.gla.ac.uk/ipa/sounds.html.
Fonts zur Darstellung der IPA-Zeichen können frei von der Webseite des Summer Institute of Linguistics heruntergeladen werden:
http://scripts.sil.org

Diakritische Zeichen

Zusätzlich zu den Lautbezeichnungen gibt es im IPA noch diakritische Zeichen (auch Diakritika genannt), die über oder unter bzw. hochgestellt oder tiefgestellt neben einem oder mehreren Lautzeichen stehen können und diese genauer beschreiben. Wir werden einige Diakritika kennen lernen. Wenn man die Aussprache für alle im IPA beschriebenen Zeichen kennt (das sind viel mehr als hier vorgestellt), kann man die Aussprache jeder Sprache relativ eindeutig beschreiben. Daher werden IPA-Zeichen auch in vielen Wörterbüchern verwendet. Anzumerken ist, dass es sich jeweils nur um eine Lautrepräsentation handelt, bei der jeder Laut wieder eine individuelle Varianz aufweist.

THE INTERNATIONAL PHONETIC ALPHABET (reviced to 2005)

CONSONANTS (PULMONIC) ©2005 IPA

	Bilabial	Labio-dental	Dental	Alveolar	Postal-veolar	Retroflex	Platal	Velar	Uvular	Pharyn-geal	Glottal
Plosive	p b			t d		ʈ ɖ	c ɟ	k ɡ	q ɢ		ʔ
Nasal	m	ɱ		n		ɳ	ɲ	ŋ	ɴ		
Tril	ʙ			r					ʀ		
Tap or Flap		ⱱ		ɾ		ɽ					
Fricative	ɸ β	f v	θ ð	s z	ʃ ʒ	ʂ ʐ	ç ʝ	x ɣ	χ ʁ	ħ ʕ	h ɦ
Lateral fricative				ɬ ɮ							
Approximant		ʋ		ɹ		ɻ	j	ɰ			
Lateral approximant				l		ɭ	ʎ	ʟ			

Where symbols appear in pairs, the one to the right represents a voiced consonant. Shaded areas denote articulations judged impossible.

Abb. 4.1: Pulmonale Konsonanten im internationalen Phonetischen Alphabet (The International Phonetic Association, Thessaloniki; http://www2.arts.gla.ac.uk/IPA/ipa.html). Erläuterungen dazu im Text.

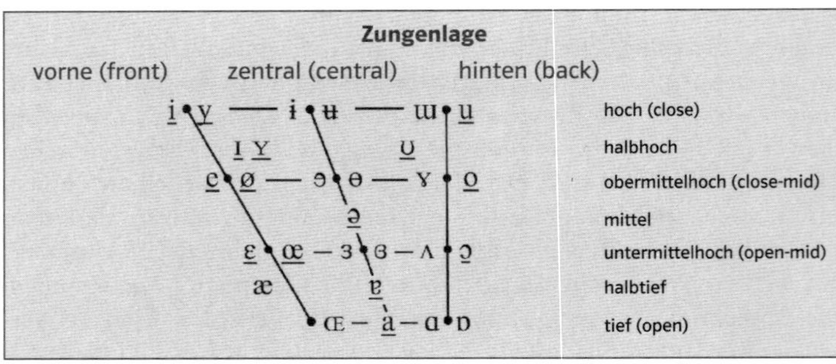

Abb. 4.2: Vokalviereck (The International Phonetic Association, Thessaloniki; http://www2.arts.gla.ac.uk/IPA/ipa.html).
Die Form symbolisiert die Zungenlage. Die im Deutschen vorkommenden Vokale sind unterstrichen. Wenn zwei Vokale nebeneinander stehen, steht der rechte für den gerundeten Vokal. Erläuterungen zum Vokalviereck im Text.

2 Artikulation

Artikulatorische Phonetik

Der Klang eines Lauts wird maßgeblich von der Artikulation bestimmt. Die artikulatorische Phonetik beschäftigt sich damit, wie Laute im Sprechapparat gebildet werden. Im Folgenden stütze ich mich auf die Darstellungen in Hall (2000), Pompino-Marschall (2003) und Ladefoged (2005). In den Einführungen von Pompino-Marschall und Ladefoged werden die anatomischen Eigenschaften des menschlichen Artikulationssystems viel ausführlicher dargestellt, als ich es hier tun kann.
Grob gesagt, werden alle im Deutschen verwendeten Laute dadurch produziert, dass ein Luftstrom aus der Lunge durch Mund- oder Nasenraum entweicht und dabei der Klang durch die Konfiguration der Muskeln im Mund- und Nasenraum moduliert wird. Das verdeutlicht die Abb. 4.3.

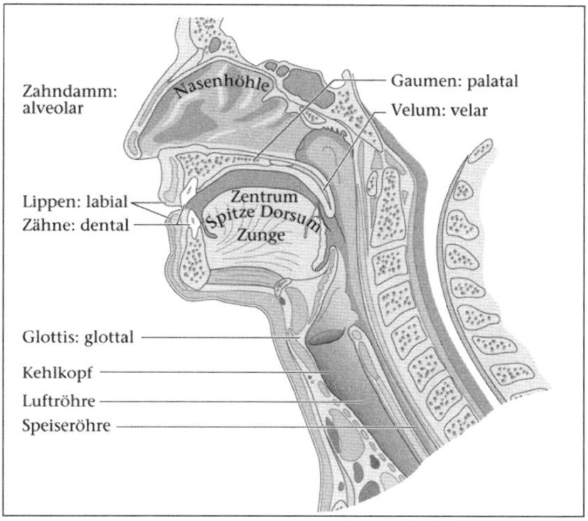

Abb. 4.3: Sagittalschnitt durch das Ansatzrohr, aus ERICKSON/GYMNICH (2006, 21).

Wichtig bei der Beschreibung der Laute sind die drei Parameter:
Vokale und Konsonanten
1. Artikulationsort: Wo wird der Laut produziert?
2. Artikulationsart: Wie wird der Laut produziert?
3. Stimmhaftigkeit: Schwingen die Stimmlippen mit?

Man unterscheidet zwischen Vokalen und Konsonanten. Bei Vokalen wird der Luftstrom nicht behindert – der Klang wird durch die Lage der Zunge, die Öffnung des Mundes und die Lippenrundung beeinflusst. Bei Konsonanten wird durch eine Verengung oder ein Verschluss im Ansatzrohr ein Geräusch erzeugt. Ich erläutere zuerst die Bildung von Vokalen und komme dann zu den Konsonanten.

1 Vokale

Zungenhöhe

Der Luftstrom bei Vokalen kann ungehindert ausströmen. Vokale werden durch die Zungenhöhe, die Zungenlage und die Lippenrundung beeinflusst. Mit ‚Zungenhöhe' ist die vertikale Lage des höchsten Zungenpunktes im Mundraum gemeint. Vergleichen Sie die Zungenhöhe beim [i] (wie in *Gries*), beim [u] (wie in *Mus*) und beim [a] (wie in *Lamm*). Der Zungenpunkt ist beim [i] und beim [u] hoch (nahe am oberen Gaumen) und beim [a] tief. Wenn der Zungenpunkt hoch ist, ist der Mund weiter geschlossen. Daher nennt man das [i] hoch oder geschlossen und das [a] tief oder offen. [i] und [u] sind beide hoch; wodurch unterscheiden sie sich dann?

Zungenlage

Achten Sie auf Ihre Zunge bei der Artikulation: Bei [i] ist der höchste Zungenpunkt viel weiter vorne im Mund als bei [u]. [i] ist also ein hoher vorderer Vokal und [u] ein hoher hinterer Vokal. Wichtig sind die Höhe und die vertikale Position des obersten Zungenpunktes. Man kann sich beide Parameter in einem Viereck vorstellen, das immer wie ein Trapez gezeichnet wird (siehe Abb. 4.2), weil die Zunge vorne nicht alle Positionen erreichen kann. Im Prinzip sind alle Stellungen der Zunge innerhalb des Vokalvierecks möglich.

Schwa

Ungefähr in der Mitte des Vokalvierecks befindet sich der Laut [ə], der auch Schwa genannt wird. Das ist der Laut, den man macht, wenn man eigentlich gar nichts macht – der Laut am Ende von *Birne* oder *Quitte*. Dieser Laut ist nicht betonbar. Etwas tiefer gibt es einen ähnlichen Laut, der manchmal a-Schwa genannt wird, das [ɐ]. Das ist der Laut am Ende von *Butter*. Vorsicht: Sprechen Sie *Butter* ganz normal aus – das geschriebene <er> bildet nur einen Laut! Das <r> wird nicht extra gesprochen – darauf kommen wir in Kapitel 4 zurück. Auch dieser Laut ist nicht betonbar.

Lippenrundung

Sie sehen, dass im Vokalviereck an vielen Stellen zwei Laute nebeneinander liegen – d.h. dass für diese Laute die Zunge (fast) gleich positioniert ist. Diese Laute unterscheiden sich durch die Lippenrundung: Bei einem Laut sind die Lippen unwesentlich in der Artikulation, bei dem anderen verändern sie einen Laut so, dass er eine andere Qualität bekommt. Versuchen Sie zu lächeln und den Laut [i] zu sagen, und dann verändern Sie langsam Ihre Lippen, so dass sie zugespitzt sind (Kussmund). Hier gehen Sie langsam von einem [i] zu [y]. [i] ist ungerundet, [y] gerundet.

Gespanntheit

Außerdem muss man noch den Faktor Gespanntheit betrachten. Sprechen Sie die beiden i-Laute in *Zwiebel* und *Minze*. Sie stellen fest, dass sich beide durch Länge unterscheiden. Aber das ist nicht der ganze Unterschied. Sie können versuchen das [i] – das ist der Laut in *Zwiebel* – lang oder kurz zu sprechen, zum Beispiel in *Zitrone*. Länge wird durch das diakritische Zeichen ‚:' markiert, bei Zwiebel muss man also [i:] schreiben, bei *Zitrone* nur [i]. Den i-Laut in *Minze* spricht man, zumindest im Deutschen, nie lang. Man sagt, dass von den im Deutschen vorkommenden Vokalen bestimmte, nämlich [i y u e ø o], gespannt sind und andere, nämlich [ɪ ɛ ʏ œ ʊ ɔ a ə ɐ], ungespannt.

Diphthong

Außerdem gibt es Vokale, die ihre Qualität ändern. Solche Laute nennt man Diphthonge. Beispiele hierfür sind [aʊ] wie in *Brause* oder [aɪ] wie in *Fleisch*.

In Kapitel 5 werden alle Vokale, die im Standarddeutschen vorkommen, mit Beispielen aufgelistet.

2 Konsonanten

Artikulationsort

Bei Konsonanten wird der Luftstrom umgeleitet durch die Nase oder irgendwo im Mundraum behindert, wodurch ein Geräusch erzeugt wird. Die Modulation des Luftstroms erfolgt durch die Artikulatoren, die beweglichen Teile in Kehle und Mundraum. Dazu gehören die Zunge (lingua), die Lippen (labia), der Unterkiefer (mandibulum), das Gaumensegel (velum) mit dem Zäpfchen (uvula) und eingeschränkt der Rachen (pharynx) sowie der Kehlkopf (glottis). Die Artikulatoren interagieren mit den Artikulationsstellen Oberlippe, Schneidezähne, Zahndamm, harter Gaumen, weicher Gaumen, Zäpfchen, Rachenwand, Kehldeckel und Glottis. Wenn also Unterlippe und Oberlippe aneinander stoßen wie bei [m], nennt man den Laut *bilabial* (beide Lippen betreffend), wenn die Unterlippe an die Schneidezähne stößt wie bei [f], heißt der Laut *labiodental* usw.

Artikulationsart

Neben dem Artikulationsort spielt die Artikulationsart, auch Artikulationsmodus genannt, eine wichtige Rolle. Ich stelle hier nur die Artikulationsarten vor, die bei deutschen Lauten vorkommen, es gibt aber einige mehr. Denken Sie an [b], [f] und [m]; [b] und [m] werden beide bilabial gebildet. [m] kann man lange halten, [b] hingegen ist punktuell. Das liegt daran, dass bei [b] der Luftstrom aus der Lunge unterbrochen wird und der Laut dann bei der Öffnung des Verschlusses entsteht. Solche Laute nennt man Verschlusslaute oder Plosive.

Plosiv

Bei [m] und [f] kann die ganze Zeit Luft entweichen. Bei [m] ist der Mund verschlossen, die Luft muss durch die Nase entweichen.

Nasal

Das passiert dadurch, dass das Velum gesenkt wird. Laute, bei denen die Luft durch die Nasenhöhle entweicht, heißen Nasale.

Frikativ

Bei [f] wird eine geräuschbildende Enge, aber kein Verschluss erzeugt. Solche Laute heißen Frikative oder Reibelaute. Andere Frikative sind zum Beispiel [v] wie in *Wein*, das [x] wie in *Kuchen* oder das [θ] wie in Englisch *thin* ‚dünn'.

Affrikate

Plosive, die in Frikative aufgelöst werden und (ungefähr) an derselben Stelle (homorgan) gebildet werden, nennt man Affrikaten (Sg.: eine Affrikate). Ein Beispiel ist der erste Laut [t͡s] in *Zitrone*. Es wird viel darüber diskutiert, ob Affrikaten als ein Laut analysiert werden sollen oder als zwei. Für die Darstellung in diesem Buch nehme ich an, dass sie einen Laut darstellen. Daher werden sie mit einem darüber liegenden Bogen gekennzeichnet: [t͡s].

Approximant

Es gibt weiterhin Laute, bei denen eine Enge im Mundraum erzeugt wird, die nicht so eng ist, dass sie einen Reibelaut hervorruft. Solche Laute nennt man Approximanten. Es gibt zentrale Approximanten wie das palatale [j] in *Joghurt* und laterale Approximanten. Das sind Laute, bei denen die Luft lateral, d.h. seitlich entweicht, wie das alveolare [l] in *Löffel*. Laterale Approximanten werden vielfach nur Laterale genannt. Zentrale Approximanten heißen oft auch Gleitlaute.

Vibrant

Außerdem gibt es noch Vibranten, die durch schnell aufeinander folgende Verschlüsse gebildet werden. Im Standarddeutschen gibt es den uvularen Vibranten [ʀ] und in einigen süddeutschen Dialekten den alveolaren Vibranten [r], das gerollte oder auch Zungenspitzen-r. Probieren Sie einmal, den bilabialen Vibranten zu erzeugen.

Stimmhaftigkeit

Die IPA-Tabelle für die Konsonanten ist eine Matrix aus Artikulationsort und Artikulationsart. Damit sollte man eigentlich alle Laute in Abb. 4.1 lesen können. Manchmal stehen zwei Symbole in einem Kästchen. Diese beiden Laute unterscheiden sich durch einen weiteren Parameter, die Stimmhaftigkeit. Bei stimmhaften Lauten schwingen die Stimmlippen im Kehlkopf mit. Sie können das gut selber testen, wenn Sie die beiden s-Laute in *Käse* und *Kasse* sprechen und dabei einen Finger leicht an Ihren Kehlkopf legen. Beim s-Laut in *Käse* fühlen Sie die Vibration der Stimmlippen: Der Laut ist stimmhaft. Stimmhaftigkeit unterscheidet auch andere Frikative wie [f] in *Vieh* (stimmlos) und [v] in *wie* (stimmhaft). Außerdem werden Plosive wie [b] (stimmhaft) und [p] (stimmlos) so unterschieden. In den Feldern in der IPA-Tabelle, in denen zwei Laute stehen, steht immer der stimmlose Laut links und der stimmhafte rechts.

Kehlkopfverschlusslaut

Es gibt noch einen Konsonanten zu besprechen, den Sie nur indirekt hören können, den Kehlkopfverschlusslaut oder glottalen Plosiv [ʔ]. Dies ist ein Laut, der im Deutschen nicht geschrieben wird. Wir nehmen ihn auch meist nicht bewusst wahr. Er ist ein Verschlusslaut wie [b] oder [t] – der Rohrschall wird für einen Moment vollständig gestoppt. Bei [b] schließen Sie die Lippen, bei [t] erzeugen Sie den Verschluss dadurch, dass Sie die Zunge gegen den Gaumen pressen, und beim glottalen Verschluss verschließen Sie den Kehlkopf. Sprechen Sie die Wörter *Bein* und *beinhalten* – hier geht es nur um *bein*. Bei *Bein* sprechen Sie einen Diphthong, d.h. die Vokale gehen direkt ineinander über: [baɪn]. Bei *bein(halten)* sprechen Sie die Vokale getrennt: [bəʔɪn]. Dazwischen erzeugen Sie den glottalen Plosiv. Man hört ihn nicht, aber man hört seinen Effekt. Sie erzeugen den glottalen Verschluss auch bei Wörtern, die scheinbar mit einem Vokal beginnen – eigentlich fangen diese Wörter also mit einem Konsonanten an: [ʔananas], [ʔøːl].

3 Phonetische Transkription

Transkription

Es genügt, die Aussprache aller Symbole im IPA zu kennen, um die Wörter oder Sätze aller Sprachen phonetisch zu notieren – unabhängig davon, ob man sie versteht. Das nennt man Transkription. Jeder andere, der die Symbole kennt, kann die so transkribierten Wörter verständlich vorlesen. Probieren Sie das anhand von Wörtern einer Sprache aus, die Sie nicht selber kennen: Bitten Sie einen Muttersprachler oder eine Muttersprachlerin, diese zu sprechen, transkribieren Sie sie und lassen Sie sie dann von jemand anders vorlesen. Transkribieren muss man wie jedes neue Alphabet üben. Man kann eigene Transkriptionen von deutschen Wörtern anhand des Duden-Aussprachewörterbuches (Duden 6) überprüfen.
Mit dem IPA kann im Prinzip jedes Wort in jeder Sprache so transkribiert werden, dass jeder es verständlich vorlesen könnte. In der ‚normalen' natürlichen Sprache gibt es aber einige Phänomene, die das Transkribieren erschweren. In Pompino-Marschall (2003, 265f.) werden die unterschiedlichen Ebenen der Transkription ausführlicher erläutert.
Hören Sie sich oder jemand anderem bei der Aussprache eines beliebigen Satzes zu, werden Sie sicher keine Pausen zwischen den Wörtern hören. Das würde sehr künstlich klingen. Vielmehr werden Sie unterschiedliche Wörter miteinander aussprechen – man nennt das ‚verbunden gesprochene Sprache'. Sprechen Sie den folgenden Satz ‚normal' aus:

Man nehme ein Pfund Butter.

Wenn man jedes Wort einzeln sprechen würde, klänge es so:

[man ne:mə ʔaɪn p͡fʊnt butɐ].

Wenn man normal schnell spricht, klingt der Satz bei vielen Sprechern wohl eher so:

[mane:məʔaɪmp͡fʊntbutɐ].

Hier passieren mindestens zwei Dinge: Erstens wird wahrscheinlich das letzte [n] von *man* mit dem ersten [n] von *nehme* verschmolzen und zweitens wird das letzte [n] von *ein* zu einem [m], weil die Lippen schon für das [pf] in die nächste Position gebracht wurden. Das heißt, [n] passt sich in seinem Artikulationsort an das [p͡f] an. Solche Anpassungen sind beim schnellen Sprechen häufig.

[fʏnf] → [fʏmf], [zɛnf] → [zɛmf]

Je schneller und ‚nuscheliger' man spricht, desto mehr Angleichungen gibt es. Manchmal passieren auch mehrere Anpassungsschritte, wie zum

Beispiel beim schnellen Sprechen des Wortes *eben*. Das Schwa fällt weg. (Eigentlich bleibt das [n] silbisch, aber das können wir hier ignorieren.) Dann ist das [n] neben dem [b] und passt sich auch im Artikulationsort dem [b] an.

[e:bən] → [e:bn] → [e:bm]
[blaɪbən] → [blaɪbn] → [blaɪbm] → [blaɪm]

Enge Transkription

Wenn man transkribiert, muss man sich also entscheiden, ob man genau das transkribiert, was jemand in einer wirklichen Gesprächssituation unter den gegebenen Bedingungen wie Eile, Angst oder Freude sagt, oder ob man davon abstrahiert und die Wörter in einer idealisierten, isolierten Aussprache betrachtet. Das erste nennt man enge Transkription – eng an eine wirkliche Äußerung gebunden. Wenn mehrere Leute denselben Satz sagen, oder Sie selber einen Satz in unterschiedlichen Geschwindigkeiten sprechen, und man ihn eng transkribieren würde, würde man wohl unterschiedliche Ergebnisse erhalten. Um genau zu transkribieren, muss man das Gehör schulen.

Weite Transkription

Die zweite Art zu transkribieren, heißt weite Transkription. In diesem Buch werde ich nur die abstrahierte weite Transkription verwenden und eine idealisierte Standardaussprache annehmen. Unterschiede in der Aussprache zwischen einzelnen Sprechern sind nicht mehr dargestellt. Wie wir in Kapitel 3 gesehen haben, kann es bei jeder Kategorisierung oder Idealisierung Unschärfen geben. Vielleicht sind Sie nicht mit allen meinen Transkriptionen einverstanden: Das kann daran liegen, dass Ihre Idealisierung sich von meiner unterscheidet.

4 Akustische Phonetik

Akustische Eigenschaften von Lauten

Neben der artikulatorischen Phonetik, die sich mit der Produktion von Sprachlauten beschäftigt, gibt es weitere Bereiche der Phonetik. Sprachlaute sind physikalisch messbar. Jede lautliche Äußerung besteht aus Schallwellen und die Transkription ist eine Interpretation der Schallwellen. Man kann die akustischen Eigenschaften von einer Äußerung messen. Hier können wir das nur kurz andeuten. Das Gebiet, das sich damit beschäftigt, heißt akustische Phonetik und ist sehr naturwissenschaftlich geprägt. Der Satz *Man nehme ein Pfund Butter* gesprochen von einer ca. 40-jährigen Sprecherin, kann folgendermaßen dargestellt werden.

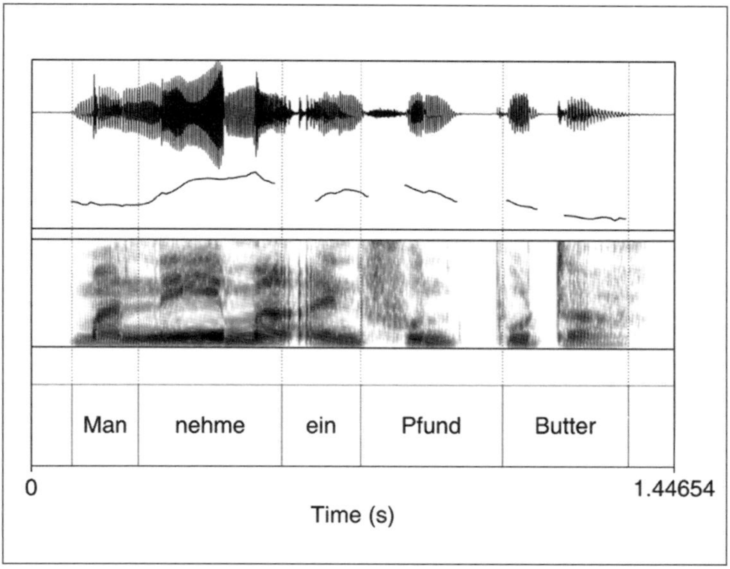

Abb. 4.4: Oszillogramm, Grundfrequenz und Spektrogramm für *man nehme ein Pfund Butter* (aus PRAAT, siehe auch den TIPP unten).

In der obersten Zeile sieht man die Messung des akustischen Signals in Form eines Oszillogramms. Dabei werden die Frequenz und die Amplitude des Signals gemessen. Die Schallwellen unterscheiden sich je nach Artikulationsart. Bei Frikativen überlagern sich verschiedene Wellen. Vokale geben eine hohe, eher gleichmäßige Amplitude. Bei Plosiven ist nie ein Signal zu sehen, aber während der zweiten Phase, der Lösung des Verschlusses, gibt es eine starke Reibung wie bei den Frikativen. Im obigen Bild sieht man das sehr schön am glottalen Verschlusslaut bei *ein*.
Im mittleren Feld sehen wir die Grundfrequenz, die Frequenz, mit der die Stimmlippen schwingen. Man kann gut sehen, dass die Grundfrequenz nur bei stimmhaften Lauten messbar ist. Im unteren Feld schließlich ist das Spektrogramm, auch Sonagramm genannt, gegeben, in dem die Intensitäten jeder Frequenz dargestellt werden. Vokale sind relativ regelmäßig und gut voneinander zu unterscheiden.

TIPP

In dem frei verfügbaren Programm PRAAT können Sie diese und weitere Messungen für (selber aufgenommene) Sprechereignisse berechnen lassen: ***http://www.fon.hum.uva.nl/praat.***
Es gibt im Netz eine Reihe von guten Einführungen in PRAAT, so zum Beispiel
http://www.germanistik.unibe.ch/siebenhaar/subfolder/Praat Einfuehrung/index.html *von Beat Siebenhaar oder* ***http://www.zas.gwz-berlin.de/mitarb/homepage/pape/paper/pape_ktl.pdf*** *von Daniel Pape.*

5 Zusammenfassung

Konsonanten

In diesem Kapitel haben wir gelernt, wie die Phonetik Sprachlaute nach ihren artikulatorischen Eigenschaften klassifiziert. Bei Konsonanten sind dabei diese Parameter wichtig:

- Artikulationsort
- Artikulationsart
- Stimmhaftigkeit

Vokale

Bei Vokalen die Parameter:

- Zungenhöhe
- Zungenlage
- Lippenrundung

Wir haben gesehen, dass es mit dem Internationalen Phonetischen Alphabet eine Konvention gibt, wie Sprachlaute möglichst eindeutig dargestellt werden können.

TIPP

Wir haben uns überhaupt nicht mit der perzeptiven Phonetik oder Ohrenphonetik beschäftigt.
Um Sie ein bisschen neugierig zu machen, möchte ich den McGurk-Effekt erwähnen. Er zeigt, wie stark die visuelle und die auditive Wahrnehmung interagieren. Folgen Sie den Instruktionen unter ***http://www.faculty.ucr.edu/~rosenblu/VSMcGurk.html*** *oder unter* ***http://www.youtube.com/watch?v=aFPtc8BVdJk.***

6 Fragen und Aufgaben

- Aus wie vielen und welchen Lauten bestehen die folgenden Wörter?
  Fisch, Brötchen, Tomatenmark, Apfelsaft, Pfeffer, Tee, Glühwein, Suppe
- Welche Eigenschaften haben jeweils der erste und der letzte Laut (Artikulationsart, Artikulationsort, Stimmhaftigkeit) der folgenden Wörter?
  Milch, Waffel, Salz, Kuchen, Brot, Korb, Gans
- Transkribieren Sie die in der ersten Aufgabe angegebenen Wörter (weite Transkription).
- Die folgende Geschichte ist eng transkribiert (aus POMPINO-MARSCHALL 2003, 268). ‚Übersetzen' Sie sie in eine orthographische Form.

ʔa‿ɪnsˈʃtʁɪtn̩zɪçˈnɔ‿ɐtvɪntʊnˈzɔnə|ve‿ɐfəniːm̩ˈba‿ɪdⁿn̩voˑld̥ɐˈʃtɛ‿ɐkəʁə
veˑʁə|ʔalza‿ɪŋˈvandəʁɐ|d̥ɛɣɪna‿ɪn̩ˈvaːm̩ˈmantˡl̩gəˌhʏltvaː‿ɐ|d̥əs ˈveːgəs
d̥aˈheː‿ɐkʰaːm ‖ zɪvʊ‿ɐdn̩ ˈʔa‿ɪnɪç | d̥əsˈd̥eː‿ɐjenɪgəfʏ‿ɐdⁿn̩ˈʃtɛ‿ɐkɐʁəŋ
ˌg̊eltⁿn̩zɔltə|d̥ɛ‿ɐŋˈvandəʁɐˈtsvɪŋŋvʏ‿ɐdə|za‿ɪmˈmantˡl̩ˈʔaptsʊˌneːm̩‖
d̥ɛ‿ɐ ˈnɔ‿ɐtvɪm ˈb̥liːsmɪt ˈʔalɐ ˈmaχtʰ | ʔaːbɐje ˈme‿ɐɐ̰ ˈb̥liːs | d̥ɛsto
ˈfɛstɐ ˈhʏltəzɪçd̥ɐ ˈvandəʁɐ̰ɪnza‿ɪm̩ ˈmantˡl̩a‿ɪn‖ ˈʔɛntlɪçg̊aːpd̥ɐˈnɔ‿ɐt
vɪnd̥əŋˈkʰampfˈa‿ʊf‖ nuːnʔɛ‿ɐˈvɛ‿ɐmtəd̥ɪˈzɔnəd̥ɪˈlʊfpᵐmɪtiː‿ɐnˈfʁɔɪnt
lɪçn̩ˈʃtʁaːln̩|ʔʊnʃoːnaχˈveːnɪŋŋˈʔa‿ʊgᵑŋˌblɪkᵑŋtsoːkd̥ɐˈvandəʁɐza‿ɪm
ˈmantl̩ʔa‿ʊs ‖ d̥amʊstəd̥ɐ ˈnɔ‿ɐtvɪn ˈtsuːgeːbᵐm̩ | d̥əsd̥ɪ ˈzɔnəfəniːm̩
ˈb̥a‿ɪdⁿn̩d̥ɐ ˈʃtɛ‿ɐkəʁəvaː‿ɐ ‖

1 Laute in einer Sprache

In Kapitel 4 haben wir das Gebiet der Phonetik kennen gelernt, das sich unter anderem damit beschäftigt, wie Sprachlaute produziert und transkribiert werden. Die Phonologie beschäftigt sich mit den Lauten und lautlichen Regularitäten in nur einer Sprache. Jede Sprache verwendet aus der Menge aller möglichen Sprachlaute eine Untermenge und hat eigene Regularitäten, wie diese zu größeren Einheiten wie Silben und Wörtern zusammengesetzt werden. Die Laute und Regularitäten bilden ein gemeinsames System. Wenn man die Sprachentwicklung einer Sprache ansieht, kann man sehen, dass Veränderungen an einer Stelle oft Veränderungen an einer anderen Stelle geradezu erzwingen, so dass das System gewahrt bleibt.

In diesem Kapitel geht es zunächst um die Phoneme des Deutschen, die die kleinsten Einheiten der Phonologie bilden. Dann möchte ich auf eine größere phonologische Einheit, die Silbe, eingehen und zeigen, wie Phoneme zu Silben kombiniert werden. Eine kleine Warnung vorab: In vielen Bereichen, die hier angesprochen werden, gibt es zwischen den Wissenschaftlern Uneinigkeit. Ich stütze mich hier wieder auf POMPINO-MARSCHALL (2000) sowie HALL (2003) und werde die Kontroversen zumeist auslassen.
In Kapitel 4 haben wir gesehen, dass man unterschiedlich eng transkribieren kann. Da sich die Phonologie mit dem lautlichen System einer Sprache befasst, kann sie von vielen Einzelheiten abstrahieren. Die phonologische Transkription ist also eine sehr weite und detailarme Transkription. Um die phonologische Transkription von der phonetischen zu unterscheiden, schreibt man sie in / / statt in [ ].

2 Phoneme

Minimalpaar

Die kleinste Einheit in der Phonologie ist das Phonem. Ein Phonem wird definiert als der kleinste bedeutungsunterscheidende Laut einer Sprache. Man muss innerhalb einer Sprache prüfen, welche Laute zu Bedeutungsunterschieden führen. Dazu bildet man Minimalpaare, d.h. Wortpaare, die sich nur durch einen einzigen Laut unterscheiden.
Das Minimalpaar *Schal* /ʃa:l/ und *Schaf* /ʃa:f/ zeigt, dass /l/ und /f/ Phoneme des Deutschen sind. Das Minimalpaar *Schal* /ʃa:l/ und *Schall* /ʃal/ zeigt, dass /a:/ und /a/ Phoneme des Deutschen sind. Das Minimalpaar *Saal* /za:l/ und *Schal* /ʃa:l/ zeigt, dass /z/ und /ʃ/ Phoneme des Deutschen sind, usw. Auf diese Art findet man das Phoneminventar einer Sprache heraus.

HINTERGRUND

Die Bildung von Minimalpaaren zur Bestimmung von systematischen Unterschieden ist eine strukturalistische Methode, die ebenfalls in der Graphematik und der Morphologie angewendet wird. Mit dieser Methode können die relevanten Einheiten auch in Sprachen, die dem oder der Untersuchenden unbekannt sind, identifiziert werden.

Viele Laute, die im Internationalen Phonetischen Alphabet beschrieben sind, kommen im Deutschen gar nicht vor. Andere führen nicht zu Bedeutungsunterschieden. So gibt es zum Beispiel kein Minimalpaar, in dem der alveolare Vibrant [r], der uvulare Vibrant [ʀ] oder der uvulare Frikativ [ʁ] zu einem Bedeutungsunterschied führen, obwohl sie als Laute sehr unterschiedlich sind! Diese unterschiedlichen Laute markieren im Deutschen entweder Dialekt oder Register: [ro:t], [ʀo:t], [ʁo:t] unterscheiden sich in ihrer Bedeutung nicht, aber jeder der r-Laute unterscheidet zum Beispiel *rot* von [to:t].

Allophonie

Daraus folgt, dass [r], [ʀ], [ʁ] keine unterschiedlichen Phoneme des Deutschen sind. Da die genaue Realisierung also für das Phoneminventar nicht wichtig ist, kann man einfach einen der drei Laute als Stellvertreter hinschreiben. Oft wird dafür der uvulare Vibrant /ʀ/ gewählt. Die Realisierungen heißen dann Allophone. Man sagt: Das Phonem /ʀ/ wird durch die Allophone [r], [ʀ] und [ʁ] realisiert.

DEFINITION

Phoneme sind abstrakte Konstrukte, die jeweils für eine Klasse von hör- und messbaren Lauten (Phonen) stehen. Phoneme können innerhalb eines Sprachsystems als bedeutungsunterscheidende Lautklassen definiert werden.
Jedes Phonem wird durch mindestens ein Allophon realisiert. Wenn es mehrere Allophone gibt, ist die Realisierung der einzelnen Allophone wie folgt bestimmt:

- *entweder lexikalisch*
- *oder durch die Lautumgebung*
- *oder morphologisch*
- *oder durch andere Variablen wie Register oder Dialekt*

Wenn Allophone durch die Lautumgebung unterschieden werden, wie [ç] und [x] als Allophone von /ç/, spricht man von komplementärer Distribution.

Abb. 5.1 (Vokale) und 5.3 (Konsonanten) zeigen das Phoneminventar des Deutschen. Ich werde zunächst die Vokalphoneme und dann die Konsonantenphoneme erläutern.

1 Vokalphoneme im Deutschen

Länge und Gespanntheit

In Kapitel 4 haben wir gesehen, dass die Vokale durch die Zungenhöhe, Zungenlage, Lippenrundung und Gespanntheit unterschieden werden. Im Deutschen ist es oft so, dass gespannte Vokale lang sind und ungespannte kurz, wie zum Beispiel beim Minimalpaar *Miete* /miːtə/ und *Mitte* /mɪtə/. In vielen Arbeiten wird daher nur die Gespanntheit angegeben und die Länge implizit gelassen. Leider ist es aber etwas komplizierter: Es gibt zusätzlich zur Gespannt/Ungespannt-Opposition bei manchen Vokalen eine Längenopposition. Das heißt, dass manche gespannten Vokale lang vorkommen können wie [iː] in *Zwiebel* /t͡sviːbəl/ und kurz wie [i] in *Zitrone* /t͡sitroːnə/. Dies ist abhängig von der Betontheit der jeweiligen Silbe: Gespannte Vokale in betonten Silben sind lang, gespannte Vokale in unbetonten Silben können kurz sein. Meistens haben diese Unterschiede aber keinen Phonemstatus, da man im Deutschen – im Kontrast zum Finnischen zum Beispiel – keine Minimalpaare finden kann, in denen eine solche Opposition eine Rolle spielt.

In Abb. 5.1, in der die Vokalphoneme des Deutschen angegeben sind, habe ich daher die Länge nicht phonematisch gelistet, wohl aber Beispiele für lange und kurze Vokale gegeben, wenn man sie finden kann. Es gibt zwei Ausnahmen, das /a/ und das /ɛ/. *Schal* /ʃaːl/ und *Schall* /ʃal/ bzw. *bäte* /bɛːtə/ und *bette* /bɛtə/ zeigen, dass hier der Längenunterschied phonematisch ist. Manche Autoren sehen hier allerdings zusätzlich zum Längenunterschied beim /a/ auch einen Gespanntheitsunterschied und nehmen statt /aː/ ein tieferes /ɑː/ an.
Im Standarddeutschen gibt es drei Diphthonge: /aʊ/, /aɪ/ und /ɔɪ/. Alle sind schließend, d.h. der erste Laut ist offener als der zweite.

Bezeichnung	Phonem	Allophone	Beispiel
ungerundeter vorderer hoher Vokal, gespannt	/i/	[iː]	Zwiebel
		[i]	Zitrone
gerundeter vorderer hoher Vokal, gespannt	/y/	[yː]	Grünkohl
		[y]	Püree
ungerundeter vorderer halbhoher Vokal, ungespannt	/ɪ/	[ɪ]	Schnitzel
gerundeter vorderer halbhoher Vokal, ungespannt	/ʏ/	[ʏ]	Gewürz
gerundeter hinterer hoher Vokal, gespannt	/u/	[uː]	Nudel
		[u]	Rucola

Bezeichnung	Phonem	Allophone	Beispiel
gerundeter hinterer halbhoher Vokal, ungespannt	/ʊ/	[ʊ]	Suppe
ungerundeter vorderer mittelhoher Vokal, ungespannt	/ɛ:/	[ɛ:]	Käse
	/ɛ/	[ɛ]	Mett
ungerundeter vorderer obermittelhoher Vokal, gespannt	/e/	[e:]	Mehl
		[e]	Serranoschinken
gerundeter vorderer ober-mittelhoher Vokal, gespannt	/ø/	[ø:]	Öl
		[ø]	ökologisch
gerundeter vorderer unter-mittelhoher Vokal, ungespannt		[œ]	möchte
gerundeter hinterer obermittelhoher Vokal, gespannt	/o/	[o:]	Zitrone
		[o]	Schokolade
gerundeter hinterer untermittelhoher Vokal	/ɔ/	[ɔ]	Borretsch
ungerundeter tiefer zentraler Vokal, ungespannt und lang	/a:/	[a:]	Aal
ungerundeter tiefer zentraler Vokal, ungespannt und kurz	/a/	[a]	Salami
ungerundeter mittlerer zentraler Vokal, ungerundet (Schwa)	/ə/	[ə]	Suppe
ungerundeter halb-tiefer zentraler Vokal, ungerundet	/ɐ/	[ɐ]	Butter
Diphthong	/aʊ/	[aʊ]	Maultaschen
Diphthong	/aɪ/	[aɪ]	Reis
Diphthong	/ɔɪ/	[ɔɪ]	Kräuter

Abb. 5.1: Vokalphoneme und Diphthonge im Deutschen mit Beispielen

2 Konsonantenphoneme im Deutschen

Stellungs-beschränkungen von Konsonanten

Die Konsonantenphoneme des Deutschen finden Sie in Abb. 5.3. Für die meisten Konsonantenphoneme kann man Beispiele finden, bei denen sie am Anfang eines Wortes stehen, Beispiele, bei denen sie in der Mitte des Wortes stehen, und Beispiele, bei denen sie am Ende eines Wortes stehen. Das gilt aber nicht immer. So haben wir zum Beispiel keine nativen Wörter, in denen der stimmlose alveolare Frikativ [s] am Wortanfang vorkommt. Es gibt einige Fremdwörter wie *Sex* oder *Song* mit [s] am Anfang, aber Fremdwörter können aus dem deutschen phonologischen System herausfallen. Wir haben keine Wörter, die mit dem velaren Nasal /ŋ/ beginnen und keine Wörter, die mit dem glottalen Frikativ /h/ enden.

Komplementäre Distribution von Allophonen

Interessant sind [x] und [ç] – manchmal auch Ach-Laut und Ich-Laut genannt. Die beiden Laute gehören zusammen: Sie sind artikulatorisch ähnlich und es gibt kein Minimalpaar, das die beiden Laute kontrastiert. Betrachten Sie die Beispiele in Abb. 5.2. In den beiden linken Spalten folgen [x] oder [ç] auf einen Vokal. Dabei sieht man, dass [x] nach hinteren und zentralen Vokalen auftritt und [ç] nach vorderen. Das liegt daran, dass die vorderen Vokale näher am [ç] gebildet werden. Die Auswahl zwischen [x] und [ç] ist also von der lautlichen Umgebung abhängig. Man nennt eine solche Verteilung von Lauten komplementäre Distribution und gibt in einer solchen Situation nur ein Phonem mit allen für die Realisierung möglichen Allophonen an. Ich habe die Varianten in Tabelle 5.3 als Phonem /ç/ aufgeführt.

Das Phonem /ç/

In der rechten Spalte von Abb. 5.2 sehen wir zwei weitere lautliche Umgebungen, die das Auftreten von [ç] verlangen: Diese sind zum Teil von der Silbenstruktur (siehe unten) und zum Teil von der morphologischen Struktur abhängig (siehe Kapitel 6, wo wir auf [ç]/[x] zurückkommen werden).

[x]	[ç]	[ç]
[knɔxən]	[ʀɛtɪç], [fɔɪçt], [vaɪç]	[mɪlç]
[laʊx]	[hɛçt]	[dʊʀç]
[fʀʊxt]	[fʀʏçtə]	[mançə]
[ʃtaxəlbe:ʀə]	[mœçtə]	[bʀø:tçən]
[ku:xən]		
[ʀaʊxən]		[fʀaʊçən]

Abb. 5.2: Verteilung von [x] und [ç]

Eine Sonderstellung bildet der glottale Plosiv [ʔ]. Oft wird angenommen, dass er kein Phonem des Deutschen sei, da es kein Minimalpaar gebe, in dem er eine Rolle spiele. Andere Autoren geben aber doch Minimalpaare an, z.B. umgangssprachlich für *nein* [ʔaʔa] und [ʔaha], oder [fɛʀaɪzən] für *verreisen* und [fɛʀʔaɪzən] für *vereisen*. Ich habe den Glottalverschluss in Abb. 5.3 daher auch aufgeführt.

Bezeichnung	Phonem (Allophone in [ ])	Beispiele
stimmloser bilabialer Plosiv	/p/	Parmesan, Grappa
stimmhafter bilabialer Plosiv	/b/	Birne, Rübe
stimmloser alveolarer Plosiv	/t/	Tee, Butter
stimmhafter alveolarer Plosiv	/d/	Dorade
stimmloser velarer Plosiv	/k/	Kakao
stimmhafter velarer Plosiv	/g/	Gurke, Magerquark
glottaler Plosiv	/ʔ/	_Apfel
stimmloser labiodentaler Frikativ	/f/	Fisch, Kaffee
stimmhafter labiodentaler Frikativ	/v/	Wein, Löwenzahn
stimmloser alveolarer Frikativ	/s/	Wasser
stimmhafter alveolarer Frikativ	/z/	Salz, Käse
stimmloser postalveolarer Frikativ	/ʃ/	Schokolade, Fisch
palataler Frikativ	/ç/ [ç]	Milch, Brötchen
velarer Frikativ	/ç/ [x]	Kuchen
glottaler Frikativ	/h/	Honig
bilabialer Nasal	/m/	Marmelade
alveolarer Nasal	/n/	Nougat, Sahne
velarer Nasal	/ŋ/	Hering, Ginseng
alveolarer Lateral	/l/	Lachs, Melisse
uvularer Vibrant	/ʀ/	Rosmarin
palataler Approximant	/j/	Jogurt, Majoran
labiodentale Affrikate	/p͡f/	Pflaume, Apfel

Bezeichnung	Phonem (Allophone in [ ])	Beispiele
alveolare Affrikate	/t͡s/	Zitrone, Minze
postalveolare Affrikate	/t͡ʃ/	Chili, Borretsch

Abb. 5.3: Konsonantenphoneme des Deutschen

HINTERGRUND

Es gibt einige Laute, die nur in Fremdwörtern vorkommen. Diese gehören eigentlich nicht zum Phoneminventar des Deutschen und werden deshalb hier nicht aufgeführt. Beispiele sind [ʒ] in *Aubergine* und *Orange*, [d͡ʒ] in *Jeans* oder nasalierte Vokale in französischen Lehnwörtern wie [ɔ̃] in *Balkon* – wenn man es nicht eingedeutscht ausspricht.

3 Phonotaktik und Silben

Kombinierbarkeit von Phonemen

Im vorigen Abschnitt haben wir die kleinsten Einheiten der Phonologie, die Phoneme, kennen gelernt. In diesem Abschnitt sehen wir uns an, wie die Phoneme zu größeren Einheiten kombiniert werden können. Der Bereich der Phonologie, der sich mit der Reihenfolge von Lauten beschäftigt, heißt Phonotaktik. Genauso wie die Zahl und Art der Phoneme einer Sprache ist auch die Kombinierbarkeit sprachspezifisch. Muttersprachler ‚wissen', welche Lautsequenz ein deutsches Wort haben kann und welche nicht, auch wenn sie es vielleicht nicht formulieren können.

Die kleinste Einheit, die aus Phonemen aufgebaut ist, ist die Silbe. Wörter bestehen aus mindestens einer Silbe und lassen sich in allen Sprachen vollständig in Silben aufteilen. Die meisten Wohlgeformtheitsbedingungen beziehen sich auf Silben. Eine Silbe ist die kleinste prosodische Einheit. Wenn Sie scheinbar ein Wort betonen, betonen Sie eigentlich eine Silbe: zum Beispiel das SIL in dem Wort SILbe.

Silbenstruktur

Wenn man die phonologische Wohlgeformtheit von Wörtern einer Sprache untersuchen möchte, muss man sich mit den möglichen Silbenstrukturen in dieser Sprache beschäftigen. Die beiden Fragen lauten: Wie kann eine Silbe in dieser Sprache aufgebaut sein? Wie können Silben zu Wörtern zusammengesetzt werden oder wie lassen sich umgekehrt Wörter in Silben einteilen? In den folgenden Abschnitten werde ich erläutern, wie sich das Deutsche in Bezug auf diese Fragen verhält. Ausführlichere Darstellungen finden Sie in Hall (2000, 205ff.), Wiese (2000), Pompino-Marschall (2003, 239ff.) und Maas (2006).

1 Silbenstruktur im Deutschen

Teilen Sie die folgenden Wörter intuitiv in Silben auf:

[ʃokola:də], [t͡svi:bəl], [gry:nko:l], [me:l], [ʃtrʊmp͡f], [ʃvaɪnəbaʊx].

Versuchen Sie dann, die Silben systematisch zu beschreiben und achten Sie dabei auf die Positionen der Vokale und Konsonanten. Eine mögliche Systematisierung ist in Abb. 5.4 dargestellt.

ʃ	o	
k	o	
l	a:	
d	ə	
t͡sv	i:	
b	ə	l
gr	y:	n
k	o:	l
m	e:	l
ʃtʀ	ʊ	mp͡f
ʃv	aɪ	
n	ə	
b	aʊ	x

Abb. 5.4: Beispiele für Silben im Deutschen

Sie stellen fest, dass Silben im Deutschen einen vokalischen Kern haben. Um den vokalischen Kern können sich Konsonanten gruppieren. Die einfachste Silbe ist die Konsonant-Vokal-Silbe; abgekürzt schreibt man KV, in manchen Publikationen auch CV: [ʃo], [ko], [la:], [də] etc. Außerdem gibt es KVK-Silben wie in [ko:l], [me:l] oder [baʊx]. Vor und nach dem Vokal können auch jeweils mehrere, aber nicht beliebig viele Konsonanten stehen: KKV – [t͡svi:], KKVK – [gry:n], KKKVKK – [ʃtʀʊmp͡f] etc.

Onset
Nukleus
Koda
Reim

Den Vokal in einer Silbe nennt man den Silbenkern oder Nukleus, die Konsonanten vor dem Nukleus nennt man Silbenanfangsrand oder Onset. Die Konsonanten nach dem Nukleus heißen Silbenendrand oder Koda. Nukleus und Koda zusammen werden als Reim bezeichnet. Abstrahieren kann man die Silbe, die oft durch ein griechisches Sigma σ bezeichnet wird, wie in Abb. 5.5 dargestellt. Oben sehen Sie die abstrahierte Struktur für verschiedene Silben und unten die beiden Silben des Wortes *Zwiebel.*

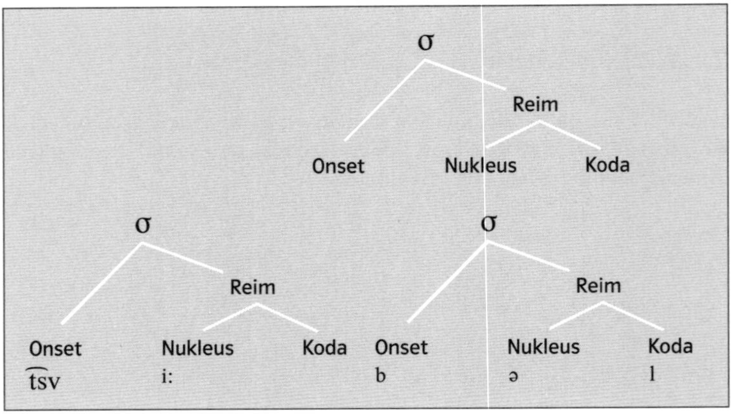

Abb. 5.5: Silbenstruktur mit Beispielen

Offene und geschlossene Silben

Silben ohne Konsonanten in der Koda wie [t͡svi:] heißen offene Silben, Silben mit Konsonanten in der Koda wie [bəl] heißen geschlossene Silben. In der Transkription markiert man die Silbengrenze mit einem Punkt: [ʃo.ko.la:.də], [t͡svi:.bəl].

Der Nukleus im Deutschen

Schauen wir uns nun die einzelnen Silbenpositionen genauer an. Im Nukleus können ein kurzer Vokal, ein langer Vokal oder ein Diphthong stehen. Wir finden aber keine Silben mit mehreren langen Vokalen oder einem langen und einem kurzen Vokal im Nukleus. Man kann sich vorstellen, dass ein Diphthong eigentlich zwei Vokalpositionen einnimmt: VV. Weiterhin ist denkbar, dass ein langer Vokal auch zwei Positionen einnimmt. Vergleichen Sie das mit der Musik, wo eine lange Note auch mehrere Taktpositionen einnehmen kann. Dann können wir eine Generalisierung formulieren, die aussagt, dass es im Deutschen im Nukleus höchstens zwei Vokalpositionen geben darf. Wenn ich jetzt von der Anzahl der Konsonanten im Onset und in der Koda einmal abstrahiere, wären dann mögliche Silben KVK für Silben mit kurzem Vokal im Nukleus und KVVK für Silben mit langem Vokal oder Diphthong im Nukleus.

Eine weitere wichtige Generalisierung über die Vokale im Nukleus können Sie aus den folgenden Beispielen ableiten: Silben aus [ʃtaɪn.pɪl͡ts], [hɪm.be:.ʀə], [kvaʀk], [mɪlç], [zɛnf], [t͡sɪmt], [gʀi:s].

K	K	V	V	K	K
b		e	:		
ʃ	t	a	ɪ	n	
g	ʀ	i	:	s	
ʀ		ə			
h		ɪ		m	
p		ɪ		l	t͡s
k	v	a		ʀ	k
m		ɪ		l	ç
z		ɛ		n	f
t͡s		ɪ		m	t

Abb. 5.6: Verbindung von Vokallänge und Konsonantencluster

In den oberen grau unterlegten Beispielen in Abb. 5.6 sehen wir lange Vokale oder Diphthonge, in den Beispielen darunter kurze. In beiden Fällen stehen im Onset manchmal ein Konsonant und manchmal mehrere. Der Onset scheint also keinen Einfluss auf die Länge des Vokals zu haben. In der Koda können wir drei Fälle unterscheiden:

(a) Die Koda ist leer → der Vokal kann lang oder kurz sein. Betonte offene Silben haben (fast) immer einen langen (gespannten) Vokal.
(b) Die Koda ist durch einen Konsonanten besetzt → der Vokal kann lang oder kurz sein.
(c) Die Koda ist durch mehrere Konsonanten besetzt → der Vokal kann nur kurz sein.

In der deutschen Silbe beeinflusst die Besetzung der Koda die Länge des Vokals, es scheint also eine Längenbegrenzung für Silben zu geben. Dies gilt jedoch nur für Silben in Wortstämmen, in flektierten Formen wie [ka:mst] verhält es sich anders; zur Flexion siehe Kapitel 8. Außerdem gibt es ein paar wenige echte Ausnahmen wie [mo:nt] oder [ke:ks].

2 Phonotaktik im Onset und in der Koda: die Sonoritätshierarchie

Weitere Generalisierungen lassen sich für die Reihenfolge der Konsonanten im Onset und in der Koda herausarbeiten. Die erste Generalisierung, für die man sich natürlich viel mehr Beispiele anschauen müsste als wir das hier getan haben, lautet: Die meisten Konsonanten können einzeln sowohl im Onset als auch in der Koda stehen. Ausnahmen sind /ŋ/, das nie am Anfang einer deutschen Silbe steht, und /h/, das nie in der

Koda einer deutschen Silbe steht. Erinnern Sie sich bei dieser Gelegenheit daran, dass wir über Laute und nicht über die verschriftete Form sprechen! Interessanter sind Generalisierungen über die Reihenfolge von Konsonanten, wenn wir mehrere Konsonanten finden. Betrachten Sie die Silben mit komplexem Onset und/oder komplexer Koda in Abb. 5.7.

K	K	K	V	V	K	K	K
1	2	3			3	2	1
O	O	S			S	O	O
	b	ʀ	o	ː		t	
	k	ʀ	a	ʊ		t	
	k	v	a		ʀ	k	
ʃ	t		a	ɪ	n		
ʃ	t	ʀ	ʊ		m	p͡f	
	f	ʀ	ɔ				ʃ
	z		a		l	t͡s	
		m	a		m	p͡f	
		l	a			k	s

Abb. 5.7: Komplexe Anfangs- und Endränder in deutschen Silben

Obstruenten und Sonoranten

Auch hier kann man wieder mehrere Fälle unterscheiden. Betrachten wir zunächst den Onset. Ich habe die Konsonanten im Onset bereits in unterschiedliche Felder eingeteilt. In den Feldern 1 und 2 stehen Frikative, Plosive und Affrikaten in beliebiger Reihenfolge, im Feld 3 Nasale, Vibranten und Approximanten. Wir finden keinen Fall, in dem innerhalb derselben Silbe ein Nasal, Vibrant oder Approximant vor einem Frikativ, Plosiv oder einer Affrikate steht. Im Endrand ist die Situation umgekehrt. Hier stehen die Nasale, Vibranten oder Approximanten vor den Frikativen, Plosiven oder Affrikaten. Man kann also feststellen, dass die Frikative, Plosive und Affrikaten einerseits und die Nasale, Vibranten und Approximanten andererseits jeweils eine Gruppe bilden. Dies ist insofern interessant, als diese Gruppen nicht allein für das Deutsche gelten. Wir scheinen es hier mit Eigenschaften zu tun zu haben, die in vielen Sprachen eine Rolle spielen. Man nennt die Frikative etc. auch Obstruenten und die Nasale etc. auch Sonoranten (siehe Abb. 5.8). Bei der Betrachtung der Laute stellt man fest, dass die Obstruenten den Rohrschall stärker behindern als die Sonoranten, ja ihn teilweise sogar stoppen.

Obstruenten	Sonoranten
Plosive /p/ /b/ /t/ /d/ /k/ /g/	Nasale /m/ /n/ /ŋ/
Frikative /f/ /v/ /s/ /z/ /ʃ/ /ʒ/	Vibranten /ʀ/
Affrikaten /p͡f/, /t͡s/, /t͡ʃ/	Approximanten /l/ /j/

Abb. 5.8: Sonoranten und Obstruenten

Sonoritätshierarchie

Wenn man jetzt noch bedenkt, dass der Nukleus der Silbe meist ein Vokal ist, bei dem die Luft ungehindert ausströmen kann, ist die Schlussfolgerung einleuchtend: Konsonanten, bei denen die Luft leichter ausströmen kann, stehen näher am Vokal; Konsonanten, die den Luftstrom behindern, dagegen weiter von ihm entfernt. Weil man sozusagen ‚faul' in der Aussprache ist, möchte man pro Silbe nur einmal den Mund öffnen. Dabei sind die Sonoranten sonorer (oder auch ‚klangvoller') als die Obstruenten und die Vokale am sonorsten. Diese Einteilung nennt man Sonoritätshierarchie. In Abb. 5.9 ist dargestellt, wie die Sonoritätshierarchie für deutsche Silben aussieht. Falls mehrere Obstruenten vorkommen, ist die Reihenfolge nicht festgelegt.

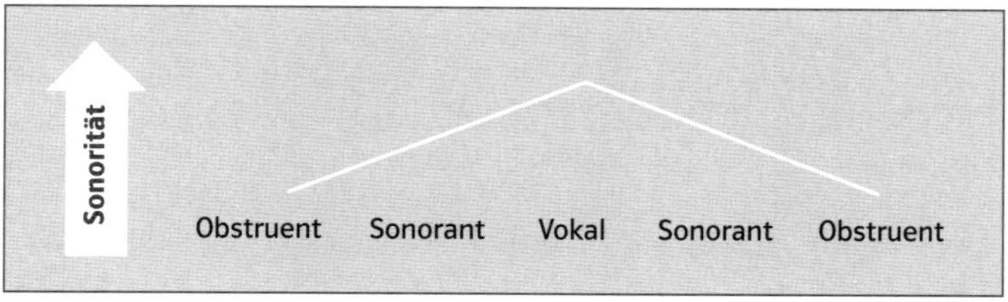

Abb. 5.9: Schematische Darstellung der Sonoritätshierarchie in der deutschen Silbe

3 Silbifizierung und Ambisyllabizität

Onsetmaximierung

Wir haben mehrsilbige Wörter bisher ‚intuitiv' silbifiziert (in Silben eingeteilt). Man kann aber auch hier Regularitäten erkennen. So nennt man die vielen Sprachen gemeinsame Vorliebe für einen gefüllten Onset die Tendenz der Onsetmaximierung. Wenn man also einen Konsonanten hat, der entweder in die Koda einer Silbe oder in den Onset der folgenden Silbe gehen könnte, entscheidet sich das Deutsche meistens für den Onset der zweiten Silbe: [beː.ʀə]. Die Witze über *Blumento.pferde* und *U.rin.stinkt* zeigen aber, dass die morphologische Struktur (Kapitel 7) stärker ist als diese Tendenz.
Bis jetzt haben wir nur Fälle betrachtet, in denen alle Laute eindeutig einer Silbe zugeordnet werden konnten. Was ist aber mit den wortinter-

nen Konsonanten in [bʊtɐ], [t͡sʊkɐ], [vasɐ] oder [hɛnə]? Gehören sie zur ersten Silbe oder zur zweiten? Hier haben wir ein Problem:

(a) Die Vokale in der ersten Silbe, die hier immer betont ist, sind ungespannt. Wir haben gesehen, dass in betonten offenen Silben immer gespannte Vokale stehen. Daher können die Silben nicht offen sein, d. h. der Konsonant müsste in der Koda der ersten Silbe stehen.

(b) Die Regel der Onsetmaximierung besagt, dass der Onset der zweiten Silbe gefüllt sein soll. Es müsste also der Konsonant im Onset der zweiten Silbe stehen.

Silbengelenk

Um (a) und (b) zu genügen, muss man in diesen Fällen annehmen, dass der innere Konsonant zu beiden Silben gehört. Solche Konsonanten, die in vielen Sprachen zu beobachten sind, nennt man ambisyllabische Konsonanten; man kann auch sagen, sie bilden das Silbengelenk.

Noch mal Vorsicht: Sie dürfen hier nicht die geschriebene Variante anschauen, die einen Doppelkonsonanten enthält, sondern die primäre lautliche, die nur einen Konsonanten hat. Die Doppelkonsonantenschreibung ist eine *Folge* der Ambisyllabizität, wie wir in Kapitel 6 noch sehen werden. Die Silbenstruktur der angegebenen Wörter sieht also folgendermaßen aus:

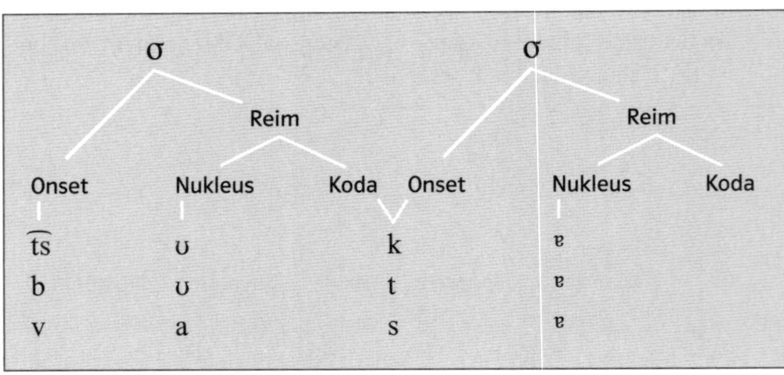

Abb. 5.10: Silbenstruktur mit Silbengelenk

Wenn man das Silbengelenk in der Transkription darstellen will, wird entweder ein Punkt unter den betroffenen Konsonanten geschrieben oder der Konsonant von einem senkrechten Strich durchgestrichen dargestellt: [va$ɐ].

4 Phonologische Prozesse

Phonetische vs. phonologische Prozesse

Die durch Sprechgeschwindigkeit oder Emotionsgrad bedingte unterschiedliche Aussprache eines Wortes wird durch phonetische Prozesse beschrieben. Diese Prozesse sind nicht systematisch. Im Folgenden geht es um die so genannten phonologischen Prozesse im Unterschied zu den phonetischen. Der Begriff klingt ähnlich, auch die Prozesse selbst sind zum Teil ähnlich, aber es handelt sich konzeptionell um etwas völlig anderes: Phonologische Prozesse sind in einer bestimmten Theorie beschreibbar. Hier wird angenommen, dass es in einer Sprache bestimmte obligatorische und systematische Prozesse gibt, die bei der Realisierung einer zugrunde liegenden phonologischen Form als eine aussprechbare phonetische Form angewendet werden. Ich möchte hier exemplarisch einen solchen Prozess vorstellen, die Auslautverhärtung.

Auslautverhärtung

Betrachten Sie die fett markierten Konsonanten in den folgenden morphologisch verwandten Wörtern:

[gan**s**] – [gɛn**z**ə]
[hʊn**t**] – [hʊn**d**ə]
[ʃtaʊ**p**] – [ʃtaʊ**b**ən]

Wir beobachten also, dass ‚zusammengehörige' Konsonanten, die innerhalb eines Wort stimmhaft sind, am Wortende stimmlos gesprochen werden. Dies nennt man Auslautverhärtung oder Entstimmung. Beide Begriffe deuten an, dass der Laut ‚eigentlich' stimmhaft ist und irgendwie entstimmt oder verhärtet wird. Warum ist nicht der stimmlose Laut der ‚eigentliche'? Das liegt daran, dass man für die Verhärtung leicht Regularitäten formulieren kann, nicht aber umgekehrt. (Es gibt übrigens viele stimmlose Laute, die nie stimmhaft realisiert werden, sondern einfach lexikalisch stimmlos sind.) Was sind die Regularitäten? Die obigen Beispiele deuten an, dass Entstimmung am Wortende stattfindet. Was aber sagen die folgenden Beispiele?

[ʃtaʊ**p**lapən], [ʃtaʊ**p**fraɪ]

An ihnen ist zu erkennen, dass nicht nur am Wortende entstimmt wird, sondern auch am Silbenende. Betrachten Sie noch einmal die jeweils zweiten Wörter in den obigen Beispielen. Hier wird gemäß Onsetmaximierung der betroffene Konsonant gar nicht in der Koda einer Silbe realisiert, sondern im Onset der Folgesilbe. Die Regularität heißt also: Stimmhafte Konsonanten müssen am Silbenende entstimmt realisiert werden. In einem phonologischen Modell, das mehrere Ebenen hat, wird das folgendermaßen ausgedrückt: Es liegt eine abstrakte phonologische Ebene zugrunde: /ʃtaʊb/, die für *staub* in *Staublappen, stauben* und *Staub* gleich ist. Vor der phonetischen Realisierung wird geprüft, ob ein phonologischer Prozess anzuwenden ist. Bei *Staub* und *Staublappen* muss der Prozess der Auslautverhärtung angewendet werden, bei *stauben* sind dafür die Voraussetzungen nicht gegeben, da [b] hier nicht in der Koda einer Silbe steht, sondern im Onset.

zugrunde liegende phonologische Form	/ʃtaʊb/	/ʃtaʊ.bən/	/ʃtaʊb. la.pən/
Auslautverhärtung (anwendbar, wenn stimmhafter Konsonant am Silbenende)	b → p	nicht anwendbar	b → p
phonetische Realisierung	[ʃtaʊp]	[ʃtaʊbən]	[ʃtaʊplapən]

Abb. 5.11: Auslautverhärtung

Neben der Auslautverhärtung gibt es weitere phonologische Prozesse, wie z.B. die Vokalisierung von /əʀ/ in unbetonten Silben zum [ɐ]. Diese können hier nicht weiter besprochen werden. (Für die orthographische Realisierung ist immer das zugrunde liegende /əʀ/ wichtig, siehe Kapitel 6.)

5 Zusammenfassung

Die Phonologie beschäftigt sich mit dem lautlichen System einer Sprache. Dabei werden zunächst durch Minimalpaare die Phoneme bestimmt, die bedeutungsunterscheidende Abstraktionen über Sprachlaute darstellen. Phoneme werden durch Allophone realisiert. Die Realisierung der Allophone kann manchmal von der lautlichen Umgebung abhängen, wie wir bei [ç]/[x] gesehen haben.
Dann werden die Regularitäten beschrieben, mit denen die Phoneme zu größeren phonologischen Einheiten wie z.B. Silben zusammengesetzt werden. Für das Deutsche gilt die Sonoritätshierarchie, die besagt, dass die Laute zu einem Silbengipfel hin sonorer werden und nach dem Silbengipfel in der Sonorität nachlassen.
In einem mehrstufigen Modell, das von einer phonologischen Form ausgeht und daraus eine phonetische Realisierung ableitet, können Regularitäten wie die Auslautverhärtung dargestellt werden.

6 Fragen und Aufgaben

- Sind die folgenden Sequenzen mögliche Silben des Deutschen? Wenn nicht, warum nicht?
  [aʊs], [haʊn], [haʊz], [ʔep], [me:nt], [me:ɪn], [lbi]
- Wir haben den phonologischen Prozess der Auslautverhärtung kennen gelernt. Beschreiben Sie die zwei Prozesse, bei denen die phonologische Form /ng/ (wie in *eng, lang, singen*) zur Realisierung [ŋ] führt. Ist die Reihenfolge der beiden Prozesse beliebig?

1 Schreibung

Sprache und Schreibung

In den vorigen Kapiteln wurde immer wieder betont, dass die lautliche Realisierung von Sprache die ursprüngliche, die eigentliche ist. Die graphemische Realisierung ist sekundär: Kinder können sprechen, lange, bevor sie schreiben lernen, viele Menschen können nicht schreiben und viele Sprachen sind nicht verschriftet. Das ist ein Grund dafür, dass sich nur relativ wenige Linguisten und Linguistinnen mit dem graphematischen System einer Sprache beschäftigen – was sich für das Deutsche allerdings in den letzten Jahren ändert. Ein weiterer Grund ist, dass viele annehmen, das graphematische System sei willkürlich und weise keine interessanten Regularitäten auf. Aber das stimmt nicht. Wir finden im graphematischen System des Deutschen viele Regelmäßigkeiten, die wissenschaftlich untersucht werden können. Die Frage bei der Untersuchung ist: Wie wird die phonologische und morphologische Struktur einer Sprache in ein graphematisches System kodiert, so dass sie – unabhängig von Ort und Zeit – wieder eindeutig dekodiert werden kann? Der Schluss liegt nahe, dass es viele verschiedene Möglichkeiten gibt, Lautstrukturen zu repräsentieren. Zunächst muss man zwischen einem Schriftsystem (wie dem alphabetischen, ideographischen oder silbischen) und dem graphematischen System unterscheiden.

Wie sieht das graphematische System des Deutschen aus? Welche Einflussfaktoren bestimmen ein graphematisches System? Die meisten graphematischen Systeme, auch das deutsche, haben sich historisch langsam entwickelt. In der Entwicklungszeit haben viele Standardisierungs- und Regularisierungstendenzen gegriffen. Manche davon werden von ‚oben', zum Beispiel von bestimmten Kanzleien oder Regierungsorganisationen, verordnet und sind daher für das System selbst eher uninteressant. Andere Eigenschaften entwickeln sich durch den Gebrauch der Schreibenden und Lesenden selbst. Bestimmte Änderungen sind ‚vorteilhaft' und werden deshalb tradiert, andere können sich nicht durchsetzen. Außerdem gibt es ‚Fossilisierungen': Bestimmte Schreibungen bleiben einfach, ‚weil sie immer so waren', auch wenn sich die Lautung inzwischen geändert hat.

Nach einer allgemeinen Beschreibung von graphematischen Systemen geht es in diesem Kapitel hauptsächlich um die Merkmale des graphematischen Systems des Deutschen. Dabei konzentrieren wir uns auf die so genannte Wortschreibung.

Wie in Kapitel 1 beschrieben, geht die generative Linguistik davon aus, dass die formalen Eigenschaften einer Sprache dadurch eingeschränkt und bestimmt sind, dass Kinder die Sprache aus mangelhaftem Input lernen müssen. Eine solche Beschränkung kann natürlich für das graphematische System einer Sprache, das explizit vermittelt wird, nicht genauso gelten. Vielmehr müssen Kinder oder Erwachsene die Regularitäten des ihrer Sprache zugrunde liegenden Schriftsystems verstehen lernen. In einem Hintergrundkästchen werde ich auf den Erwerb des deutschen orthographischen Systems eingehen.

TERMINOLOGIE

Die Begriffe ‚Schriftsystem', ‚graphematisches System' und ‚orthographisches System' werden von verschiedenen Autoren unterschiedlich verwendet. Es ist also Vorsicht geboten.
Warum reden wir hier über Graphematik und nicht über Orthographie? Das ‚richtige Schreiben' beschreibt eine Norm, die von außen gesetzt ist. Eine Orthographie kann im Prinzip willkürlich sein, solange jemand die Macht hat, sie zu setzen. Die Graphematik beschäftigt sich dagegen mit der Frage, wie eine Alphabetschrift aufgebaut ist. Welche Schreibungen haben sich durchgesetzt und welche nicht? Gibt es Prinzipien? Was sind die kleinsten Einheiten und wie können diese kombiniert werden? Der Unterschied besteht also darin, dass sich die Graphematik wissenschaftlich mit der Schreibung beschäftigt, die Orthographie nicht.

1 Schriftsysteme

Ideographische und phonographische Schriftsysteme

Es gibt viele Schriftsysteme. Neben ideographischen Systemen, die im weitesten Sinne Bilder für Bedeutungen einsetzen – wie zum Beispiel die frühe ägyptische Hieroglyphenschrift (später wurden Hieroglyphen mit Lautwerten verknüpft) – gibt es unterschiedliche Systeme, die Zeichen für Lautwerte einsetzen. Diese Schriftsysteme nennt man phonographisch. Phonographische Systeme lassen sich grob in Silbensysteme und Alphabetsysteme einteilen. Phonographische Systeme haben den Vorteil, dass mit einem begrenzten Vorrat an Zeichen unbegrenzt viele Wörter wiedergegeben werden können. Allerdings muss den ‚Dekodierern', also den Lesern, der ursprüngliche Lautwert bekannt sein. Ideographische Systeme benötigen sehr viele Zeichen, können aber auch von Lesern dekodiert werden, die die Lautwerte nicht kennen (zum Beispiel, weil sie einen völlig anderen Dialekt sprechen).

Alphabetsysteme

Die heute in Europa verwendeten Alphabetsysteme wie das lateinische, das kyrillische oder das griechische gehen auf das griechische und lateinische Alphabet zurück. Die Lautwerte, die mit den einzelnen Zeichen verknüpft werden, sind allerdings unterschiedlich. Sehr deutlich wird das am Zeichen <j>, das in verschiedenen Sprachen für Frikativ, Approximant oder Vokal stehen kann. Da viele Sprachen mehr und andere Laute hatten als das Lateinische, werden oft Zeichen verwendet, die es im Lateinischen nicht gab. So werden <w> oder <ß> und zusätzlich diakritische Kennzeichnungen eingesetzt, wie zum Beispiel bei <ü>, <ç> oder <å>.

2 Graphematische Systeme

Tiefe vs. flache graphematische Systeme

Das Deutsche nutzt ein phonographisches Schriftsystem, genauer: das lateinische Alphabet. Das gilt auch für viele andere europäische Sprachen. Sprachen mit demselben Schriftsystem können dieses unterschiedlich verwenden, also unterschiedliche graphematische Systeme haben. Was ist das graphematische System, d.h. wie werden die Mittel dieses Schriftsystems in einer bestimmten Sprache eingesetzt?
Für ein Alphabetsystem stellt sich die Frage, wie die phonologischen Einheiten, die Phoneme, auf die kleinsten Einheiten im graphematischen System, die Grapheme, abzubilden sind. Intuitiv denkt man, es sei am besten, wenn jedes Phonem genau einem Graphem entspräche. Das muss aber nicht so sein. Graphematische Systeme, in denen die Abbildung von Phonemen auf Grapheme nicht erkennbar ist, nennt man tiefe Systeme. Systeme mit einer 1:1 Abbildung von Phoneme auf Grapheme nennt man flache Systeme. Wirklich tiefe und wirklich flache Systeme gibt es kaum. Man muss sich beide als Endpunkte auf einer Skala vorstellen, auf der sich die Sprachen zwischen beiden Extremen einordnen. Betrachten wir zwei Beispiele, das Englische und das Türkische. Das Englische ist ein eher tiefes graphematisches System, das Türkische ein eher flaches.

Das graphematische System des Englischen

Das graphematische System des Englischen ist alt und gewachsen. Englisch wird an vielen Orten der Welt gesprochen, wobei sich die einzelnen Varietäten deutlich voneinander unterscheiden. Denken Sie zum Beispiel an das britische, das amerikanische oder das kenianische Englisch. Wenn nun jede phonologische Varietät graphematisch abgebildet würde, was ja bei einer 1:1-Entsprechung von Phonem und Graphem der Fall sein müsste, wäre eine Verständigung schnell problematisch. Außerdem könnte man bei einer sich schnell wandelnden Sprache ältere Texte bald nicht mehr lesen.
Das englische graphematische System ist selten reformiert worden. Der Lernaufwand ist groß, weil die Schriftform stark von der Aussprache abweicht. Für die Situation des Englischen mag dieses System zurzeit aber vorteilhaft sein. Das englische graphematische System ist relativ tief, aber natürlich gibt es auch dort Korrespondenzen zwischen Graphemen und Lauten.

Das graphematische System des Türkischen

Relativ weit am anderen Ende der Skala ist das graphematische System des Türkischen angesiedelt. Türkisch ist bis ins 20. Jahrhundert vorwiegend mit arabischen Schriftzeichen geschrieben worden. Im Zuge der Laizisierung unter ATATÜRK wurde dann die lateinische Schrift für das Türkische eingeführt, d.h. dieses graphematische System ist noch sehr jung. Bei der Einführung wurde auf eine klare Abbildung von Phonemen auf Grapheme geachtet. Auch wenn Sie kein Türkisch sprechen, können Sie die Lautwerte für die einzelnen Buchstaben lernen und dann türkische Wörter korrekt vorlesen – für das Englische ist dies nicht möglich.

Da dieses Verschriftungssystem jung ist, konnte sich die Sprache noch nicht so sehr verändern, dass die Abbildung nicht mehr passt. Wie sich das weiterentwickeln wird, weiß man allerdings nicht.
Dazwischen steht das Deutsche. Ganz grob kann man sagen, dass im Deutschen ein Phonem auf ein Graphem abgebildet wird; es gibt aber viele Prinzipien, die dieses überlagern. Im folgenden Abschnitt werden wir die Prinzipien der Wortschreibung des Deutschen besprechen. Zur Geschichte des graphematischen Systems des Deutschen siehe zum Beispiel GARBE (2000).

2 Wortschreibung

Wortschreibung im Deutschen

Im Folgenden geht es nur um die Wortschreibung, d.h. darum, wie Phoneme unabhängig vom Kontext auf Grapheme abgebildet werden. Daneben steht die syntaktische Schreibung, die sich mit Fragen der Getrennt- und Zusammenschreibung, der Groß- und Kleinschreibung und der Interpunktion beschäftigt. Die syntaktische Schreibung wird hier außer Acht gelassen, siehe dazu z.B. FUHRHOP (2005) oder EISENBERG (1996). Schreibungen werden oft in spitzen Klammern dargestellt (< >).
Die Wortschreibung des Deutschen wird durch mehrere, einander überlagernde Prinzipien oder Regelmengen bestimmt. Damit kann man viele Schreibungen regelmäßig erklären. Allerdings gibt es eine Menge an historisch begründeten Ausnahmen (vielleicht sogar mehr als in den anderen Bereichen der Grammatik), weil die Verschriftung sehr konservativ betrachtet wird. Wir beschäftigen uns hier aber nur mit den regelmäßigen Fällen.
Ich möchte zunächst die kleinsten Einheiten der Graphematik, die Grapheme, vorstellen. Dann werde ich die drei Prinzipien erläutern, die in der deutschen Wortschreibung zusammenwirken: das phonographische, das silbische und das morphologische Prinzip.

1 Grapheme

Die Grundeinheiten eines alphabetischen Schriftsystems nennt man Grapheme. Grapheme werden genau wie Phoneme durch die Minimalpaarbildung bestimmt. Sie werden wie andere graphematische Einheiten auch durch spitze Klammern markiert. <haus> und <maus> und <raus> zeigen, dass <h>, <m> und <r> Grapheme des Deutschen sind. Man sieht, dass hier Grapheme direkt Phoneme abbilden. Grapheme müssen nicht immer nur aus einem Buchstaben bestehen. Bestimmte Phoneme werden durch Buchstabenkombinationen bezeichnet: <schall> und <fall> oder <weiß> und <weich> zeigen, dass neben <f> und <ß> auch <sch> und <ch> Grapheme sind. Solche Kombinationen nennt man Digraphen, Trigraphen oder allgemein Mehrgraphen. Abb. 6.1 und 6.2 zeigen die Abbildungen der Konsonanten- und Vokalphoneme auf die

Konsonanten- und Vokalgrapheme des Deutschen. Die Abbildungen zeigen, dass es keine 1:1-Abbildung von Phonemen auf Grapheme gibt. So haben wir zum Beispiel mehrere Phoneme, die durch dasselbe Graphem wiedergegeben werden (/ɛ:/, /ɛ/, /ə/ und /e/ werden alle als <e> geschrieben).

Konsonantengrapheme

Zunächst wird hier die Schreibung von Konsonanten dargestellt, dabei werden die verschiedenen Prinzipien diskutiert. Die Schreibung von Vokalen ist schwieriger und soll im Anschluss behandelt werden.

Vokalgrapheme

Phonem/Phon	Graphem
/p/	<p>
/b/	<b>
/t/	<t>
/d/	<d>
/k/	<k>
/g/	<g>
/f/	<f>
/v/	<w>
/s/	<ß>
/z/	<s>
/ʃ/	<sch>
/ç/ [ç], [x]	<ch>
/h/	<h>
/m/	<m>
/n/	<n>
/ŋ/	<ng>
/l/	<l>
/ʀ/	<r>
/j/	<j>
/p͡f/	<pf>
/t͡s/	<z>
/t͡ʃ/	<tsch>
/ʔ/	∅

Abb. 6.1: Konsonantengrapheme des Deutschen

Phonem/Phon	Graphem
/i/	<ie>
/ɪ/	<i>
/y/	<ü>
/ʏ/	<ü>
/u/	<u>
/ʊ/	<u>
/ɛ:/	<e>
/ɛ/	<e>
/e/	<e>
/ø/	<ö>
/o/	<o>
/ɔ/	<o>
/a:/	<a>
/a/	<a>
/ə/	<e>
/aʊ/	<au>
/aɪ/	<ei>
/ɔɪ/	<eu>

Abb. 6.2: Vokalgrapheme des Deutschen

2 Das phonographische Prinzip

Phonographische Schreibung

Das phonographische Prinzip besagt, dass die oben angegebenen Phonem-Graphem-Zuordnungen immer angewendet werden. Wenn nur das phonographische System gelten würde, könnte man jedes Wort phonemisch schreiben und dann einfach die passenden Grapheme einsetzen.

Bei vielen Wörtern funktioniert das so:

/mɪlç/ → <milch>
/bɪʀ.nə/ → <birne>
/nudəl/ → <nudel>
/bro:t/ → <brot>

Bei anderen Wörtern würde uns das phonographische Prinzip falsche Schreibungen geben:

/bʊtəʀ/ → <buter>
/kafe/ → <kafe>
/zʊpə/ → <supe>

Hier führt die phonographische Schreibung dazu, dass nur ein Konsonant geschrieben und das Silbengelenk nicht markiert wird. In diesen Fällen gilt im Deutschen das silbische Prinzip.

3 Das silbische Prinzip

Graphematische Realisierung des Silbengelenks

Das silbische Prinzip führt unter anderem dazu, dass Konsonanten im Silbengelenk in der Schreibung verdoppelt werden. So kann die Ambisyllabizität – ein Konsonant gehört zu beiden Silben – in der Silbentrennung wiedergegeben werden. (Aber Vorsicht: Gesprochen wird wirklich nur ein Konsonant!) Das silbische Prinzip ist in diesen Fällen ‚stärker' als das phonographische.

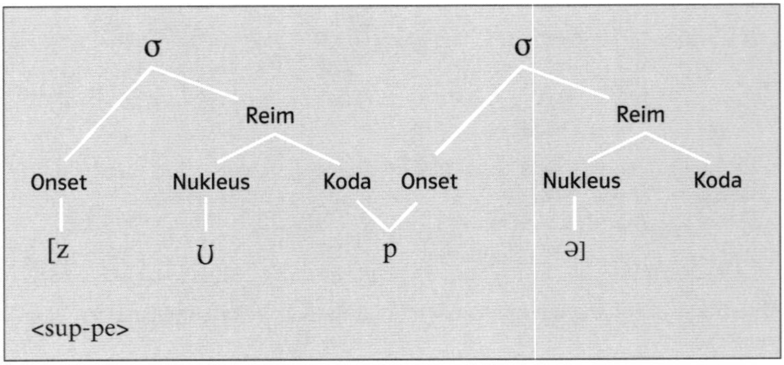

Abb. 6.3: Silbenstruktur und Schreibung von *Suppe*

Es gibt hier einige Besonderheiten: /k/ im Silbengelenk wird nicht durch <kk>, sondern durch <ck> dargestellt; /t͡s/ im Silbengelenk wird nicht durch <zz>, sondern durch <tz> wiedergegeben und Mehrgraphen wie <ch> und <sch> sowie das Affrikatengraphem <pf> werden im Silbengelenk nicht verdoppelt.

4 Das morphologische Prinzip

Stammschreibungsprinzip

Ein weiteres wichtiges Prinzip nennt man das morphologische oder Stammschreibungsprinzip. Dieses Prinzip besagt, dass morphologisch verwandte Wörter ähnlich geschrieben werden, damit sie leichter erkannt werden können. Dies kann man an *Kamm* oder *Ball* sehen. Das silbische Prinzip verlangt in *Kämme* oder *Bälle* zwei Konsonanten, um den Konsonanten im Silbengelenk zu markieren. In *Kamm* oder *Ball* gibt es aber eigentlich keinen phonographischen Grund für den Doppelkonsonanten – es gibt ja kein Silbengelenk. Die Schreibung mit dem Doppelkonsonanten macht es aber dem Leser leichter, die Verwandtschaft zwischen *Kamm* und *Kämme* und zwischen *Ball* und *Bälle* zu erkennen.
Ein mögliches Anwendungsgebiet ist die Schreibung von entstimmten Auslauten. Wir könnten sagen, dass *mild* mit <d> geschrieben werden muss, damit die Verwandtschaft mit *milder* erkennbar ist. Das kann stimmen. Aber mit der Analyse in Kapitel 5 gelangen wir auch zu einer korrekten Schreibung, indem wir die phonologische Form zugrunde legen und nicht die phonetische Realisierung. Dies können wir an den Fällen sehen, bei denen die Auslautverhärtung in der Realisierung sonst zu falschen Schreibungen führen würde. Das liegt daran, dass hier die Verwandtschaft schon in der Phonologie angenommen wird. Zwischen den Erklärungsansätzen lässt sich nicht unterscheiden, denn beide liefern das korrekte Ergebnis.

/ganz/ → <gans>, nicht [gans] → <ganß>
/mɪld/ → <mild>, nicht [mɪlt] → <milt>
/gro:b/ → <grob>, nicht [gro:p] → <grop>

Interaktion zwischen den Prinzipien der Konsonantenschreibung

Wir kennen nun drei Prinzipien, die in der Konsonantenschreibung interagieren. Wir sehen, dass die Phonem-Graphem-Korrespondenzen nicht eindeutig sind, sondern Varianzen aufweisen, weil das phonographische durch das silbische und das morphologische Prinzip überschrieben werden kann. Gelten dieselben Prinzipien auch für die Vokalschreibung?

5 Schreibung von Vokalen

Vokalgrapheme

Wenn Sie noch einmal die Abbildungen 6.1 und 6.2 betrachten, stellen Sie fest, dass die Korrespondenz zwischen Vokalphonemen und Vokalgraphemen viel schlechter ist als die Korrespondenz bei den Konsonanten. Wir haben viel weniger Vokalgrapheme als Vokalphoneme. In der phonographischen Schreibung können wir nicht zwischen gespannten und ungespannten Vokalen unterscheiden. In Kapitel 5 haben wir gesehen, dass Gespanntheit und Länge meistens zusammen fallen. Ungespannte Vokale sind immer kurz und gespannte Vokale meistens lang – die anderen Fälle werden hier ignoriert. Das silbische Prinzip hilft uns in vielen Fällen. Erinnern wir uns an die Eigenschaften der Vokale in Silben (vgl. Kapitel 5):

- Vokale in offenen Silben sind fast immer lang/gespannt
- Vokale in Silben mit komplexer Koda sind meistens kurz/ungespannt
- Vokale in Silben mit einfacher Koda können lang/gespannt oder kurz/ungespannt sein

Für die ersten beiden Fälle muss die Schreibung nichts markieren. Beim Lesen ist klar, wie der Vokal ausgesprochen wird. Für den letzten Fall, einen Konsonanten in der Koda, gibt es Möglichkeiten zur Markierung. Bevor wir diese besprechen, müssen wir uns aber klarmachen, dass auch Fälle ohne Markierung existieren: So kann man die Länge der Vokale in Paaren wie *schon* und *von* nicht an der Schreibung erkennen. Meistens wird die Länge bzw. Gespanntheit des Vokals aber markiert. Dazu kann man ein <h> einfügen: <kahn> und <stuhl>, oder den Vokal verdoppeln: <saal> und <boot>. Das geht jedoch nicht bei allen Vokalen, Umlaute zum Beispiel werden nicht verdoppelt.

Vokale vor einem ambisyllabischen Konsonanten sind immer kurz. Wir haben oben gesehen, dass die Schreibung des Doppelkonsonanten silbisch motiviert ist. Oft wird aber diese Konsonantenverdopplung als ein Kürzezeichen des davor liegenden Vokals gelesen.

Auch das morphologische Prinzip greift. Dies ist besonders deutlich zu sehen an der Schreibung für den Laut /ɛ/, der entweder durch <e> oder <ä> geschrieben werden kann. <ä> wird oft für Formen gewählt, die eine verwandte Form mit <a> haben: Die Verwandtschaft ist dann erkennbar, z.B. <apfel> und <äpfel> oder <mann> und <männer>.

HINTERGRUND

Alle hier angegebenen Regularitäten gelten für die Schreibung deutscher Wörter. Wie aber integriert ein graphematisches System fremde Wörter? Unterschiedliche graphematische Systeme verhalten sich ganz verschieden, aber es gibt Regularitäten (Meisenburg 1998). Flache orthographische Systeme wie das Türkische und Spanische tendieren dazu, fremde Wörter sofort zu integrieren und mit den eigenen Regeln zu schreiben, vgl. Türkisch: *kuaför* (von Frz. *coiffeur*). Tiefe Systeme belassen fremde Wörter zunächst in ihrer Ausgangsschreibung, so dass sie als ‚fremd' erkannt werden; Englisch: *Achtung, Kindergarten*; Deutsch: *Restaurant, E-Mail.* Ohne zusätzliches Wissen könnten diese Wörter nicht korrekt gelesen werden. Genauso, wie wir Laute haben, die nicht innerhalb des Systems beschrieben werden können, haben wir Schreibungen, die nicht innerhalb des Systems beschreibbar sind; Griechisch: <ph> für /f/ oder Italienisch: <c> für /t͡ʃ/. Wörter, die länger in einer Sprache sind, können auch graphematisch angepasst werden (<foto>, <spagetti>).

3 Zusammenfassung

In der Schreibung muss die Lautsprache in irgendeiner Form so kodiert werden, dass sie an anderem Ort und anderer Stelle möglichst eindeutig wieder dekodiert, d.h. gelesen werden kann. Wir haben gesehen, dass es unterschiedliche Schriftsysteme gibt. Innerhalb der Schriftsysteme bilden sich orthographische Systeme heraus.
Im Deutschen interagieren unterschiedliche Prinzipien. Das phonographische Prinzip gilt, solange es nicht vom silbischen oder vom morphologischen Prinzip überschrieben wird.

HINTERGRUND

Graphematische Systeme können entweder für das Schreiben oder für das Lesen einer Sprache optimiert sein. Das deutsche graphematische System hat sich historisch so entwickelt, dass das Lesen einfach ist – das geschieht notwendigerweise auf Kosten der Einfachheit beim Schreiben, siehe z.B. Munske (2005). Die Kodierung ist nicht eindeutig, der Schreibende muss Entscheidungen treffen und kann dabei Fehler machen. Für einen Laut gibt es manchmal, besonders bei Vokalen, mehrere Grapheme. Dies hat zur Folge, dass Wörter, die gleich klingen, manchmal unterschiedlich geschrieben werden (<man> und <mann>, <lerche> und <lärche>). Beim Lesen hilft diese Eindeutigkeit in der Dekodierung aber sehr.
Da das deutsche graphematische System durch mehrere Prinzipien bestimmt ist und es zusätzlich viele einzeln zu lernende Ausnahmen gibt, ist der Erwerb schwierig. Der oder die Unterrichtende muss die phonologischen und orthographischen Regularitäten kennen, um die Hypothesen, die die Kinder beim Schrifterwerb aufstellen, verstehen zu können. Tobias Thelen hat in dem Projekt MOPS 79 unterschiedliche Kinderschreibungen für das Wort Hundehütte gefunden. Dabei repräsentieren die Kinder fast immer alle Silben, wie zum Beispiel in der Schreibung <HT> für Hütte. Die „Fehler" der Kinder geben Aufschluss darüber, dass sie den Schallstrom recht exakt phonetisch durchgliedern können. Das haben viele Erwachsene aufgrund ihrer Schrifterfahrenheit verlernt und können daher viele der Kinderschreibungen nicht verstehen (<Hama>, <Moise>, <Wenta> für *Hammer, Mäuse, Winter*).
In den letzten Jahren wurde zum Thema Schriftspracherwerb viel gearbeitet, siehe z.B. http://www.ph-freiburg.de/fakultaet-1/ew1/roeber/publikationen.html, http://www.uni-muenster.de/Germanistik/Lehrende/noack_c/veroeffentlichungen.html, den Arbeitskreis Orthographie und Textproduktion (http://www.akot.de/) oder das Symposion Deutschdidaktik (http://www.symposion-deutschdidaktik.de/home/).

4 Fragen und Aufgaben

- Schreiben Sie die folgenden Wörter zunächst phonologisch und dann phonographisch. Überlegen Sie dann, durch welche Prinzipien die phonographische Schreibung jeweils überschrieben wird.
  <schwamm>, *<mus>*, *<huhn>*, *<see>*, *<butter>*, *<wald>*
- Wie können die folgenden Kinderschreibungen erklärt werden? Welche Regularitäten nehmen die Kinder an?
  Bagpulwa (für *Backpulver*), *inn* (für *in*), *woh* (für *wo*), *häslich* (für *hässlich*)

1 Morphologie

Morphologische Bestandteile

Nachdem wir die lautliche Struktur des Deutschen kennen gelernt haben, geht es nun um die Morphologie. Sie beschreibt die Bestandteile und den Aufbau komplexer Wörter. Ein Wort wie
[des] Waldpilzsüppchens
lässt sich zunächst einmal intuitiv in kleinere sinnvolle Teile zerlegen:
wald·pilz·süpp·chen·s
Außerdem kann man die Bestandteile nach ihrer Bedeutung gruppieren. Erinnern Sie sich dabei an die Einführung in Kapitel 3. Morphologische Bestandteile werden hier klein geschrieben.
((((wald·pilz)·süpp)·chen)·s)
≈ die Genitivform (*-s*) einer kleinen *(-chen)* Suppe *(süpp)* mit Pilzen *(pilz)* aus dem Wald *(wald)*.
An diesem Beispiel kann man einiges sehen:

- Es gibt morphologische Grundbestandteile, die frei bzw. alleine vorkommen *(wald, pilz, suppe)*.
- Es gibt morphologische Grundbestandteile, die nicht frei bzw. alleine vorkommen *(-chen, -s)*.
- Manche Bestandteile verändern in einer bestimmten Umgebung ihre Form *(suppe* vor *-chen* → *süpp)*.
- Die Aufbaustruktur spiegelt die Bedeutung eines komplexen Wortes.

Lexikalische und grammatische Bestandteile

Außerdem sieht man, dass einige Bestandteile zusammen die Bedeutung des Wortes definieren, also einen Lexikoneintrag oder ein Lemma erzeugen: *Waldpilzsüppchen*, und andere die grammatische Form – das *-s* in diesem Beispiel zeigt den Genitiv an. Der Teil der Morphologie, der sich mit der Bildung neuer Lemmata beschäftigt, heißt Wortbildung und wird in diesem Kapitel behandelt.
Es gibt viele Einführungen in die deutsche Wortbildung, so zum Beispiel Donalies (2007) oder Eichinger (2000). Für eine allgemeine Einführung in die Morphologie siehe Bauer (2003). Der Teil der Morphologie, der sich mit grammatischen Formen beschäftigt, heißt Flexion und wird in Kapitel 8 besprochen. Formal verhalten sich Flexion und Wortbildung in vielem ganz ähnlich, weshalb die Einteilung der Einheiten und die Arten der Verknüpfung gemeinsam eingeführt werden. Bevor wir darauf eingehen, müssen wir aber die Frage klären, was eigentlich ein Wort ist.

2 Wort

Was ist ein Wort? Eigentlich sollte eine Wissenschaft in der Lage sein, ihre Grundeinheiten zu definieren, aber diese scheinbar einfache Frage ist allgemein schwer zu beantworten. Das liegt daran, dass die verschiedenen Ebenen der Linguistik unterschiedliche Definitionen haben. Diese kommen oft – aber durchaus nicht immer – zu übereinstimmenden Ergebnissen.

Orthographisches Wort

Spontan würden wahrscheinlich viele ein Wort orthographisch definieren, etwa als eine Zeichenkette zwischen Leerzeichen oder Leer- und Satzzeichen. Ein solches orthographische Wort ist allerdings nicht notwendigerweise das, was man linguistisch betrachten möchte: Man möchte *New York* linguistisch nicht anders behandeln als *Berlin*. Man möchte auch das trennbare Verb *einkaufen* nicht als ein Wort behandeln, wenn es in *ich muss noch Waldpilze einkaufen* als eine zusammengeschriebene Zeichenkette vorkommt, aber als zwei Wörter wenn es in *ich kaufe Waldpilze ein* als zwei Zeichenketten auftritt. Und was ist mit *siehste* oder *zum*? Wenn *siehste* ein Wort wäre, welche Wortart hätte es dann wohl? Ganz unabhängig von diesen Detailproblemen wissen wir außerdem, dass die geschriebene Sprache immer eine Interpretation der primären gesprochenen Sprache darstellt und daher die Schreibung nicht als definierend herangezogen werden kann.

Phonologisches Wort

Man kann ein Wort aber auch nicht einfach aus der gesprochenen Sprache heraus als eine Einheit zwischen Pausen definieren. Wir haben in Kapitel 4 gesehen, dass man normalerweise keine Pausen zwischen Wörtern spricht. Wenn Sie es einmal versuchen: Es klingt künstlich, wie frühe computergenerierte Sprache. Es gibt in einigen Sprachen andere Möglichkeiten, Wörter phonologisch zu definieren. Bestimmte phonologische und metrische Prozesse können sich auf klar abgegrenzte Einheiten beziehen, die man als Wort bezeichnen kann. Ein Beispiel für einen solchen Prozess ist die Vokalharmonie im Türkischen oder Finnischen, in der sich die Endungen, zum Beispiel zur Anzeige von Plural oder Kasus, nach dem letzten Vokal im Stamm (s.u.) richten. Für das Deutsche gibt es allerdings relativ wenige solcher phonologischer Hinweise.

Bedeutungseinheit, semantisches Wort

Man könnte ein Wort vielleicht als eine Bedeutungseinheit definieren. Das ist allerdings auch problematisch, weil man ‚Bedeutungseinheit' nicht gut abgrenzen kann. Ein ganzer Satz, wie *Bocuse lacht,* oder ein ganzer Text kann eine Bedeutungseinheit bilden. Man könnte also überlegen, dass man hier die Bedeutungseinheiten betrachtet, die sich nicht weiter zerlegen lassen. Das ist aber auch schwierig abzugrenzen. Betrachten Sie das Wort *Rotkohl*. Hier geht es um eine bestimmte Sorte *Kohl* – es ist nicht einfach irgendein roter Kohl gemeint. Was ist mit *Rote Bete*? Semantisch ist es wie bei *Rotkohl*: Es wird eine bestimmte Sorte *Bete* bezeichnet (davon gibt es noch weitere). *Rotkohl* und *Rote Bete* sollten also jeweils ein semantisches Wort sein. Bei einem *roten Teller* kann man eher nicht von einem Wort sprechen, denn es wird nicht eine besondere Sorte Teller bezeichnet, sondern ein Teller, der zufällig rot ist. Die Bedeutung von *roter Teller* lässt sich aus den Bedeutungen von *rot* und *Teller* errechnen. (Dies nennt man Kompositionalität; mehr dazu in Kapitel 12.) Was ist mit *roter Faden*? Betrachten Sie die beiden folgenden Sätze.

Das Motiv zieht sich wie ein roter Faden durch die Kunstgeschichte.
Zur Kennzeichnung der Nahstelle nahm sie einen roten Faden.

Semantisches Wort

Im ersten Satz ist *roter Faden* idiomatisch, denn man meint weder einen wirklichen Faden noch etwas, das wirklich rot ist. *Roter Faden* hat hier nur zusammen eine Bedeutung, müsste also nach der semantischen Definition ein Wort sein. Im zweiten Satz meint *roter Faden* wirklich genau einen Faden, der rot ist – wie bei *roter Teller.* Wir hätten also zwei Wörter. An diesen Beispielen sieht man,
(a) dass es nicht immer leicht ist, eine Bedeutungseinheit festzulegen,
(b) dass die Bedeutung eines Ausdrucks im Kontext variieren kann und
(c) dass ein semantisches Wort nicht immer ein orthographisches ist.

Morphologisches Wort

Man könnte noch schauen, ob die Morphologie selber gute Hinweise liefert. Es gibt bestimmte Prozesse, wie die Konjugation von Verben oder die Deklination von Nomina und Adjektiven, die vielleicht zur Wortbestimmung herangezogen werden können. Man könnte dann schließen, dass Elemente, die konjugiert oder dekliniert werden können, Wörter sein müssen – das wäre die Definition eines morphologischen Wortes. Aber auch hier gibt es Unklarheiten. Erstens gibt es viele Wörter, die sich nie ändern (*und, der, deshalb, weil, leider, ...*): Für solche Wörter würde einfach die Diagnostik nicht greifen; man könnte nicht sagen, ob sie ein Wort darstellen oder nicht. Zweitens gerät man wieder in Widersprüche, wenn man die Rote Bete betrachtet: Die Flexionskennzeichnung findet durch *rot* statt, *Bete* ändert sich nicht.

Die vielen unterschiedlichen Namen der Roten Bete deuten auf ihre große Beliebtheit und Verbreitung hin.
Dieser Fischsalat aus Matjesfilets erhält die rote Farbe und damit seinen Namen durch Zugabe Roter Bete.

Klassifikationsproblem

Hier liegt ein Klassifikationsproblem vor, wie wir es in Kapitel 3 besprochen haben. Je nach Angabe von Kriterien können wir die Menge der linguistischen Einheiten unterschiedlich in Wörter und Nichtwörter unterteilen. Es gibt viele Einheiten, die nach jedem Kriterium Wörter sind, aber eben auch Einheiten, die nur nach einem oder zwei der Kriterien Wörter sind. Wir werden im Rest dieses Buches hauptsächlich solche Elemente als Wort bezeichnen, die in der Schnittmenge aller Definitionen liegen.

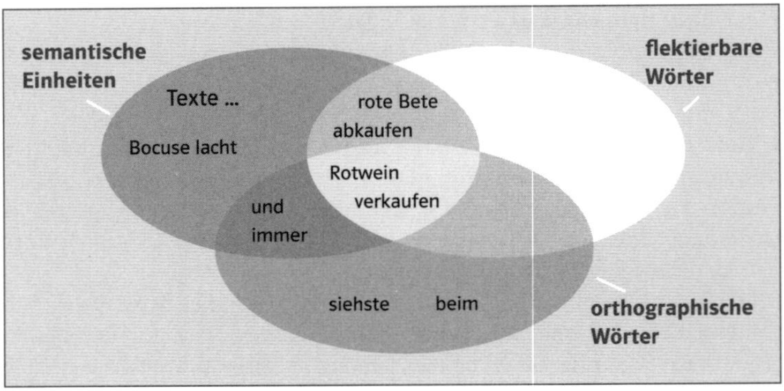

Abb. 7.1: Verschiedene Wortbegriffe

Lemma
Wortform
Zitierform

Wir unterscheiden zwischen einem Lemma und Wortformen. Lemmata sind abstrakte Einheiten und stehen für eine oder mehrere konkrete Wortformen. Man kann sich das so vorstellen: *laufe, läufst, läuft, laufen, lauft, gelaufen* etc. sind Wortformen desselben Lemmas. Dieses Lemma kann man benennen, wie man will, solange es klar ist, dass der Name genau für diese Wortformen steht. Es gibt allerdings Konventionen dafür, wie Lemmata benannt werden. Solche Lemmanamen nennt man Zitierform. Für das Deutsche hat es sich z.B. durchgesetzt, Verben mit der Infinitivform zu bezeichnen und Nomina mit der Form Nominativ Singular. Diese Formen sind aber nicht an sich ‚grundlegender' oder ‚wichtiger' als die anderen Formen. Zum Beispiel wird im Lateinischen bei Verben die 1. Person Singular als Zitierform angegeben, im Hebräischen und Arabischen die 3. Person Singular Perfekt.

3 Elemente und Verbindungsmöglichkeiten

Wie in allen anderen linguistischen Ebenen will man auch in der Morphologie die kleinsten Einheiten und deren Verbindungsmöglichkeiten bestimmen. Wörter sind nicht die kleinsten Einheiten. Wir haben gesehen, dass es morphologische Einheiten gibt, die alleine vorkommen können und andere, die nicht alleine vorkommen können.

Morphem
Morph

Die kleinsten Einheiten der Morphologie nennt man Morpheme, deren genaue Definition wiederum schwierig ist. Im Strukturalismus, eigentlich schon etwas früher von Baron de Courtenay (1845–1929, siehe Mugdan 1984), wurde das Morphem oft als ‚kleinste bedeutungstragende Einheit' definiert. Für viele Elemente passt diese Definition gut. Ein Morphem ist demnach eine abstrakte Einheit, die eine Bedeutung hat. Diese Bedeutung wird lautlich durch Morphe realisiert. Manchmal gibt es mehrere Morphe, die dasselbe Morphem realisieren (siehe Abb.

Allomorphie

7.2), was man als Allomorphie bezeichnet. Ein Morphem wird durch mehrere Allomorphe realisiert. Morpheme werden oft als Kapitälchen geschrieben, manchmal auch in geschweiften Klammern, hier kursiv.

Morphem	Morph	Morph	Morph
Tee	[te] / <tee>		
Suppe	[zʊpə] / <suppe>	[zʏp]/ <süpp> wie in *Süpp•chen*	
Brot	[brot] / <brot>	[brøt] / <bröt> wie in *Bröt•chen*	
-chen	[çən] / <chen>		
Plural	[ə] / <e>	[ən] / <en>	...

Abb. 7.2: Einige Morpheme und ihre Allomorphe

Die Definition ist allerdings auch manchmal problematisch (für eine ausführliche Diskussion siehe MUGDAN 1994), weil nicht ganz klar ist, was eine Bedeutung sein soll: Sind *Samstag* und *Sonnabend* Allomorphe eines abstrakten Morphems? Die strukturalistische Definition sagt nichts über die Form der Allomorphe aus. Man nimmt aber implizit meistens an, dass Allomorphe, die zu demselben Morphem gehören, auch formal ‚zusammenhängen'. Manchmal ist das aber schwer zu entscheiden, wie zum Beispiel bei allen Formen, die den Plural markieren können: *Hund•**e**, Katze•**n**, Frau•**en**, Kind•**er*** etc. Sind das Allomorphe desselben abstrakten Pluralmorphems?

Suppletion

Was ist mit Reihen wie *gut – besser – am besten?* Diese funktionieren genauso wie die Reihen *schön – schöner – am schönsten* oder *lecker – leckerer – am leckersten*, in denen man die Morpheme *schön* und *lecker*, ein Komparativmorphem *-er* und ein Superlativmorphem *-st* findet. Das Komparativmorphem und das Superlativmorphem findet man bei *gut – besser – am besten* auch. Sind dann *gut, bess* und *be* Allomorphe desselben Morphems? Wenn man das will, muss man *Samstag* und *Sonnabend* auch als Allomorphe eines Morphems betrachten.
Diese Probleme sind hier nicht lösbar; für die allermeisten Fälle und besonders für alle produktiven Fälle haben wir solche Probleme auch nicht. Reihen wie *gut-besser-am besten* oder auch *sein-bin-ist-war* sind historisch zu erklären: Hier sind zwei oder mehr unverwandte Flexionsparadigmata zusammengefallen – man nennt solche ‚gemischten' Paradigmata suppletiv, von lat. *supplire* ‚ergänzen'. So etwas ist unproduktiv und muss unser System nicht stören.

Freie und gebundene Morpheme, Affixe

Morpheme, die durch mindestens ein Morph realisiert werden, das auch alleine vorkommen kann, nennt man freie Morpheme. Morpheme, die nur durch Morphe realisiert werden, die nicht alleine vorkommen können (wie *-chen*), nennt man gebundene Morpheme oder Affixe. Affixe, die hinten an ein anderes Morphem gehängt werden, heißen Suffixe (*-chen*). Affixe, die vorne an ein anderes Morphem gehängt werden, heißen Präfixe (*ver-*). Affixe, die ein anderes Morphem umschließen, heißen Zirkumfixe (*ge-* und *-e* in *Gerenne*). Affixe schreibt man immer mit einem Bindestrich in der Richtung, in der etwas fehlt.

Stamm

In diesem Kapitel beschäftigen wir uns, wie oben gesagt, mit der Bildung neuer Lemmata. Wie werden aus Morphemen Lemmata? Eigentlich müsste die Frage heißen: Wie werden aus Allomorphen Wortformen? Morpheme sind, wie oben auch schon gesagt, abstrakt. Es gibt aber für jedes Morphem ein Allomorph, das in der Wortbildung hauptsächlich verwendet wird. Dieses Allomorph nennen wir Stamm. Bei Nomina ist es identisch mit dem Nominativ Singular (*haus, katze*), bei Adjektiven mit der prädikativen Form (*rot, mager*). Bei Verben ist der Stamm gleich der Infinitivform ohne die Infinitivendung (*rühr, brat, ess*).

Simplizia und komplexe Lemmata

Lemmata, die nur aus dem Allomorph eines freien Morphems bestehen, nennt man Simplizia (Sg.: Simplex). Sie müssen uns aber nicht weiter beschäftigen, weil wir hier komplexe Lemmata untersuchen. Bei diesen wird mindestens ein Prozess bzw. eine Regel auf ein Grundmorphem angewendet. Der einfachste Prozess heißt Konkatenation (Aneinanderhängen). Im Deutschen gibt es hauptsächlich zwei konkatenative Wortbildungsprozesse, die Komposition und die Derivation. Diese werden im Folgenden dargestellt.

4 Komposition

Nominalkomposition

In der Komposition werden Allomorphe von freien Morphemen konkateniert. Aus *haus* und *tür* wird *haustür*, aus *wein* und *rot* wird *weinrot*. Betrachten wir zunächst die Nominalkomposition, also die Bildung von Nomina. Abb. 7.3 zeigt, wie diese eingeteilt werden können. Es gibt noch weitere, die wir hier aber nicht untersuchen werden.

Wortbildungsmuster

In der ersten Spalte der nachfolgenden Abbildung steht eine Beschreibung des Musters, in der zweiten stehen ein paar Beispiele und in der dritten Analyseregeln, wie wir sie in Kapitel 3 besprochen haben. Dabei sind alle Regeln binär, d.h. man setzt nur jeweils zwei Elemente zusammen. Die in den Regeln verwendeten Abkürzungen stehen für Wortarten; N: Nomen, Adj: Adjektiv, V: Verb, Adv: Adverb, P: Präposition; siehe auch Kapitel 8. Die Regeln können, wie in Kapitel 3 dargelegt, zur Bildung von Konstituentenstrukturbäumen dienen, siehe Abb. 7.4. In den

Konstituentenstrukturbäumen werden immer die einzelnen Bestandteile, die Kategorien – auch die Kategorien von inneren Knoten – und die Bildungsmuster angegeben. Wie man bei komplexen Wörtern mit mehr als zwei Bestandteilen entscheidet, welche Bestandteile zusammengehören, besprechen wir unten.

Muster	Beispiele	Regel
Nomen+Nomen	*Erbsensuppe, Hundefutter, Gasherd*	N → N N
Adjektiv+Nomen	*Rotwein, Grünkohl, Hartweizen*	N_1 → Adj N_2
Verb+Nomen	*Esslöffel, Rührschüssel, Kehrblech*	N_1 → V N_2
Adverb+Nomen	*Beinahekatastrophe, Soforthilfe*	N_1 → Adv N_2

Abb. 7.3: Einige Muster der Nominalkomposition im Deutschen

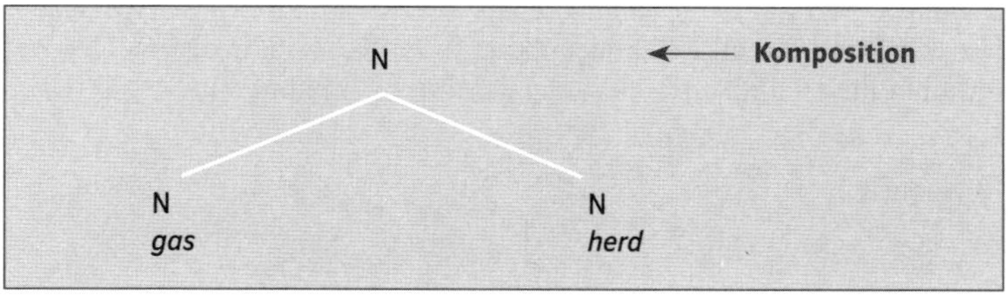

Abb. 7.4: Konstituentenstrukturbaum für *Gasherd*

Betrachten wir noch einmal Abb. 7.3. Zunächst fällt auf, dass in allen Mustern als rechtester Bestandteil ein Nomen steht. Dann fällt auf, dass die Ns in den Regeln der zweiten bis vierten Zeile kleine Subskripte tragen. In den Beispielen sehen wir außerdem, dass manchmal nicht nur die Stämme vorkommen, sondern zusätzliches Material, wie das *n* in *Erbsensuppe*. Weil alle drei Beobachtungen nicht nur für Nominalkomposita, sondern auch für andere Wortbildungsmuster relevant sind, sollen sie nun Reihe nach besprochen werden, bevor wir zur Komposition zurückkehren.

1 Morphologische Köpfe

Woher wissen wie bei einem komplexen Wort, das wir noch nie gehört haben, welche Wortart es hat? In der Wortwarte (http://www.sfs.uni-tuebingen.de/~lothar/nw/) werden jeden Tag neue Wörter mit Kontexten aus Tageszeitungen gesammelt; auf den Seiten wird auch erläutert, wie die Wortwarte ein Wort als neu einstuft. Wörter aus dem März 2008 sind zum Beispiel *heimwalken, Identitätshülse, Zigarettenpolizei, zuschaueraffin*. Wenn wir auch nicht immer ganz genau wissen, was diese Wörter eigentlich bedeuten, wissen wir doch immer, welche Wortart sie haben. Wenn wir die Wörter morphologisch analysieren, stellen wir fest, dass die Wortart des komplexen Worts immer die Wortart des rechtesten Bestandteils ist.

affin ist ein Adjektiv → *zuschaueraffin* ist ein Adjektiv
Hülse ist ein Nomen → *Identitätshülse* ist ein Nomen

Bei Nomina können wir noch weiter gehen: Auch das Genus wird vom rechtesten Bestandteil übernommen.
Hülse hat das Genus Femininum → *Identitätshülse* hat das Genus Femininum.
Der rechteste Bestandteil bestimmt also die Wortart und weitere grammatische Kategorien. Dieser Bestandteil wird daher morphologischer Kopf genannt.
Die meisten Wortbildungsprodukte in den meisten Sprachen haben einen Kopf, also ein Element, das die Eigenschaften des komplexen Wortes bestimmt. Wo der Kopf steht – rechts oder links – ist sprachspezifisch. Für das Deutsche gilt: Der morphologische Kopf steht rechts. Der Bestandteil links vom Kopf wird als Nichtkopf bezeichnet.

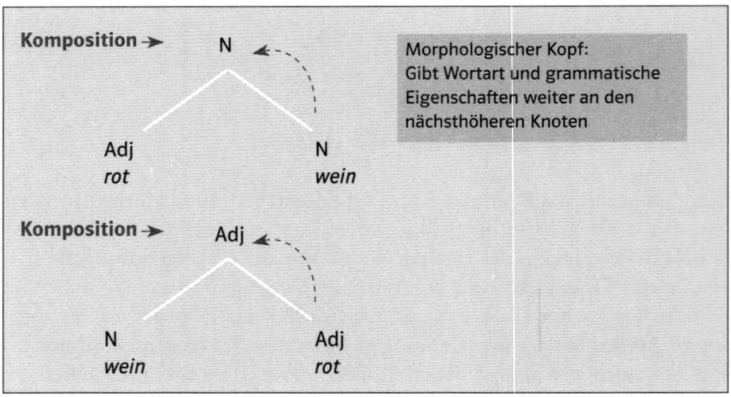

Abb. 7.5: Morphologische Köpfe

Determinativkompositum

In den meisten Komposita geben die Köpfe auch die Grundbedeutung an: Ein Gasherd ist ein Herd, ein Rotwein ist ein Wein, weinrot ist eine Sorte rot etc. Der Nichtkopf bestimmt die Bedeutung des Kopfs näher: Ein Gasherd ist ein Herd, der mit Gas betrieben wird, ein Rotwein ist ein roter Wein, weinrot ist rot wie Wein. Für ein bestimmtes Kompositum in einem gegebenen Kontext kann man angeben, wie genau der Nichtkopf den Kopf semantisch näher bestimmt. Es gibt viele Komposita, die lexikalisiert sind, also in der Sprachgemeinschaft eine konventionelle Bedeutung haben. Denken Sie etwa an die unterschiedlichen semantischen Beziehungen zwischen Nichtkopf und Kopf in *Weißbrot, Roggenbrot, Fladenbrot, Hasenbrot, Osterbrot* etc. Für neue Komposita ist das nicht so: Ohne Kontext wissen wir nicht mehr, als dass eine Identitätshülse eine Hülse ist, die irgendetwas mit Identität zu tun hat, und eine Zigarettenpolizei eine Polizei ist, die irgendetwas mit Zigaretten zu tun hat. Komposita, die einen Kopf haben und in denen der Nichtkopf den Kopf semantisch näher bestimmt, heißen Determinativkomposita.

2 Rekursion

Restriktionen in der Komposition

Wir haben in Kapitel 3 die Rekursion, also die Anwendung einer Regel auf ihr eigenes Ergebnis, besprochen. Obwohl sich hartnäckig das Vorurteil hält, dass im Deutschen beliebige und beliebig lange Komposita gebildet werden können, ist die Komposition doch stark eingeschränkt. Die folgenden Beispiele zeigen, dass beliebig viele Nomina miteinander verbunden werden können, aber jeweils nur ein Adjektiv vor dem Nomen stehen kann. (Erinnern Sie sich: Der Stern steht für ‚ungrammatisch'.)

Gasherdverkäuferschulungszentrumseinrichtungsbudget
**Samtigrotwein, *Weißmagerquark, *Feuchtgrünfutter*

Wie kann man diese Beobachtung in den Regeln ausdrücken?
Die Regel N → N N ist rekursiv. Hier kann jedes N wieder links eingesetzt werden und sich weiter aufspalten. Die Regel N_1 → Adj N_2 ist nicht rekursiv, weil N_1 und N_2 sich unterscheiden. N_2 kann nicht links eingesetzt werden. Das Gleiche gilt auch für die übrigen Regeln in Abb. 7.3. Die unterschiedlichen Subskripte (die tiefer gestellten kleinen Buchstaben) bedeuten weiter nichts als ‚das eine N unterscheidet sich vom anderen N', d.h. diese Regel ist nicht rekursiv. Man muss dazu sagen, dass solche Unterschiede meistens nicht beachtet werden; Sie finden in vielen Büchern Regelangaben ohne die Subskripte. Wenn man ganz genau ist, muss man in der Regel N → N N sagen, dass alle N für N_1 und N_2 stehen, da Ergebnisse aus den anderen Regeln hier eingesetzt werden können. Der Einfachheit halber werde ich in Zukunft die Subskripte weglassen.

3 Fugen

Das dritte noch zu klärende Thema ist das ‚Extramaterial' in den Komposita, wie das *n* in *Erbsensuppe* oder das *e* in *Hundefutter.* Zunächst muss gesagt werden, dass dieses Material nicht immer auftritt; die meisten komplexen Wörter haben kein ‚Extramaterial', vgl. *Gasherd* oder *Fischfutter*. Wenn solches Material auftritt, dann an der Fuge der Bestandteile. Daher nennt man solches Material oft Fugenelement. Diese Bezeichnung ist aber irreführend, da sie impliziert, dass die Fugenelemente zu keinem der beiden Bestandteile gehören (wie Fugenmaterial zwischen zwei Fliesen, das ja auch nicht zu einer der Fliesen gehört). Man kann aber durch viele Tests feststellen, dass dieses Extramaterial zum Nichtkopf gehört. So bleibt zum Beispiel in der so genannten Koordinationsellipse das Extramaterial am Nichtkopf.

Katzen- und Hundefutter, Erbsen- oder Linsensuppe

Das Extramaterial ist außerdem nicht völlig beliebig, sondern wird weitgehend – bis auf wenige Ausnahmen – durch die Flexionsformen des Nichtkopfs bestimmt. Daher reden wir hier nicht von Fugenelementen, sondern von Allomorphen des Nichtkopfs: *hunde* ist ein Allomorph von *Hund*, das immer dann auftritt, wenn *hund* als Nichtkopf verwendet wird. Ein weiteres Argument dafür ist, dass manchmal gar nichts hinzugefügt wird, sondern etwas weggenommen bzw. getilgt wird, wie in *Sprachunterricht* oder *Wollknäuel. sprach* ist ein Allomorph von *sprache*, das immer dann auftritt, wenn *sprache* als Nichtkopf verwendet wird. Diese Allomorphe werden oft Kompositionsstammformen genannt, siehe z. B. Fuhrhop (1998) oder Eisenberg (1998).
Jedes Morphem hat mindestens eine Kompositionsstammform; manche haben mehrere, wie *rind* in *Rinderbraten* und *Rindsleder*. Oft sieht die Kompositionsstammform aus wie der Stamm (*fisch* in *Fischfutter*). Zu ‚Fugen' oder Kompositionsstammformen gibt es sehr viele Diskussionen und unterschiedliche Analysen, siehe z.B. Fuhrhop (1998) und Wegener (2003). Ich möchte hier nur noch auf einen Aspekt kurz eingehen.

Kompositionsstammformen

Die Kompositionsstammformen haben nicht die gleiche Bedeutung wie die gleichlautenden Flexionsformen. *hunde* als Kompositionsstammform zum Beispiel muss nicht als Plural verstanden werden, wie man in *Hundepfote* sieht, wo die Pfote nur einem Hund gehört. In *Hundefutter* kann *hund* natürlich wie ein Plural verstanden werden: Futter für viele Hunde. Das liegt aber nicht an der Form, wie man an *Fischfutter* oder *Vogelfutter* sieht, die analog verstanden werden können.

Struktur mehrgliedriger Komposita

Die Komposition setzt also Allomorphe von freien Morphemen zusammen. Alle Regeln sind binär (ein Mutterknoten hat nur zwei Tochterknoten). Wie untergliedert man ein Kompositum, das aus mehr als zwei Elementen besteht (z.B. *Gas•back•ofen*). Die Untergliederung spiegelt die Bedeutung. Deswegen muss man die Bedeutung des Kompositums kennen. In Determinativkomposita gibt der Kopf die Grundbedeutung vor und der Nichtkopf bestimmt den Kopf näher. Man muss also jeweils schauen, was die Grundbedeutung ist oder welche Bestandteile am engsten zusammenhängen. In *Gas•back•ofen* haben wir zwei theoretische Möglichkeiten: (*gas•back*) bestimmt *ofen* näher oder *gas* bestimmt (*back•ofen*) näher. Jedenfalls in der gängigen Bedeutung würde man die zweite Option vorziehen. Wir können dann analysieren (der Kopf ist jeweils in Kapitälchen geschrieben).
Ein Gasbackofen ist ein Backofen, der mit Gas betrieben wird, wobei ein Backofen ein Ofen zum Backen ist.

Genauso kann man auch bei Komposita mit noch mehr Elementen vorgehen. Man analysiert die Bedeutung und spiegelt diese in der Struktur. Für *Gasbackofentemperatur* ergibt sich die TEMPERATUR des Gasbackofens, wobei der Gasbackofen ein BACKOFEN ist, der mit Gas betrieben wird, und Backofen ein OFEN zum Backen ist.

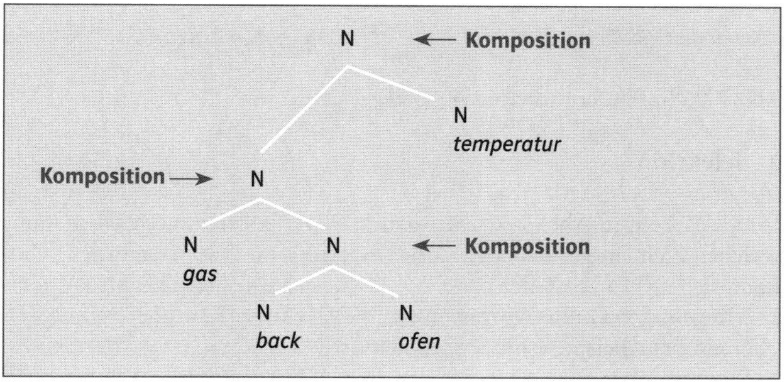

Abb. 7.6: Struktur von *Gasbackofentemperatur*

Kopulativkomposita

Neben den Determinativkomposita gibt es Komposita, die keinen klar zu erkennenden Kopf haben. Bei ihnen sind alle Elemente gleichberechtigt. Bei Nomina sind solche so genannten Kopulativkomposita selten. Ein Beispiel ist *Fürstbischof*, das nicht eine besondere Sorte von Bischof bezeichnet, sondern jemanden, der gleichzeitig Fürst und Bischof ist. Bei Adjektiven wird das deutlicher. Betrachten Sie den Unterschied zwischen *grellweiß* und *schwarz-weiß*. In *grellweiß* wird eine besondere Sorte von weiß beschrieben, es ist also ein Determinativkompositum. In *schwarz-weiß* wird nicht eine besondere Sorte von weiß beschrieben, es steht für ‚schwarz und weiß'. Kopulativkomposita sind viel seltener als Determinativkomposita.

5 Derivation

Stamm und Affix

Neben der Komposition, in der Stämme konkateniert werden, gibt es die Derivation, in der ein Stamm mit einem Affix konkateniert wird. In Abb. 7.7 finden sich einige Derivationsmuster mit Beispielen. Dabei sehen wir wieder, dass das am weitesten rechts stehende Element – ein Suffix oder ein Stamm – die Kategorie des komplexen Wortes bestimmt, wenn man annimmt, dass auch Suffixe eine Wortart haben; vgl. HÖHLE (1982).

Beispiele	Regel
Erledigung, Beteiligung, Rechnung	N → V *-ung*$_N$
lesbar, essbar, erklärbar	Adj → V *-bar*$_{Adj}$
ungemütlich, unfreundlich, unschön	Adj → *un-* Adj
Schönheit, Freiheit, Falschheit	N → Adj *-heit*$_N$

Abb. 7.7: Einige Derivationsmuster im Deutschen

1 Selektion

Selektionsrestriktionen

In den Regeln in Abb. 7.7 sieht man, dass Affixe sich nicht mit irgendwelchen Elementen verbinden, sondern jeweils nur mit bestimmten. Man kann sich das so vorstellen, dass die Affixe sich ihre Stämme ‚aussuchen'. Die Regeln geben nur Wortarten an, die Selektion geht aber viel weiter. Hier ein paar Beispiele für Selektionsrestriktionen:

- Wortart: *-bar* verbindet sich nur mit Verben, nicht mit Adjektiven oder Nomina (außer in ein paar unproduktiven Beispielen, siehe Kapitel 3).
  lesbar, essbar, aber **schönbar, *flugzeugbar*
- Phonologische Restriktionen: *-keit* verbindet sich nur mit mehrsilbigen Adjektiven, die auf einer unbetonten Silbe enden.
  Freundlichkeit, Lesbarkeit, aber **Schönkeit, *Freikeit*
- Bedeutung: *-fach* verbindet sich nur mit Zahlen und Mengenangaben.
  dreifach, mehrfach, aber **schönfach, *hausfach*
- Morphologische Struktur: Das Zirkumfix *Ge- -e* verbindet sich nur mit morphologisch einfachen Verben.
  Gerenne, Gehupe, aber **Geverkaufe, *Gebeleidige*

Neben diesen gibt es viele weitere Selektionsrestriktionen. Bei der Ermittlung der Selektionsrestriktionen eines Affixes muss man aufpassen, dass man nur die produktiven Muster betrachtet; siehe Kapitel 3.

2 Komplexe Verben

Präfixverben
Partikelverben

Bisher haben wir nur komplexe Nomina und Adjektive betrachtet. Was ist mit Verben? Im Deutschen haben wir im Wesentlichen zwei Sorten komplexer Verben, die Präfixverben und die Partikelverben. In beiden steht ein Element vor einem Verbstamm. Präfixverben verhalten sich wie nicht komplexe Verben: Sie bleiben immer in allen Situationen zusammen. Partikelverben hingegen müssen in manchen syntaktischen und morphologischen Situationen getrennt werden.

	Präfixverben	Partikelverben
Beispiele	*bestechen, verkaufen, zerbrechen, enttäuschen*	*abkaufen, antreiben, einreiben, ausbrechen*
in Nebensätzen	*..., dass Hans sein Haus verkauft.*	*..., dass die Frau Hans das Haus abkauft.*
in Hauptsätzen	*Hans verkauft das Haus.*	*Die Frau kauft Hans das Haus ab.*
Partizip und *zu*-Infinitiv	*verkauft, zu verkaufen*	*abgekauft, abzukaufen*

Abb. 7.8: Präfix- und Partikelverben

HINTERGRUND

Wir haben einen Teil der deutschen Wortbildung komplett ausgeklammert, die neoklassische Wortbildung. Sie nutzt lateinische und griechische Elemente, um Wörter zu bilden. Bis mindestens zum 17. Jahrhundert war fast überall in Europa Latein die lingua franca, also die allgemeine Sprache für die gebildeten Schichten – so, wie heute Englisch. Irgendwann begann man, auch wissenschaftliche Texte in den jeweiligen Landessprachen zu verfassen. Dabei wurden aber Fachbegriffe und morphologische Elemente aus dem Lateinischen und Griechischen in die Landessprachen übernommen. Die neoklassische Wortbildung ist heute noch produktiv: *Automobil, Transformator, audiovisuell* etc. Sie folgt zum Teil ganz anderen Regeln als die ‚native' Wortbildung. Fugen werden oft mit *-o-* oder *-al-* gekennzeichnet: *Morphologie, Gymnasialpädagogik*.
Zur neoklassischen Wortbildung siehe Lüdeling (2006).

6 Nichtkonkatenative Prozesse

Konversion

Neben den konkatenativen Prozessen gibt es einige nichtkonkatenative Prozesse in der Wortbildung. Hier wird der Stamm geändert, ohne dass ein Element hinzugefügt wird. Der wichtigste nichtkonkatenative Prozess im Deutschen heißt Konversion. In der Konversion wird die Wortart eines Stamms umkategorisiert, ohne dass ein Affix angehängt wird. Erinnern Sie sich, dass bei Verben der Stamm betrachtet wird, nicht der Infinitiv, und betrachten Sie die Beispiele Lob_N – lob_V, $grün_{Adj}$ – $grün_V$. Manchmal wird ein Stamm in der Konversion umgelautet, wie in $braun_{Adj}$ – $bräun_V$. Im Neuhochdeutschen sind die Nomen-Verb-Konversion und die Adjektiv-Verb-Konversion produktiv.

Kurzwortbildung
Kontamination

Neben der Konversion gibt es verschiedene Kürzungsprozesse, wie die Kurzwortbildung (siehe z.B. KREIDLER 2000), in der nur Teile des Grundwortes verwendet werden (*Autobus* → *Bus, Violoncello* → *Cello, Universität* → *Uni)* oder die Kontamination, in der Teile – keine Morpheme – von zwei Wörtern verschmelzen (*Datei, jein, Teuro*; für einen Überblick siehe SCHMIDT 2003).

7 Ein Beispiel

Zum Schluss dieses Kapitels möchte ich die Analyse des komplexen Wortes *Nudelsoßenhersteller* Schritt für Schritt vorführen. Zunächst müssen wir die Bestandteile identifizieren.

nudel•soßen•her•stell•er

Dann müssen wir überlegen, wie wir die Bestandteile gruppieren. Dazu müssen wir die Bedeutung des Wortes kennen. Erste Näherung: Ein Hersteller von Nudelsoßen. Wir können *nudel•soßen* einerseits und *her•stell•er* andererseits schon mal klammern. Diese Bestandeile werden ganz am Ende zusammengefügt.

(nudel•soßen)•(her•stell•er)

(nudel•soßen) ist einfach ein Determinativkompositum aus zwei Nomina. (Erinnern Sie sich, dass Kompositionsstammformen wie Allomorphe behandelt werden.)

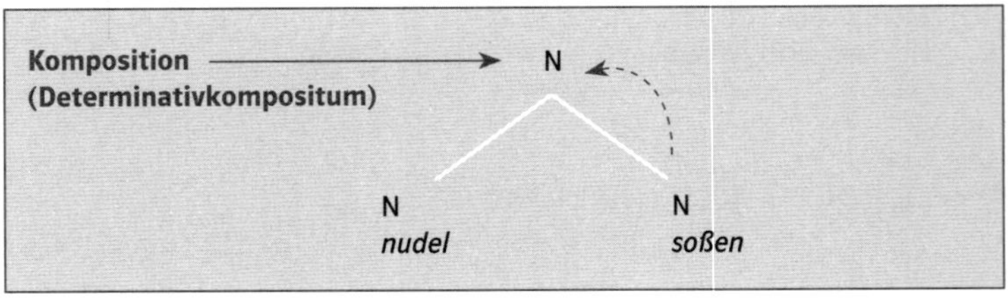

Abb. 7.9: Beispielanalyse: Morphologische Struktur von *Nudelsoßen* (als Kompositionsstammform von *Nudelsoße*)

Die Bedeutung von *(her•stell•er)* ist ‚jemand *(-er)*, der etwas herstellt'. Das führt zu der Klammerung *((her•stell)•er)*.
(her•stell) ist ein Partikelverb und trennbar, wie in *ich stelle etwas her.* Die Bestandteile sind die Partikel *her* und der Verbstamm *stell*. Aus diesem Verb wird durch das nominale Suffix *-er* ein Nomen.

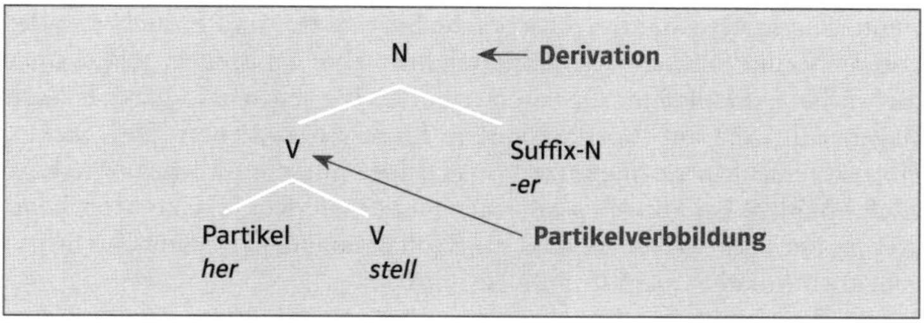

Abb. 7.10: Beispielanalyse: Morphologische Struktur von *Hersteller*

Nun müssen nur noch beide Bestandteile zusammengesetzt werden, die insgesamt wieder ein Determinativkompositum ergeben.

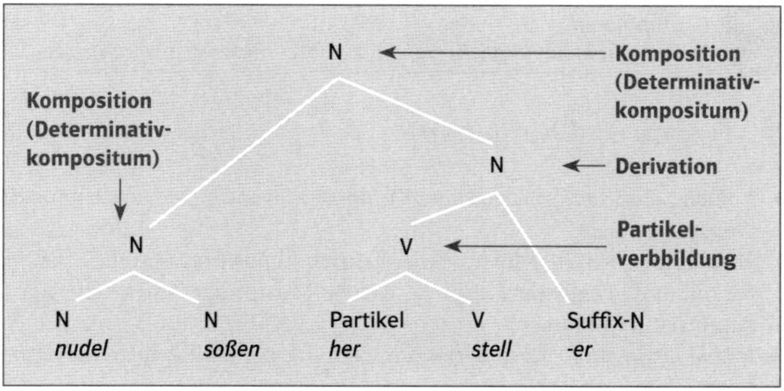

Abb. 7.11: Beispielanalyse: Morphologische Struktur von *Nudelsoßenhersteller*

8 Zusammenfassung

In diesem Kapitel haben wir gesehen, wie komplexe Lemmata gebildet werden. Dabei ist besonders die konkatenative Wortbildung wichtig. Besprochen wurden Komposition – Konkatenation von Stämmen – und Derivation – Konkatenation von Stämmen und Affixen.

Morphologie und Phonologie

Die Morphologie interagiert mit den anderen Bereichen der Grammatik. Im nächsten Kapitel ist noch kurz die Interaktion von Morphologie und Syntax zu beschreiben. Hier möchte ich ein kleines Beispiel für die Interaktion von Morphologie und Phonologie geben.

[ç]/[x] revisited

Kommen wir auf die [ç]/[x]-Situation aus Kapitel 5 zurück. Wir haben dort gesehen, dass (a) die beiden Allophone eines Phonems sind und (b) die Verteilung nach Vokalen eindeutig ist: [x] steht nach hinteren und zentralen Vokalen und [ç] nach vorderen. In der rechten Spalte der Tabelle in Abb. 5.2 sehen wir weiterhin, dass [ç] auch nach Konsonanten steht. Was ist aber mit der Aussprache bei *rauchen* und *Frauchen* in der unteren Zeile? Silbische Regularitäten können nicht greifen; [ç]/[x] steht hier in beiden Fällen im Onset einer Silbe. Wir sehen also, dass es auch Regeln gibt, die auf morphologische Einheiten zugreifen. Bei *rauchen* gibt es keine Morphemgrenze vor [x]; hier gilt die übliche Verteilung nach Vokalen. Bei *Frauchen* hingegen gibt es vor dem [ç] eine Morphemgrenze. Diese ist so ‚stark', dass die Realisierung des [ç] von den vorhergehenden Vokalen nicht beeinflusst wird.

TIPP

Wenn Sie ein komplexes Wort analysieren sollen, können Sie folgendermaßen vorgehen:

1. *Finden Sie die Bestandteile.*
2. *Analysieren Sie die Bedeutung des komplexen Wortes so genau wie möglich. Dadurch können Sie zusammengehörige Elemente gruppieren.*
3. *Bedenken Sie mögliche Selektionsbeschränkungen von Affixen.*

9 Fragen und Aufgaben

- Finden Sie für alle angegebenen Kompositions- und Derivationsmuster weitere Beispiele.
- Beschreiben Sie die Muster für Adjektivkomposition und diskutieren Sie anhand geeigneter Beispiele, welche Muster der Adjektivkomposition rekursiv sind.
- Ist *blaugrün* ein Determinativkompositum oder ein Kopulativkompositum?
- Analysieren Sie in Konstituentenbäumen, mit Angabe der Bestandteile, aller Zwischenkategorien und aller Bildungsmuster, die folgenden komplexen Wörter:
  Trinkbecher, Buttercremetorte, Schokoladenweihnachtsmann, Altbierbowle, süßsauer, zitronensauer, Großküchenreinigung, Verbrennung.
- In Kapitel 1 ist die Lerneräußerung *ich arme Dich um* erwähnt – geschrieben am Ende einer E-Mail. Welche Hypothesen über das komplexe Verb *umarmen* hat die Lernerin?
- Warum ist *unplattbar* merkwürdig? Gegen welche Selektionsrestriktion wird verstoßen?

1 Wortformen

Im vorigen Kapitel stand der Teilbereich der Morphologie im Mittelpunkt, der sich mit der Bildung neuer Lemmata beschäftigt. Wir haben bereits gesehen, dass ein Lemma eine abstrakte Größe ist, die eine Menge von zusammengehörigen Wortformen bezeichnet. Die unterschiedlichen Wortformen werden in unterschiedlichen Kontexten benötigt. Betrachten wir die folgenden Sätze.

Josef	*schmiert*	*ein*	*belegtes*	*Brot.*
Josef	*schmierte*	*ein*	*belegtes*	*Brot.*
Josef und Maria	*schmieren*	*die*	*belegten*	*Brote.*
Du	*schmierst*		*belegte*	*Brote.*

Die Formen, die zum Lemma *schmieren* gehören, unterscheiden sich hier im Numerus, in der Person und im Tempus. Die Formen von *belegt* unterscheiden sich im Numerus und in der Stärke, d.h. danach, ob *belegt* hinter einem definiten, einem indefiniten oder keinem Artikel vorkommt. Die Formen von *Brot* unterscheiden sich im Numerus. Damit sind natürlich nicht alle möglichen Kategorien abgedeckt, mehr dazu unten. In diesem Kapitel gehen wir auf die Bildung dieser Wortformen ein. Der Teilbereich der Morphologie, der sich damit beschäftigt, heißt Flexion. Die formalen Prozesse gleichen denen der Derivation: In der Flexion wird meistens ein Stamm mit einem oder mehreren Affixen kombiniert. Die möglichen Flexionskategorien sind abhängig von der Wortart, weshalb wir zunächst die Wortartkategorien besprechen.

2 Wortarten

Wortarten sind Klassen von Wörtern mit ähnlichem Verhalten. Wie ist ‚ähnliches Verhalten' definiert?
Schon in der ältesten erhaltenen griechischen Grammatik aus dem 2. Jahrhundert v. Chr., der τέχνη γραμματική von Dionysius Thrax, werden ungefähr die Wortarten eingeführt, die wir heute verwenden. Die Bezeichnungen gehen auf die lateinische Übersetzung der griechischen Termini zurück. Thrax unterscheidet acht Wortarten: Nomen, Verb, Partizip, Artikel, Pronomen, Präposition, Adverb und Konjunktion. Er nennt sie Teil der Rede, woraus dann über lat. ‚pars orationis' das heutige engl. ‚part of speech' hervorgegangen ist.
Wie teilt Thrax die Wortarten ein und was sind ähnliche Wortklassen? Betrachten wir seine Definition von ‚Nomen' (zitiert nach Arens 1969, 23): „Das Nomen ist ein kasusbildender Satzteil, welcher ein Ding, z. B. Stein, oder eine Handlung, z.B. Erziehung, bezeichnet [...]. Das Nomen hat fünf verschiedene Begleiterscheinungen: Geschlecht, Art, Form, Zahl

und Kasus.“ Den Terminus ‚Begleiterscheinungen' würden wir wahrscheinlich ‚morphologische Kategorien' nennen, ‚Art' und ‚Form' beziehen sich auf die Wortbildung.

Wortarten-kategorisierung

Schon an dieser Definition sehen wir, dass für die Wortartenkategorisierung unterschiedliche Kriterien herangezogen werden, nämlich semantische (Ding, Handlung), syntaktische (kasusbildender Satzteil) und morphologische (Begleiterscheinungen). Das Problem wird sofort deutlich: Die unterschiedlichen Kriterien können zu unterschiedlichen Klassifikationen führen. Alle gängigen Wortartklassifikationen mischen diese Kriterien. Manchmal wird dies kritisiert, ‚kriterienreine' Klassifikationen (Sütterlin 1918 oder Bergenholtz 1976) haben sich jedoch nicht allgemein durchgesetzt. Ich kann die Diskussion hier nicht weiter aufbereiten, möchte Sie jedoch darauf hinweisen, dass sich die Wortartenklassifikationen in den verschiedenen Grammatiken zum Teil erheblich unterscheiden. Für eine ausführliche Darstellung siehe z.B. Bergenholtz (1976) oder Knobloch/Schaeder (2000).

Flektierbare Wortarten

Wir nehmen für diese Einführung die Wortarten in Abb. 8.1 an und verwenden nur klare Beispiele. Zunächst unterscheiden wir zwischen flektierbaren Wortarten, deren Mitglieder ihre Form im Kontext ändern, und nicht flektierbaren Wortarten, deren Mitglieder in allen Kontexten gleich bleiben. Die flektierbaren Wortarten können wir leicht nach morphologischen Kriterien unterscheiden (mehr dazu im nächsten Abschnitt). Die nicht flektierbaren Wortarten unterscheiden wir nur nach ihrer syntaktischen Funktion.

Präpositionen

Ganz grob: Präpositionen betten eine nominale Konstituente ein. Die daraus sich ergebende präpositionale Konstituente kann eine andere nominale Konstituente, einen Satz oder ein Verb semantisch modifizieren (wie die Adverbien, siehe unten) oder von einem Verb als Objekt gefordert werden (siehe dazu Kapitel 9 bis 11):

*die Suppe **auf** dem Herd*
*ich koche die Suppe **in** der Küche*
*ich vertraue **auf** Bio-Obst*

Konjunktionen

Konjunktionen verbinden Sätze bzw. Teilsätze miteinander:

*Maria kocht eine Suppe, **weil** sie Hunger hat.*
*Maria kauft regionales Gemüse, **damit** die hiesige Landwirtschaft überleben kann.*

Wir betrachten hier nur die subordinierenden, also unterordnenden Konjunktionen, die einen Nebensatz einleiten.

Verbpartikeln

Verbpartikeln (Sg. Verbpartikel, fem.) sind die Elemente, die sich trennbar mit Verben verbinden können. Sie werden nicht von allen Autoren als eigene Wortart angesehen, vgl. LÜDELING (2001).

Adverbien

Adverbien sind schwieriger zu definieren. Sie haben mehrere Funktionen und modifizieren zunächst die Verbhandlung:
*Josef schneidet **immer** die Zwiebeln.*
Außerdem modifizieren sie Adjektive:
*die **fein** abgeschmeckte Suppe.*
Beachten Sie, dass fast alle Adjektive auch adverbial gebraucht werden können:
*Josef schneidet sie Zwiebeln **schnell**.*
Adverbien werden in der ersten Aufgabe genauer behandelt.
Im Folgenden werden wir uns mit den flektierbaren Wortarten Nomen, Artikel, Verb und Adjektiv beschäftigen.

flektierbare Wortarten			nicht flektierbare Wortarten		
Name	**Abkürzung**	**Beispiele (Stamm)**	**Name**	**Abkürzung**	**Beispiele**
Nomen	N	*Tisch, Haus, Suppe*	Präposition	P	*auf, unter, an*
Verb	V	*koch, ess, brat*	Adverb	Adv	*schnell, immer, gestern*
Adjektiv	Adj	*rot, mager, schnell*	Konjunktion	C	*dass, weil, obwohl*
Artikel	D	*der, ein, einige*	Verbpartikel	Part	*auf, an, ab*

Abb. 8.1: In dieser Einführung verwendete Wortarten

3 Kategorien und Paradigmata

Die Elemente flektierbarer Wortarten haben unterschiedliche Wortformen. Man kann jeweils Flexionskategorien finden, deren Werte ein Paradigma aufspannen. Die Kategorien, die dabei eine Rolle spielen, sind sprachspezifisch.

1 Nomina und Artikel

Genus

Jedes Nomen im Deutschen hat ein Genus. Es gibt die drei Genera Masculinum, Femininum und Neutrum, wobei man keine klare Beziehung zwischen Genus und Bedeutung feststellen kann – außer bei Personenbezeichnungen, die oft das Geschlecht des Trägers bzw. der Trägerin anzeigen. Da das Genus sich nicht ändert, nennt man es eine inhärente Flexionskategorie.

Numerus und Kasus

Abhängig vom Kontext werden Nomina im Deutschen nach Numerus und Kasus flektiert. Wir haben zwei Numeruskategorien: Singular und Plural, sowie vier Kasuskategorien: Nominativ, Genitiv, Dativ und Akkusativ. Wir können eine Kreuzklassifikation vornehmen und erhalten für jedes Nomen acht mögliche Kategorien, wie in Abb. 8.2 dargestellt.

	Singular			**Plural**		
Nominativ	*Tisch*	*Suppe*	*Haus*	*Tische*	*Suppen*	*Häuser*
Genitiv	*Tisches*	*Suppe*	*Hauses*	*Tische*	*Suppen*	*Häuser*
Dativ	*Tisch*	*Suppe*	*Haus*	*Tischen*	*Suppen*	*Häuser*
Akkusativ	*Tisch*	*Suppe*	*Haus*	*Tische*	*Suppen*	*Häuser*

Abb. 8.2: Flexionsparadigma für Nomina

Flexionsklasse

Die Pluralbildung im Deutschen wirkt zunächst unsystematisch, vergleicht man sie z.B. mit der Pluralbildung im Englischen oder Türkischen. Wenn man genauer hinschaut, ist sie zwar kompliziert, aber man kann durch Genus und phonologische Struktur bestimmte Flexionsklassen finden, die dann gleich flektiert werden. Eine gute Übersicht finden Sie in WEGENER (1995).

Definitheit/ Indefinitheit

Artikel stehen vor Nomina und bestimmen deren Definitheit. Wir kürzen sie mit D für engl. ‚Determiner' ab, um sie klar von Adj und Adv zu unterscheiden. Mit einem definiten Ausdruck bezeichnet man ein bestimmtes oder bekanntes Element: *die Suppe* bezeichnet eine bestimmte Suppe. Mit einem indefiniten Ausdruck bezeichnet man ein neu eingeführtes, noch nicht bekanntes, beliebiges Element: *eine Suppe* bezeichnet eine noch nicht festgelegte Suppe. Artikel haben die gleichen Flexionskategorien wie Nomina. Hier betrachten wir nur den definiten und den indefiniten Artikel. *Der/die/das* und *ein/eine/ein* sind nicht die einzigen Möglichkeiten, Definitheit oder Indefinitheit auszudrücken:

die/diese/jene *Suppe* – ***eine/keine*** *Suppe*
die/diese/jene *Nudeln* – ***einige/mehrere*** *Nudeln*

Im Singular unterscheiden sich die Formen der Artikel, im Plural nicht.

	Singular			Plural
Nominativ	*der*	*die*	*das*	*die*
Genitiv	*des*	*der*	*des*	*der*
Dativ	*dem*	*der*	*dem*	*den*
Akkusativ	*den*	*die*	*das*	*die*

Abb. 8.3: Flexionsparadigma für Artikel

Synkretismus

Wenn wir die Paradigmata von Nomina und Artikeln betrachten, stellen wir fest, dass sich in den acht möglichen Kästchen nicht acht unterschiedliche Formen befinden; es gibt kein Nomen im Deutschen, das acht verschiedene Formen hat. Formen in verschiedenen Kästchen fallen zusammen. Das nennt man Synkretismus. Für die Eindeutigkeit ist Synkretismus problematisch – woher weiß man in einem bestimmten Kontext, was gemeint ist? Manchmal hilft die Kombination aus Artikel und Nomen: *der Tisch* vs. *dem Tisch* vs. *den Tisch*. Das funktioniert aber nicht immer, vor allem nicht im Plural. In Zweifelsfällen kann nur der Kontext helfen, in der gesprochenen Sprache auch die Prosodie. Wenn Sie die folgenden Sätze laut sprechen, merken Sie den Unterschied:
Den Vater liebt die Tochter nicht. Die Mutter liebt die Tochter.
Die Mutter liebt den Sohn nicht. Die Mutter liebt die Tochter.

HINTERGRUND

Wie werden fremde Wörter in die Flexionsmorphologie integriert? Flexionskategorien müssen immer ausgedrückt werden. Es ist nicht möglich, im Deutschen ein Nomen zu verwenden, bei dem Genus, Numerus und Kasus nicht angegeben sind. Wenn wir ein fremdes Nomen integrieren, müssen wir ihm zunächst ein Genus zuweisen. Bei Sprachen, die ein vergleichbares Genussystem haben, werden die ursprünglichen Genera oft übernommen: *die Pizza, der Cappuccino*. Bei Sprachen, die ein anderes oder kein Genussystem haben, muss bei der Integration ein Genus vergeben werden. Zur Zeit entlehnt das Deutsche viel aus dem Englischen, das keine Genera vergibt. Woher weiß man, welches Genus neu integrierte Wörter haben? Was ist mit *E-Mail, File, Penalty* oder *Grid*?
Diese Frage ist nicht einfach zu beantworten, weshalb hier manchmal Unsicherheit herrscht. Die Genusvergabe resultiert aus einer Mischung von mehreren Kriterien: phonologischen Kriterien (einsilbige Wörter werden selten Femininum), Übersetzungen (*das Business* wg. *das Geschäft*) und morphologischen Kriterien (*der Computer*, weil das englische Suffix *-er* an das deutsche Suffix *-er* erinnert). Die Kriterien führen oft nicht zu eindeutigen Ergebnissen, vgl. Köpcke & Zubin (1995). Verben werden viel leichter integriert und haben meistens sofort alle Flexionsformen. Problematisch sind nur solche Verben, die als komplex wahrgenommen werden und bei denen man dann nicht genau weiß, ob sie als Präfix- oder als Partikelverben integriert werden: *downgeloadet* vs. *gedownloadet*, siehe Siekmeyer (2007).

2 Adjektive

Starke, schwache und gemischte Adjektivflexion

Adjektive modifizieren Nomina. Sie flektieren nach Genus, Numerus und Kasus wie die Nomina. Außerdem beeinflusst der vorangehende Artikel die Form. Wir unterscheiden starke, schwache und gemischte Formen (hier sind jeweils die Nominativ- und die Dativformen angegeben, weil man dann die Gemischtheit der gemischten Kategorie gut sieht):

- stark: Ohne Artikel, wie in *leckerer Auflauf, leckerem Auflauf.*
- schwach: Mit definitem Artikel, wie in *der leckere Auflauf, dem leckeren Auflauf.*
- gemischt: Mit indefinitem Artikel (*ein, kein*, etc.), wie in *ein leckerer Auflauf, einem leckeren Auflauf.*

Außerdem können Adjektive noch nach ihrem Grad flektiert werden:

- positiv: *lecker*
- komparativ: *leckerer*
- superlativ: *leckerster, am leckersten*

Wenn wir eine Kreuzklassifikation aller Kategorien vornehmen, erhalten wir nur für die attributiven Adjektive 216 Felder. Die Tabellen würden hier den Raum sprengen, siehe aber die Angaben im folgenden TIPP.

TIPP

Vollständige Flexionstabellen finden Sie in allen gängigen Grammatiken und online unter http://www.canoo.net/. Hier können Sie sich die Flexionsparadigmata für beliebige Wörter anzeigen lassen.

3 Verben

Vollverben, Hilfsverben und Modalverben

Verben können aufgeteilt werden in Vollverben, Hilfsverben (Auxiliare) und Modalverben. Die Vollverben wiederum werden in starke (unregelmäßige) und schwache (regelmäßige) eingeteilt. Vorsicht: Stark/schwach bedeutet hier etwas anderes als bei den Adjektiven.

Tempus

Vollverben flektieren im Deutschen nach Person, Numerus, Tempus, Modus und Genus Verbi. Es gibt drei Werte für Person: 1. (*ich, wir*), 2. (*du, ihr*), 3. (*er/sie/es, sie*) und zwei Werte (Singular, Plural) für Numerus. Diese beiden Kategorien sind für den syntaktischen Kontext wichtig.
Die anderen Kategorien fügen der Verbbedeutung zusätzliche Information hinzu (siehe z.B. Thieroff 1992). Sie werden nicht von der Syntax gefordert, sondern variieren je nach Mitteilungsbedürfnis. Das Tempus ermöglicht es uns zu sagen, wann eine Handlung stattfindet. Tempus Präsens: Etwas findet jetzt gerade statt; Vergangenheitstempora: Etwas hat bereits vorher stattgefunden; Tempus Futur: Etwas wird später stattfinden.

Josef schneidet die Zwiebeln jetzt.
Josef schnitt die Zwiebeln gestern./Josef hat die Zwiebeln gestern geschnitten.
Josef wird morgen die Zwiebeln schneiden.

Ganz so einfach ist es aber nicht. Nicht immer bestimmt die Form auch die Bedeutung. Das Präsens zum Beispiel kann auch in Vergangenheits- oder Zukunftskontexten verwendet werden.

Komm ich doch gestern in die Küche ...
Ich schneide die Zwiebeln morgen.

Flexionsformen schwacher Verben

Beim Tempus muss man zwischen morphologisch einfachen Formen wie Präsens und Präteritum sowie zusammengesetzten Formen unterscheiden, bei denen ein Auxiliar (Hilfsverb) zusammen mit einem Partizip oder Infinitiv das Tempus anzeigt. Abb. 8.4 zeigt einige Flexionsformen von schwachen Verben.

Person und Numerus	Präsens	Präteritum	Perfekt (Auxiliar *haben* oder *sein*)	Plusquamperfekt (Auxiliar *haben* oder *sein* im Präteritum)	Futur I (Auxiliar *werden*)	Futur II (Auxiliar *werden* + *haben* oder *sein*)
1. Sg. (ich)	*koche*	*kochte*	*habe gekocht*	*hatte gekocht*	*werde kochen*	*werde gekocht haben*
2. Sg. (du)	*kochst*	*kochtest*	*hast gekocht*	*hattest gekocht*	*wirst kochen*	*wirst gekocht haben*
3. Sg. (er/sie/es)	*kocht*	*kochte*	*hat gekocht*	*hatte gekocht*	*wird kochen*	*wird gekocht haben*
1. Pl. (wir)	*kochen*	*kochten*	*haben gekocht*	*hatten gekocht*	*werden kochen*	*werden gekocht haben*
2. Pl. (ihr)	*kocht*	*kochtet*	*habt gekocht*	*hattet gekocht*	*werdet kochen*	*werdet gekocht haben*
3. Pl. (sie)	*kochen*	*kochten*	*haben gekocht*	*hatten gekocht*	*werden kochen*	*werden gekocht haben*

Abb. 8.4: Flexionsparadigma für ein schwaches (regelmäßiges) Verb, Indikativ, Aktiv

Man kann aus solchen Tabellen allgemeine Angaben ableiten, wie in Abb. 8.5 für das Präsens illustriert. Die Endungen unterscheiden sich in einigen Tempora bei starken und schwachen Verben. Bei starken (unregelmäßigen) Verben kommt oft noch ein Vokalwechsel im Stamm hinzu. Dann spricht man z.B. von einem Präsensstamm (*komm, schlaf*) und einem Präteritumstamm (*kam, schlief*).

Person und Numerus	Präsens	
1. Sg. (ich)	Stamm	*-e*
2. Sg. (du)		*-st*
3. Sg. (er/sie/es)		*-t*
1. Pl. (wir)		*-en*
2. Pl. (ihr)		*-t*
3. Pl. (sie)		*-en*

Abb. 8.5: Flexionsschema für schwache Verben, Präsens, Indikativ, Aktiv

Modus

Der Verbmodus teilt sich auf in Indikativ und Konjunktiv. Grob zusammengefasst: Im Präsens wird der Modus markiert durch die Einfügung des Schwa-Lauts (Indikativ: *du kommst* – Konjunktiv: *du kommest*; das Schwa wird oft getilgt und es gibt noch weitere Regelmäßigkeiten). Im Präteritum wird, wenn möglich, zusätzlich umgelautet (Indikativ: *er kam* – Konjunktiv: *er käme*).

HINTERGRUND

Der Verbmodus wird zum Ausdruck einer bestimmten Modalität verwendet. Ganz grob: Mit dem Indikativ teilt man ein Faktum mit. Der Konjunktiv I (realis) wird für die indirekte Rede verwendet; hierbei drückt er eine neutrale oder zustimmende Sprecherhaltung aus. Der Konjunktiv II (irrealis) markiert, dass der Sprecher einen (wiedergegebenen) Sachverhalt für nicht zutreffend hält.

Josef schläft. → ich habe es selber gesehen
Maria sagt, Josef schlafe. → ich glaube Maria
Maria sagt, Josef schliefe. → ich glaube Maria nicht

Vorsicht: Genau wie bei dem Unterschied zwischen Tempus und Temporalität muss man auch bei Modus und Modalität genau zwischen Form und Bedeutung unterscheiden.

Genus Verbi

Im Genus Verbi haben wir auch zwei Werte, das Aktiv und das Passiv. Im Aktiv wird meistens ausgedrückt, dass eine handelnde Person (Agens) etwas mit einem Gegenstand oder einer anderen Person (Thema oder Patiens) macht. Im Passiv wird ausgedrückt, dass etwas mit dem Patiens oder Thema geschieht, das Agens muss nicht erwähnt werden, kann aber mit einer *von*-Konstituente ergänzt werden.

Josef schneidet die Zwiebeln.
Die Zwiebeln werden (von Josef) geschnitten.

Das Passiv wird mit dem Auxiliar *werden* gebildet. (Manche Grammatiken unterscheiden zwischen einem *werden*-Passiv und einem *sein*-Passiv.) Zusätzlich gibt es noch den Infinitiv (*schneiden*), das Partizip Präsens (*schneidend*), das Partizip Perfekt (*geschnitten*), den Imperativ Singular (*schneide!*) und den Imperativ Plural (*schneidet!*). Die Flexionsparadigmata sind wieder zu groß, um hier vollständig aufgeführt werden zu können (siehe TIPP oben).

Modalverben (*dürfen, können, mögen, müssen, sollen, wollen*), Präfix- oder Partikelverben, die mit diesen gebildet sind (*bedürfen, durchmüssen*) und das Verb *wissen* verhalten sich etwas anders. Sie verwenden zum Beispiel im Präsens die Präteritumsendungen von starken Verben, wie die folgende Abbildung zeigt.

<table>
<tr><th>Person und Numerus</th><th colspan="2">Präteritum starke Verben</th><th colspan="2">Präsens Modalverben</th></tr>
<tr><td>1. Sg. (ich)</td><td rowspan="6">Präteritumsstamm
kam
schlief
…</td><td>*ø*</td><td rowspan="6">Stamm
darf
will…</td><td>*ø*</td></tr>
<tr><td>2. Sg. (du)</td><td>*-st*</td><td>*-st*</td></tr>
<tr><td>3. Sg. (er/sie/es)</td><td>*ø*</td><td>*ø*</td></tr>
<tr><td>1. Pl. (wir)</td><td>*-en*</td><td>*-en*</td></tr>
<tr><td>2. Pl. (ihr)</td><td>*-t*</td><td>*-t*</td></tr>
<tr><td>3. Pl. (sie)</td><td>*-en*</td><td>*-en*</td></tr>
</table>

Abb. 8.6: Präteritum bei starken Verben und Präsens bei Modalverben, Aktiv, Indikativ

4 Abbildung von Form und Funktion

Portemanteaumorpheme

In der konkatenativen Wortbildung (Kapitel 7) kann man immer ein Morphem (eigentlich ein Allomorph) einer Funktion oder Bedeutungseinheit zuordnen. In *haus•tür* tragen sowohl *haus* als auch *tür* etwas zur Bedeutung bei, in *les•ung* haben wir den Verbstamm *les*, der die Hauptbedeutung trägt, und das Suffix *-ung*, das die Nominalisierung ausmacht. Wir können ungefähr von einer 1:1-Abbildung von Form auf Funktion ausgehen. In der Flexion ist das anders. Wenn wir uns die Präteritalendungen der schwachen Verben anschauen (zum Beispiel 1. und 3. Person Sg. *-te*), können wir nicht entscheiden, ob das *-t-* die Information Tempus (*lache – lachte*), die Information Numerus oder die Information Person (*lacht – lachte*) beisteuert. Genauso wenig können wir das für das *-e* entscheiden. Wir können nur feststellen, dass *-te* insgesamt die Information 1. oder 3. Person Sg. Präteritum, Aktiv, Indikativ trägt. Solche Elemente, bei denen eine Form mehrere Funktionen trägt, nennt man Portemanteaumorpheme bzw. ‚Kleiderständermorpheme' (wobei der Morphemstatus zu klären wäre).

Manchmal wird eine Funktion auch durch mehrere Formelemente abgebildet, wie zum Beispiel beim Plural von *Mann*. Der Plural wird markiert durch eine Endung *-er* und die Umlautung im Stamm: *Männer*.

5 Inhärente Flexion, regierte Flexion und Kongruenz

Funktionen von Flexion

In den nächsten Kapiteln geht es um die Syntax, also das Zusammenfügen von Wörtern zu Sätzen. Viele Informationen aus der Flexion dienen der Markierung von syntaktischen Informationen. Man muss ja in einem Satz erkennen, welche Elemente zusammengehören und welche Funktionen, z.B. Subjekt oder Objekt, sie haben. Daher betrachten wir hier die Funktionen der Flexion noch einmal genauer:

Inhärente Flexionskategorien

- Inhärente Flexionskategorien, z.B. Genus bei Nomina oder Definitheit bei Artikeln: Diese Informationen gehören zum Lemma und ändern sich nie. Sie können aber durchaus Auswirkungen auf andere Elemente in ihrer Umgebung haben.

Kontextuelle Flexionskategorien

- Freie Kategorien, z.B. Modus oder Tempus bei Verben. Solche Kategorien sind nicht durch die Syntax vorgegeben, sondern durch das Informationsziel. Nichts im Satzkontext verlangt, dass ich sage *Josef kocht Kartoffeln* und nicht *Josef kochte Kartoffeln*.

Regierte Flexionskategorien

- Regierte Kategorien, wie zum Beispiel der Kasus bei nominalen Konstituenten in einer präpositionalen Konstituente. So ist bei *in dem Haus* der Dativ *dem Haus* von der Präposition regiert. In regierten Kategorien wird von einem Element (hier: *in*) ein bestimmter Wert (hier: Dativ) verlangt, ohne dass das regierende Element diesen Wert auch trägt. Durch Rektion wird Abhängigkeit aufgezeigt. Alles, was im Dativ steht, ist abhängig von der Präposition. (Neben Präpositionen kann Kasus auch von Verben und deverbalen Elementen vergeben werden.)

Kongruenz

- Bei der Kongruenz schließlich wird von einem Element ein Merkmal an andere Elemente in seiner Umgebung weitergegeben. Alle betroffenen Elemente tragen dann das gleiche Merkmal. Subjekt und Verb sind im Deutschen kongruent bezüglich des Numerus: *Josef lacht, Maria und Josef lachen*. Alle Elemente in einer nominalen Konstituente sind kongruent bezüglich Kasus, Genus und Numerus: *der leckere Pudding, die gefüllten Ostereier*. Die Kongruenz markiert also Zusammengehörigkeit.

Man kann sich bei jeder Kategorie fragen, welche Funktion sie hat. Dieselbe Kategorie kann unterschiedlich motiviert sein. Ich möchte das an dem Satz *der Vater kocht eine große Kartoffel* in Abb. 8.7 verdeutlichen.

der	Vater	kocht	eine	große	Kartoffel
definit			**indefinit**		
				gemischt	
	Masculinum				**Femininum**
MASCULINUM				FEMININUM	
		3. Person			3. Person
		Singular			Singular
	SINGULAR			SINGULAR	
	Nominativ				*Akkusativ*
NOMINATIV				AKKUSATIV	
		Präsens			
		Indikativ			
		Aktiv			

Abb. 8.7: Funktionen von Flexionskategorien, fett: inhärent; blau: frei; kursiv: regiert; Großbuchstaben: Kongruenz. Die Abhängigkeiten gelten von oben nach unten.

6 Zusammenfassung

Die Flexion ist dafür zuständig, aus abstrakten Lemmata konkrete Wortformen zu bilden. Einige Eigenschaften dieser Wortformen sind in der Syntax wichtig; die Flexion bildet daher die Schnittstelle von der Morphologie zur Syntax. Andere Eigenschaften ergänzen die Grundbedeutung der jeweiligen Lemmata. Flexionskategorien sind sprachspezifisch. Die Kategorien gelten jeweils für eine Wortart und spannen für diese Wortart ein Paradigma auf.

7 Fragen und Aufgaben

- Vergleichen Sie die Definitionen für die Wortart ‚Adverb' in mindestens drei verschiedenen Grammatiken. Welche syntaktischen, morphologischen und semantischen Kriterien werden jeweils herangezogen? Welches sind die Problemfälle?
- Geben Sie die Flexionskategorien für die Wörter in dem folgenden Satz an und bestimmen Sie die Funktion jeder Kategorie als inhärent, kontextuell, regiert oder kongruent:
  Eine freundliche Köchin holt Kräuter aus dem Garten.

1 Wörter zu Sätzen

In diesem und den folgenden beiden Kapiteln geht es um die Syntax, also um die Zusammensetzung von Wörtern zu komplexeren Strukturen wie Phrasen oder Sätzen. Wie in allen anderen Bereichen muss man auch in der Syntax zunächst die kleinsten Einheiten bestimmen und dann die Regularitäten beschreiben, mit denen die Einheiten kombiniert werden können. In diesem Kapitel werden wir – ausgehend von schulgrammatischen Ansätzen und Begriffen, die Sie kennen – die Einheiten und Regularitäten zunächst beschreiben. In Kapitel 10 und 11 werden sie dann in einen theoretischen Rahmen eingefügt. Am Ende von Kapitel 11 können Sie Hauptsätze und untergeordnete Nebensätze analysieren.

2 Syntaktische Konstituenten

Die folgenden Sätze werden syntaktisch alle gleich analysiert. Die kleinsten Einheiten, mit denen wir es zu tun haben, sind nicht die Wörter, sondern die Wortartkategorien (vgl. Abschnitt 2 in Kapitel 8). Namen können als Nomen analysiert werden.

Martha	*backt*	*das*	*Brot*	*in*	*der*	*Backstube.*
Maria	*brät*	*das*	*Fleisch*	*auf*	*dem*	*Hof.*
Josef	*kocht*	*den*	*Fisch*	*in*	*der*	*Küche.*
N	*V*	*D*	*N*	*P*	*D*	*N*

Wenn Sie die Sätze laut vorlesen, merken Sie, dass Sie an bestimmten Stellen eher Pausen machen können als an anderen – dieser Test funktioniert übrigens noch besser bei längeren Sätzen. Das ist ein erster Hinweis darauf, dass bestimmte Elemente enger zusammengehören als andere.

Martha	*backt*	*das Brot*	*in der Backstube.*
Maria	*brät*	*das Fleisch*	*auf dem Hof.*
Josef	*kocht*	*den Fisch*	*in der Küche.*

Ein weiterer Hinweis ist, dass bestimmte Folgen ausgetauscht werden können, ohne dass der Satz ungrammatisch wird.

Man kann noch weitergehen: Die Elemente in der dritten und vierten Spalte können ausgebaut werden. Die Elemente in der ersten Spalte müssen nicht unbedingt Namen sein, sondern können auch anders aussehen. Trotzdem bleiben die Sätze grammatisch.

Martha	*backt*	*das Brot*	*in der Backstube.*
Martha	*backt*	*Brot*	*in der Backstube.*
Die neue Bäckerin	*backt*	*das knusprige Brot*	*in der großen Backstube.*
Die nette Bäckerin, die wir gestern eingestellt haben,	*backt*	*das knusprige Brot, das sich immer so gut verkauft,*	*in der großen Backstube, die dringend renoviert werden muss.*

Konstituenten

Die Elemente in den einzelnen Spalten nennt man Konstituenten oder Phrasen. Eine Konstituente kann ein einzelnes Wort enthalten, sie kann aber auch komplex sein. Sie kann allerdings nicht beliebige Wörter in beliebiger Reihenfolge enthalten: Die Sätze in der folgenden Tabelle sind keine Sätze des Deutschen, sondern sind ungrammatisch. Sie können von der Grammatik des Deutschen nicht erzeugt oder beschrieben werden.

**Bäckerin neue die*	*backt*	*Brot das knusprige*	*Backstube großen der in*
**Bäckerin gestern eingestellt*	*backt*	*Brot das knusprige*	*sich Brot knusprige das das verkauft gut immer der die in muss renoviert großen dringend Backstube*
**neue*	*backt*	*knusprige*	*großen*

In diesem Kapitel werden wir uns also mit den folgenden drei Themen beschäftigen:

(1) Wie kann man Konstituenten in einem Satzgefüge isolieren?

(2) Welche Typen von Konstituenten gibt es und wie können diese intern aufgebaut sein? Welche Wortarten können in einer Konstituente eines bestimmten Typs vorkommen? In welcher Reihenfolge?

(3) Wie können die Konstituenten zusammengesetzt werden? Welche Funktionen haben die Konstituenten in einem Satz?

1 Konstituententests

Konstituentenbestimmung

Wie findet man die Konstituenten in einem Satzgefüge? Dazu gibt es Diagnostiken, die einzeln nicht immer funktionieren, aber gemeinsam doch die Konstituenten bestimmen. Ich stelle drei von ihnen vor: die Ersetzungsprobe, die Frageprobe und die Umstellungsprobe. Für eine ausführlichere Diskussion siehe GREWENDORF, HAMM & STERNEFELD (1991, Kapitel IV), WELKE (2007, Kapitel 3) oder MUSAN (2008).

Ersetzungsprobe

Die Ersetzungsprobe haben wir oben schon implizit verwendet. Wir hatten angenommen, dass alle Folgen, die durcheinander substituierbar sind, ohne dass ein Satz ungrammatisch wird, Konstituenten sind. Daraus ergibt sich, dass [Martha], [die neue Bäckerin], oder [die nette Bäckerin, die wir gestern eingestellt haben] Konstituenten sind und [die neue] alleine keine Konstituente ist.

Frageprobe

Die Frageprobe sagt, dass man mit einer Ergänzungsfrage nach einer Konstituente fragen kann.

Die Köchin schneidet den Fisch in der Küche.	
Wer schneidet den Fisch in der Küche?	*Die Köchin.*
Was schneidet die Köchin in der Küche?	*Den Fisch.*
Wo schneidet die Köchin den Fisch?	*In der Küche.*

[die Köchin], [den Fisch] und [in der Küche] sind also Konstituenten.

Umstellungsprobe

Die Umstellungsprobe sagt, dass man ganze Konstituenten umstellen kann, aber nicht Teile von Konstituenten.

Den Fisch schneidet die Köchin in der Küche
In der Küche schneidet die Köchin den Fisch
**den Fisch schneidet die in der Küche Köchin*
**in der die Köchin schneidet den Fisch Küche*

Auch dieser Test ergibt, dass [die Köchin] eine Konstituente sein muss. [die] und [Köchin] sind keine Konstituenten.

2 Interne Struktur von Konstituenten

Zurück zu den oben angeführten Beispielen: Wenn wir jeweils die Wortarten der Konstituenten in der ersten und dritten Spalte betrachten, stellen wir fest, dass beide Konstituenten gleich aufgebaut sind. Ich verwende hier RELATIVSATZ als abkürzende Schreibweise; man kann den Relativsatz natürlich auch noch genauer beschreiben.

N	*Martha, Brot*
D N	*die Bäckerin, das Brot*
D ADJ N	*die neue Bäckerin, das knusprige Brot*
D N RELATIVSATZ	*die Bäckerin, die wir gestern eingestellt haben*

Nominalphrase

Wir können weiter spielen, zum Beispiel beliebig viele Adjektive einführen (*die neue, gute, schwarzhaarige, junge, freundliche, ..., Bäckerin*) etc. Wir können die interne Struktur der Konstituente mit einem Regelsatz beschreiben, wie wir ihn schon in den Kapiteln 3 und 7 kennen gelernt haben. Die Konstituente, die wir hier beschreiben, enthält obligatorisch immer ein Nomen – alle anderen Elemente sind optional. Daher nennen wir sie nominale Konstituente oder Nominalphrase, abgekürzt NP. Wie auch schon vorher, zeigen die Klammern Optionalität. Ich verwende hier hinter ADJ ein ‚+', das andeuten soll, dass es beliebig viele Adjektive geben kann. (Das ‚+' ist formal eigentlich nicht zulässig – in Kapitel 10 werden wir sehen, dass man eine regelkonforme Formulierung finden kann.)

NP → (D) (ADJ+) N (RELATIVSATZ)

Durch die formale Beschreibung von NPs in unserem Regelapparat können wir nun auch ausdrücken, dass NPs NPs modifizieren:

die Köchin des Hotels/die Köchin des neuen Hotels, das wir gesehen haben
NP → (D) N (NP)

Rekursivität

Die Regel ist rekursiv: Eine Konstituente, die auf der linken Seite steht, taucht auch auf der rechten Seite auf; siehe auch die Definition von Rekursivität in Kapitel 3. Daher lassen sich im Prinzip unendlich lange NPs erzeugen.

der Stoff der Kochmütze der Köchin des Hotels der Kleinstadt …

Man kann die Phrasen in eckige Klammern einfassen, die mit dem jeweiligen Phrasentyp bezeichnet werden. Wie wir in Kapitel 3 gesehen haben, erklären die Regeln, wie die jeweiligen Phrasen aufgebaut sind. Das heißt, dass bei *der Stoff der Kochmütze* die NP *der Kochmütze* innerhalb der gesamten NP steht.

$[\textit{der Stoff}]_{NP}$
$[\textit{der Stoff} [\textit{der Kochmütze}]_{NP}]_{NP}$

Wenn Sie die Umstellprobe auf solche komplexen NPs anwenden, bemerken Sie, dass sich jeweils nur die größte NP umstellen lässt; die inneren NPs sind nicht eigenständig.

Präpositionalphrase

Neben den Nominalphrasen gibt es noch weitere Typen von Phrasen, die jeweils nach ihrem wichtigsten und meistens obligatorischen Element benannt sind: So gibt es zum Beispiel Präpositionalphrasen oder Adjektivphrasen. Präpositionalphrasen, abgekürzt PP, enthalten NPs. Die Präposition bestimmt den Kasus der inneren NP.

$[\textit{auf} [\textit{dem Backblech}]_{NP}]_{PP}$, $[\textit{in} [\textit{der Küche}]_{NP}]_{PP}$,
$[\textit{neben} [\textit{dem Herd}]_{NP}]_{PP}$, $[\textit{unter} [\textit{dem Schrank}]_{NP}]_{PP}$
PP → P NP

Adjektivphrase

Adjektivphrasen, abgekürzt AdjP, können neben den obligatorischen Adjektiven zum Beispiel auch Adverben, Nominalphrasen oder Präpositionalphrasen enthalten.

[*lecker*]$_{AdjP}$
[*frei* [*von* [*Salz*]$_{NP}$]$_{PP}$]$_{AdjP}$
[[*von* [*dem Vater*]$_{NP}$]$_{PP}$ *abgeschmeckt*]$_{AdjP}$
AdjP → A (NP)
AdjP → (PP) A

So ergänzen wir nun unsere Nominalphrasenregeln um eine weitere Regel:

[*das* [[*von* [*dem Vater*]$_{NP}$]$_{PP}$ *abgeschmeckte*]$_{AdjP}$ *Gemüse*]$_{NP}$
NP → (DET) (AdjP) N

Wie haben jetzt gesehen, wie man Konstituenten finden und ihre interne Struktur beschreiben kann, wir kennen also die Form. Beachten Sie aber: In Wirklichkeit sind alle Phrasentypen komplexer, als ich es hier dargestellt habe. Im folgenden Abschnitt beschäftigen wir uns mit zwei Funktionen, die Phrasen in einem Satzgefüge ausüben.

3 Argumentstruktur und Modifikation

Wir fügen nun dem Satz *Josef kocht den Fisch in der Küche* neben den Wortarten für die einzelnen Wörter einige Phrasenbezeichnungen hinzu.

				PP		
NP		*NP*			*NP*	
N	*V*	*D*	*N*	*P*	*D*	*N*
Josef	*kocht*	*den*	*Fisch*	*in*	*der*	*Küche*

intransitive, transitive und ditransitive Verben

Noch wissen wir nicht, wie das Verb bezeichnet werden soll. Wir stellen aber fest, dass es vom Verb abhängt, wie viele und welche anderen Phrasen in einem Satz vorkommen müssen, damit ein Satz grammatisch ist. *Verwelken* verlangt genau eine NP im Nominativ. Verben, die nur ein Subjekt brauchen, heißen intransitiv. *Verkaufen* verlangt zwei NPs, eine im Nominativ und eine im Akkusativ. Verben, die neben dem Subjekt noch ein Akkusativobjekt brauchen, heißen transitiv. *Geben* verlangt drei NPs, eine im Nominativ, eine im Akkusativ und eine im Dativ. Solche Verben heißen ditransitiv.

Der Salat verwelkt.	**Josef verwelkt den Salat*
Josef verkauft den Fisch.	**Josef verkauft.*
Josef gibt Maria einen Salat.	**Josef gibt Maria.*
	**Josef gibt einen Salat.*

Es gibt auch Verben, die PPs verlangen, zum Beispiel *beharren*, das eine PP mit *auf* braucht.

Josef beharrt auf frischem Knoblauch.

Argument

Die NPs oder PPs, die ein Verb verlangt, heißen Argumente des Verbs. Das Verb spezifiziert in seiner Argumentstruktur, wie viele Argumente es braucht und wie diese aussehen müssen (Phrasentyp, Kasus). NP-Argumente im Nominativ heißen Subjekt, NP-Argumente im Akkusativ oder Dativ heißen Akkusativobjekt oder Dativobjekt. Jedes Argument kann nur einmal gesättigt werden.

**Josef isst den Fisch den Braten.*

Die Argumentstruktur wird in Kapitel 12 noch ausführlicher behandelt. Ein Satz kann natürlich weitere Phrasen enthalten. Diese können aber weggelassen werden, ohne dass der Satz ungrammatisch wird.

Josef verkauft den Fisch auf dem Markt um elf Uhr mit einem hohen Gewinn …

Adjunkt

Die Phrasen, die keine Argumente sind, heißen Adjunkte oder freie Angaben. Sie können andere Phrasen modifizieren und sich auf unterschiedliche Elemente in der Satzstruktur beziehen. Betrachten Sie die beiden folgenden Sätze. Im ersten Satz modifiziert *in der Küche* die gesamte Tätigkeit des Fischkochens. Im zweiten Satz modifiziert *in einem großen Topf* den Fisch: nur der Fisch befindet sich in dem Topf. *Müde* modifiziert *Josef* – nur Josef ist müde.

Josef kocht den Fisch in der Küche.
Josef kocht den Fisch in einem großen Topf.
Josef kocht den Fisch müde.

Argument von ‚kocht': Subjekt		Argument von ‚kocht': direktes Objekt		Adjunkt, Modifikation von ‚Josef kocht den Fisch'		
NP		NP		PP		
N	V	DET	N	P	DET	N
Josef	kocht	den	Fisch	in	der	Küche

4 Argumente von Nomina und Adjektiven

Haben nur Verben eine Argumentstruktur? Was ist mit Nomina und Adjektiven? Betrachten Sie einmal die folgenden Wörter:

Vater, Chefin, Bewertung, Wahl	*Tisch, Rotkohl*	
stolz, abhängig	*lecker, grün*	

Die Wörter auf der rechten Seite bezeichnen etwas ‚Abgeschlossenes', die Wörter auf der linken Seite hingegen verlangen semantisch ein Argument. Ein Vater ist immer Vater von jemandem. Dasselbe gilt für *Chefin*: Man ist erst Chefin, wenn man Chefin von jemandem ist.

Relationale Nomina

Solche Nomina heißen relational, weil sie eine Relation angeben. *Bewertung* und *Wahl* sind ähnlich: Beide sind von Verben abgeleitet und tragen die Argumentstruktur der zugrunde liegenden Verben: Bewertung von etwas, Wahl von etwas/jemandem.
Auch die Adjektive *stolz* und *abhängig* haben Argumente. Man ist stolz auf etwas/jemanden oder abhängig (wieder deverbal) von etwas/jemandem.
Man kann jetzt zu Recht einwenden, dass das Weglassen der Argumente bei Nomina und Adjektiven nicht notwendigerweise zu ungrammatischen Strukturen führt. Man kann sagen *wer ist hier die Chefin?* oder *er war jahrelang abhängig*. Aber: In diesen Fällen wird aus dem sprachlichen oder außersprachlichen Kontext klar, dass die Chefin Chefin von jemandem ist und welche Abhängigkeit beschrieben wird. Bei Adjektiven und Nomina ist es leichter möglich als bei Verben, die Argumente aus dem Kontext zu verstehen. Wie bei den Verben kann eine Argumentstelle nicht mehrfach vergeben werden: **die Chefin von Maria von Josef*, **abhängig von Schokolade von Schlagsahne*.

TIPP

Wenn Sie einen Satz analysieren sollen, können Sie in mehreren Schritten vorgehen:
1) Bestimmen Sie die Wortarten der einzelnen Wörter.
2) Bestimmen Sie die Phrasen.
3) Bestimmen Sie die Argumente und Adjunkte der einzelnen Elemente.
4) Bestimmen Sie die Modifikationsbeziehungen.

3 Satztypen und Stellungsfeldermodell

Wir können nun Phrasen erkennen, sie intern beschreiben und ihre Funktion bestimmen. Bevor wir eine formale Analyse vornehmen, müssen wir noch über Satztypen und Wortstellung sprechen.
Sprachen haben verschiedene Strategien dafür, die oben angeführten Funktionen der Konstituenten zu markieren. Es muss erkennbar sein, was Subjekt oder was Objekt ist. In einigen Sprachen, wie zum Beispiel im Lateinischen, werden die Funktionen durch Kasusendungen angezeigt. Die Kasus sind eindeutig: Der Nominativ bezeichnet das Subjekt, der Akkusativ ein Objekt etc. Daher ist die Wortstellung relativ frei. Übrigens wird in der Linguistik immer der Begriff ‚Wortstellung' verwen-

det, obwohl es eigentlich um ‚Phrasenstellung' geht – die Wörter innerhalb der Phrasen lassen sich ja nicht frei umstellen.
In anderen Sprachen, wie z. B. dem Englischen, gibt es keine Kasusendungen. Die Funktion kann nur durch die Wortstellung angezeigt werden: vgl. die unterschiedliche Funktion von *the man* in *the man loves the woman* und *the woman loves the man*. (Im ersten Satz muss *the man* als Subjekt analysiert werden, im zweiten als Objekt.) Das Deutsche hat eine Mittelstellung zwischen fester und freier Wortstellung: Es hat Kasusendungen (aber nicht so ausgeprägt wie z. B. das Lateinische, in dem die Wortstellung dann fast komplett frei ist). Die Wortstellung ist zum Teil frei, aber nicht völlig. Im Folgenden geht es darum, die Regularitäten im Deutschen zu finden.

Betrachten Sie die Sätze in Abb. 9.1. Die Konstituenten sind in verschiedene Felder eingeordnet: Vorfeld, linke Satzklammer usw. Man redet daher von dem Stellungsfeldermodell oder dem topologischen Modell, vgl. Drach (1937) und Dürscheid (1989). Die ersten Sätze in Abb. 9.1 sind Hauptsätze und Ergänzungsfragen, die nächsten Nebensätze, dann folgen eine Entscheidungsfrage und ein Imperativ.

Hauptsätze
Verb-zweit-Sätze

Bei Hauptsätzen hat das Verb seinen Platz immer an der zweiten Stelle. Vor dem Verb befindet sich also nur eine Phrase (die möglicherweise aus mehreren Wörtern besteht). Es spielt dabei keine Rolle, was für eine Phrase das ist. Hauptsätze nennt man daher auch Verb-zweit-Sätze. Ein Satz, in dem zwei Phrasen vor dem finiten Verb stehen, ist ungrammatisch.

**Josef den Fisch brät in Olivenöl.*

Bei Ergänzungsfragen steht das Fragewort (das dann eine Phrase repräsentiert) vor dem finiten Verb.
Manchmal hat man kein einfaches Verb, sondern einen verbalen Komplex, der aus mehreren Elementen besteht: zum Beispiel aus einem Auxiliar (Hilfsverb) und einem Vollverb (*hat gebraten*), einem Modalverb und einem Vollverb (*will braten*) oder aus einem Verb und seiner Partikel (*brät an*). Dann steht der finite Teil, der Informationen über Person, Tempus etc. trägt, immer an zweiter Stelle und der infinite Teil oder die Partikel folgen später. Die verbalen Elemente bilden eine Klammer.

Nebensätze
Verb-letzt-Sätze

In Nebensätzen befindet sich der finite Teil des Verbkomplexes immer am Ende, weshalb man sie als Verb-letzt-Sätze bezeichnet. Das Verb besetzt die rechte Satzklammer und eine subordinierende Konjunktion die linke. Hier bilden also Konjunktion und Verb die Klammer. Dies ist eine weitere Regularität des Deutschen: Die linke Satzklammer kann nur entweder durch das finite Verb besetzt werden oder durch eine Konjunktion.

Verb-erst-Sätze

Wir haben festgestellt, dass in Hauptsätzen vor dem finiten Verb nur eine Konstituente steht. Fragesätze (Entscheidungsfragen) und Imperative besitzen ein leeres Vorfeld und werden dementsprechend Verb-erst-Sätze genannt.
Wir haben nun die Beschränkungen für das Vorfeld und die Satzklammern formuliert. Was ist mit dem Nachfeld und dem Mittelfeld? Im Nachfeld eines Hauptsatzes stehen entweder Elemente aus dem Mittelfeld (*gib mal her, das Buch*) oder Nebensätze, die dann selber wieder topologisch eingeordnet werden; manchmal ist es aber auch leer. Das Nachfeld wird in dieser Einführung nicht weiter untersucht.

Mittelfeld

Im Mittelfeld finden sich beliebig viele NPs, PPs, AdjPs und AdvPs. Die Reihenfolge ist nicht hart festgelegt, es gibt aber durchaus Präferenzen. Dativobjekte stehen gerne vor Akkusativobjekten, pronominale Konstituenten eher vor vollen Konstituenten.
Josef serviert seiner Frau den Fisch klingt meistens besser als *Josef serviert den Fisch seiner Frau.*
Josef serviert ihn seiner Frau klingt meistens besser als *Josef serviert seiner Frau ihn.*

Vorfeld	linke Satzklammer	Mittelfeld	rechte Satzklammer	Nachfeld
Josef	*brät*	*den Fisch in Olivenöl*		
den Fisch	*brät*	*Josef*		
in Olivenöl	*brät*	*Josef den Fisch*		
heute	*brät*	*Josef den Fisch in Olivenöl*		
Josef	*hat*	*den Fisch in Olivenöl*	*gebraten*	
Josef	*will*	*den Fisch in Olivenöl*	*braten*	
Josef	*brät*	*den Fisch in Olivenöl*	*an*	*weil er dann besser schmeckt*
was	*brät*	*Josef in Olivenöl*		
wer	*hat*	*den Fisch in Olivenöl*	*gebraten*	
	weil	*Josef den Fisch in Olivenöl*	*brät*	
	obwohl	*Josef den Fisch in Olivenöl*	*gebraten hat*	
	brät	*Josef den Fisch in Olivenöl*		
	brate	*den Fisch in Olivenöl*		
eine Konstituente	finites Verb oder subordinierende Konjunktion	beliebig viele Konstituenten	infinite und finite verbale Elemente	

Abb. 9.1: Stellungsfeldermodell für den deutschen Satz

Damit haben wir nun alle Ingredienzien für die Beschreibung von Sätzen:

Phrasen

Phrasen: Phrasen bilden die kleinsten Einheiten des Satzes. Die kleinsten möglichen Phrasen bestehen aus einer Wortartkategorie, die durch ein Wort repräsentiert wird. Phrasen können auch komplex sein, d.h. mehrere Kategorien und sogar andere Phrasen enthalten. Phrasen werden nach Typen unterteilt, dabei ist das obligatorische Element der Namensgeber: Nominalphrasen müssen ein Nomen enthalten, Adjektivphrasen ein Adjektiv etc.

Argumentationsstruktur

Argumentstruktur: Verben spezifizieren, wie viele Phrasen sie benötigen, um einen grammatischen Satz zu bilden, und wie diese aussehen müssen (Phrasentyp und Kasus). Die obligatorischen Phrasen nennt man Argumente. In einem Satz gibt es beliebig viele weitere Phrasen, die auch weggelassen werden können, ohne dass der Satz ungrammatisch wird. Man nennt sie Adjunkte.

Stellungsfelder

Stellungsfelder: Die Wortstellung im Deutschen ist zum Teil durch das Stellungsfeldermodell beschreibbar, das den Satz in Vorfeld (VF), linke Satzklammer (LSK), Mittelfeld (MF), rechte Satzklammer (RSK) und Nachfeld (NF) einteilt. Im VF steht höchstens eine Konstituente, in der LSK entweder das finite Verb oder eine subordinierende Konjunktion und im MF beliebig viele Konstituenten. Ihre Reihenfolge ist durch Präferenzen geregelt, aber nicht völlig starr. In der RSK stehen verbale Elemente und im NF auch ein Nebensatz.

Satztypen

Satztypen: Durch das Stellungsfeldermodell sind unterschiedliche Satztypen beschreibbar, die auf die drei Satzmodi abgebildet werden.

Satztyp	Beschreibung	Satzmodus
Verb-erst	Entscheidungsfrage, Aufforderung	interrogativ imperativ
Verb-zweit	Hauptsatz, Ergänzungsfrage	deklarativ interrogativ
Verb-letzt	Nebensatz	deklarativ interrogativ

Abb. 9.2: Satztypen und Satzmodi

4 Fragen und Aufgaben

- Bestimmen Sie die Argumentstruktur der folgenden Wörter. Ist das immer leicht und eindeutig? Diskutieren Sie die Zweifelsfälle.
  braten, Banane, kross, schneiden, verkaufen, glasieren, zweifeln, Kandidat, Geschmack
- Ordnen Sie die folgenden Sätze in das topologische Modell ein.
  - *weil die Tomatensoße lange geköchelt werden muss*
  - *Maria liebt Knoblauch*
  - *während Josef geduldig das Risotto rührt*

1 Motivation

X-Bar-Theorie

Kommen wir nun auf ein formales Modell zu sprechen, in dem einige der Regularitäten, die wir in Kapitel 9 gefunden haben, beschrieben werden. Es gibt sehr viele syntaktische Theorien und Beschreibungsformalismen; für einen Überblick siehe MÜLLER (2009). Ich habe mich hier für die X-Bar-Theorie (oder X'-Theorie, engl. ‚bar' bedeutet ‚Strich') entschieden, eine weit verbreitete vereinfachte Komponente einer generativen Theorie. Die X'-Theorie geht zurück auf CHOMSKY (1970). Mit der X'-Theorie werden Generalisierungen über verschiedene Phrasentypen ausgedrückt. Solche Generalisierungen bedeuten zum Beispiel, dass in jeder Phrase ein Kopf als das bestimmende Element, höchstens zwei Argumente und beliebig viele Adjunkte vorkommen. Die X'-Theorie nimmt an, dass das für alle Sprachen gilt und daher in der Universalgrammatik festgelegt sein muss; zur Universalgrammatik vgl. Kapitel 1.

Eine Vorbemerkung: Die X'-Theorie ist im englischsprachigen Raum entstanden und daher haben sich viele englische Begriffe durchgesetzt. Weil man diese Bezeichnungen überall in der Literatur findet, übernehme ich sie auch hier.

Wir wollen zunächst das X'-Schema anhand von NPs einführen. Später werden DPs, PPs, AdvPs und AdjPs nach demselben Schema abgeleitet. Dieses Kapitel schließt mit einem komplexen Beispiel. Im folgenden Kapitel werden wir dann sehen, dass ein Satz auch eine Phrase mit einer analogen Struktur darstellt.

2 Das X'-Schema

Kopf einer Phrase
Projektion

Im Kapitel 9 haben wir bereits festgestellt, dass es für jeden Phrasentyp ein obligatorisches Element gibt, das nicht weggelassen werden kann. Dieses Element bestimmt auch den Phrasentyp. Analog zum Kopf in der Wortbildung aus Kapitel 7 nennt man dieses Element den Kopf der Phrase. Dementsprechend bildet in einer Nominalphrase das Nomen den Kopf, in einer Präpositionalphrase die Präposition, in einer Adjektivphrase das Adjektiv usw. Ganz wie in der Morphologie kann man den Kopf in Produktionsregeln und den daraus abgeleiteten Strukturbäumen anhand der nachfolgenden Abbildung erkennen.

NP → N (Argumente oder Adjunkte): NP besteht aus einem N und optionalen Argumenten oder Adjunkten, N stellt den Kopf dar.

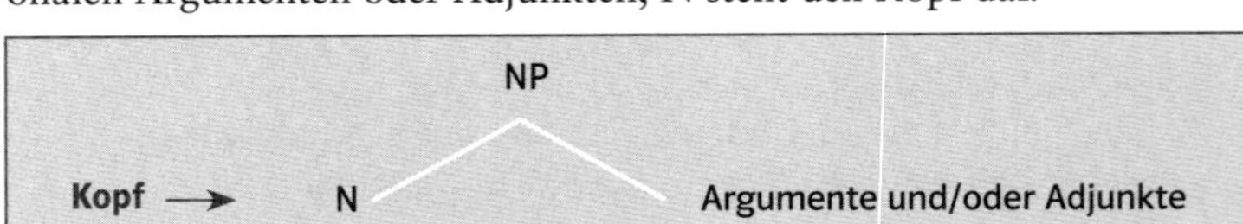

Abb. 10.1: Struktur einer NP

X als Variable für alle Köpfe

Wir können eine analoge Regel und den dazugehörigen Baum auch für Adjektivphrasen, Präpositionalphrasen etc. aufstellen. Die X'-Theorie möchte, wie oben gesagt, Generalisierungen über unterschiedliche Typen von Phrasen ausdrücken. Die Unterschiede zwischen den Phrasentypen sollen jedoch auf dieser Ebene keine Rolle spielen. Das heißt, dass wir ein gemeinsames abstraktes Schema für alle Phrasentypen formulieren wollen. Nehmen wir als Variable für alle unterschiedlichen Kopftypen (N, P, Adj etc.) einfach mal ein X an (das ist das ‚X' in ‚X''). Der Baum würde dann wie in Abb. 10.2 aussehen. Im Folgenden werde ich nur die Bäume darstellen; Sie wissen inzwischen schon, wie sich Regeln in Bäume übersetzen lassen.

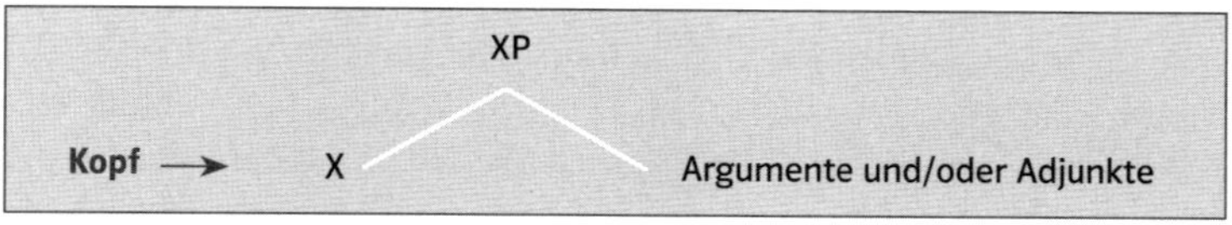

Abb. 10.2: Vereinfachte Struktur der XP

Köpfe und Argumente

Wir möchten nun ausdrücken, dass ein Kopf höchstens zwei Argumente, aber beliebig viele Adjunkte haben darf. Nehmen wir zur Illustration eine NP mit zwei Argumenten: *Bewertung der Mahlzeit durch die Lebensmitteltester. Bewertung* ist der Kopf, [*der Mahlzeit*] und [*durch die Lebensmitteltester*] sind Argumente. Das kann man auch am zugrunde liegenden Verb *bewerten* sehen: *die Lebensmitteltester bewerten die Mahlzeit*. Bauen wir nun zwischen N und NP eine Zwischenstufe ein und sagen, dass jedes Argument den Kopf um eine Stufe erhöht. Die Zwischenstufe nennt man N' (N-Bar). Die Kategorien DP und PP werden weiter unten eingeführt, für den Moment müssen wir nur wissen, dass sie phrasale Kategorien darstellen. Die Dreiecke unter den Argumenten bedeuten, dass es hier noch eine interne Struktur gibt.

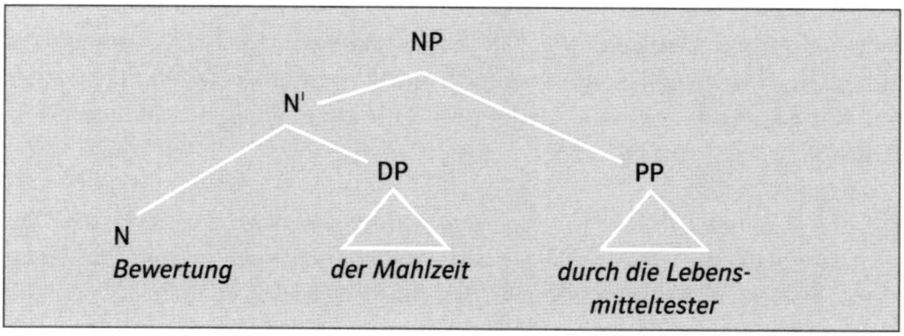

Abb. 10.3: Struktur einer komplexen NP

Verallgemeinert auf das X'-Schema bedeutet das, dass ein Kopf X in zwei Stufen erst zu X', dann zu XP wird und dabei jeweils ein Argument nehmen kann. Mehr Argumente kann es nicht geben, da es nicht mehr Stufen gibt. Die Argumente müssen Phrasen irgendeiner Art sein.

Projektions-ebenen

Drücken wir das wieder allgemein mit Variablen aus. Man sagt X' und XP sind Projektionen von X und X ist der Kopf von X' und XP. YP und ZP sind wieder Variablen, die für beliebige Phrasen stehen.

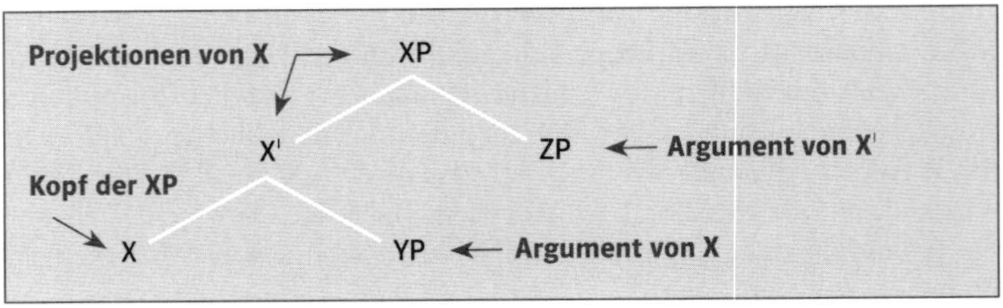

Abb. 10.4: Struktur der XP

Das Schema zeigt, dass ein Argument die Projektionsebene erhöht, von X zu X' oder von X' zu XP. Das Schema gilt auch für Köpfe, die nur ein oder kein Argument haben. Beispiele sind die NP *Schwester des Kochs*, in der der Kopf *Schwester* nur ein Argument [*des Kochs*] hat, oder die NP *Tisch*, in der der Kopf *Tisch* kein Argument hat. Damit das Schema konsistent bleibt, geben wir hier trotzdem die Zwischenstufe N' an, um von N zu NP zu kommen. Der Kopf kann dabei links oder rechts stehen.

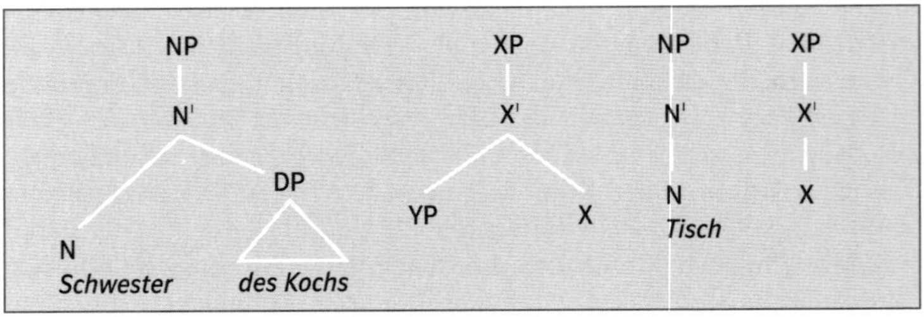

Abb. 10.5: NPs und XPs

Wie oben schon gesagt, werden im X'-Schema die Beziehungen von einem Kopf und allen anderen Elementen innerhalb einer Phrase dargestellt. Bisher können wir Argumente einbauen. Was machen wir mit Adjunkten?

Adjunkte

Adjunkte können immer hinzugefügt und weggelassen werden – deshalb führen sie nicht dazu, dass sich die Projektionsebene erhöht. Es kann beliebig viele Adjunkte geben. In der NP *Tisch aus Holz in der Küche* sind [*aus Holz*] und [*in der Küche*] Adjunkte. Sie werden einfach an die N'-Ebene angebunden, die Ebene bleibt N'.

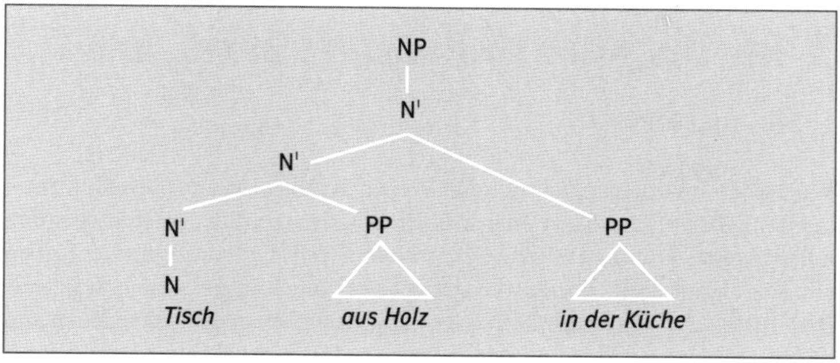

Abb. 10.6: NP mit zwei Adjunkten

Die Abb. 10.7 präsentiert schematisch: YP und ZP sind Argumente von X und QP, RP und TP, die wieder für beliebige Phrasentypen stehen, sind Adjunkte.

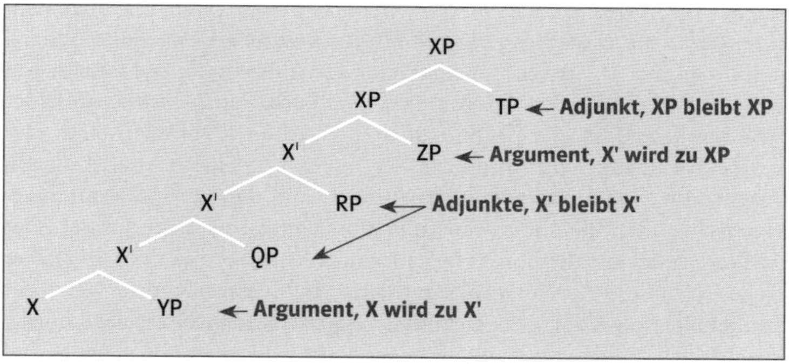

Abb. 10.7: XP mit Argumenten und Adjunkten

An der Position im Baum erkennen wir, ob eine Phrase ein Adjunkt oder das Argument eines Kopfes ist: Ein Argument erhöht die Projektionsebene, ein Adjunkt nicht.
Die generative Theorie nimmt an, dass das X'-Schema universell, d.h. für alle Sprachen gültig ist. Sprachspezifisch ist wiederum, welche Phrasenkategorien es gibt und wo sich der Kopf befindet. Im nächsten Abschnitt wenden wir das allgemeine Schema auf NPs/DPs, PPs und AdjPs im Deutschen an.

FAZIT

Für das X'-Schema gilt: Jede Phrase hat einen Kopf X, der die grammatischen Eigenschaften der Phrase festlegt. Der Kopf projiziert in zwei Stufen (X', XP) zur Phrase. X' und XP sind Projektionen des Kopfs. Alle Elemente außer dem Kopf sind phrasal. Argumente des Kopfs erhöhen die Projektionsstufe. Ein Kopf kann höchstens zwei Argumente haben. Adjunkte erhöhen die Projektionsstufe nicht. Es kann beliebig viele Adjunkte geben.

3 NPs, DPs, AdjPs, AdvPs und PPs im X'-Schema

1 NPs und DPs

Wir haben im vorigen Kapitel die interne Struktur von Nominalphrasen kennen gelernt: Der Kopf einer NP ist das Nomen. Die meisten Nomina haben keine Argumente (wie *Tisch* oder *Topf)*, manche Nomina haben ein Argument (wie *Schwester des Kochs*) und einige sogar zwei (wie *Bewertung der Mahlzeit durch die Lebensmitteltester*). Außerdem kann es beliebig viele Adjunkte geben (wie in *Tisch aus Holz in der Küche mit schmutziger Tischplatte ...*). Alle Argumente und Adjunkte müssen Phrasen sein.

D als Kopf

Sie haben sich sicher gewundert, dass die NPs ohne einen Artikel eingeführt wurden. Hier werden wir sehen, dass der Artikel ein eigener Kopf ist, der NPs als Argument nimmt. Wenn vor einer NP ein Artikel steht (*der Tisch, die Bewertung der Mahlzeit durch die Lebensmitteltester*), muss man aus D (Artikel) und NP eine gemeinsame Phrase bauen. Am Beispiel *Bewertung der Mahlzeit durch die Lebensmitteltester* wurde der Fall deutlich, dass alle Argumente von N schon verbraucht sind. Der Artikel kann dann kein Argument von N sein. Umgekehrt ist aber die NP möglicherweise ein Argument des Artikels und das Schema kann angewendet werden. Für diese Annahme gibt es einen weiteren Grund. Der Artikel beeinflusst die Form eines modifizierenden Adjektivs: *ein grüner Apfel, der grüne Apfel.* Dies könnte nicht modelliert werden, wenn der Artikel nicht als Kopf seine Definitheitseigenschaften weitergeben würde. Die Modellierung von Flexionseigenschaften wird unten genauer besprochen, siehe zur Adjektivflexion auch Kapitel 8.

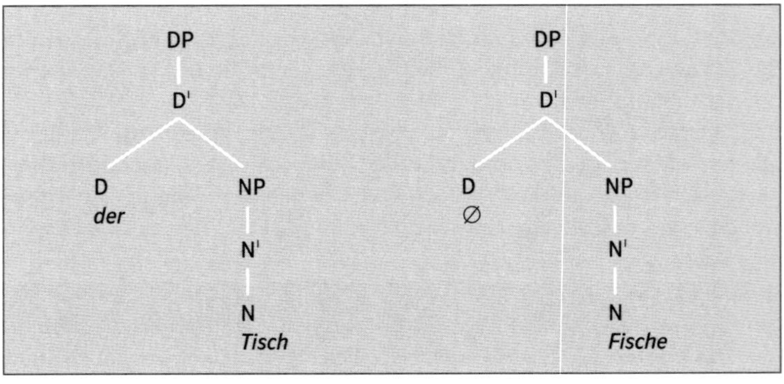

Abb. 10.8: DP mit overtem und leerem Artikel

Wegen der Einheitlichkeit und weil man den Einfluss auf die Adjektivform auch hier sehen kann: *grüne Äpfel* vs. *die grünen Äpfel*, nehmen wir an, dass DPs keinen sichtbaren Artikel haben müssen. So ist zum Beispiel *Fische* eine DP ohne sichtbaren Artikel, vgl. den rechten Baum in Abb. 10.8. Man konstruiert dann einen so genannten Nullartikel; geschrieben ∅. Alle Konstituenten, die wir im vorigen Kapitel als nominale Konstituenten oder NPs klassifiziert haben, sind also eigentlich DPs.

2 PPs im X'-Schema

Präpositionalphrasen

Präpositionalphrasen (PPs) werden genauso nach dem allgemeinen Schema gebaut. Ihr Kopf besteht aus der Präposition, die immer eine DP als Argument besitzt.

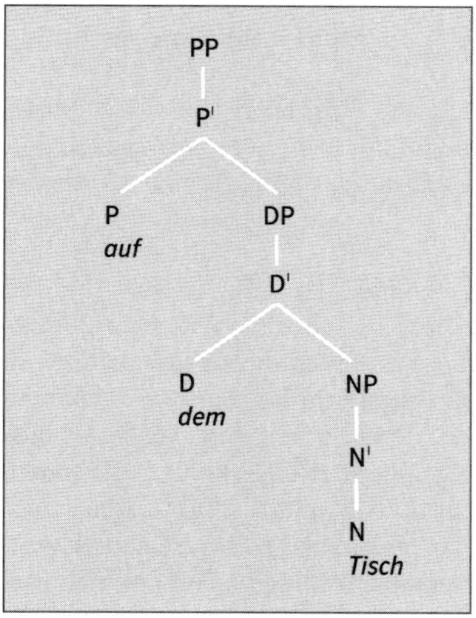

Abb. 10.9: Struktur einer PP

3 AdjPs im X'-Schema

Adjektivphrasen

Auch Adjektivphrasen und Adverbphrasen folgen dem Schema. Das Adjektiv ist der Kopf, dazu kommen eventuelle Argumente: *stolz* ***auf das Soufflé***, *abhängig* ***von Schokolade*** (siehe Kapitel 9) und Adjunkte: ***sehr*** *stolz auf das Soufflé; sehr* ist eine Adverbialphrase. Die interne Struktur der PP *auf das Soufflé* wird hier nicht dargestellt (siehe oben).

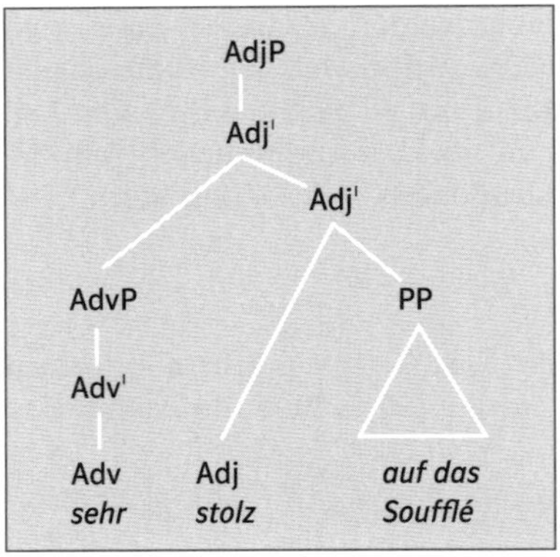

Abb. 10.10: Struktur einer AdjP

Wir kennen jetzt den internen Aufbau von NPs, DPs, AdjPs, AdvPs und PPs. Bevor wir im nächsten Kapitel die Phrasen zu Sätzen zusammenbauen, werden wir sehen, wie sich Kongruenz und Rektion im X'-Schema ausdrücken lassen.

Exkurs: Flexionsmorphologie im X'-Schema
Im Kapitel 8 hatten wir den Unterschied zwischen Kongruenz und Rektion kennen gelernt. Bei der Kongruenz tragen alle Elemente die gleiche Flexionseigenschaft, bei der Rektion vergibt ein Element eine Flexionseigenschaft, trägt sie aber selbst nicht. Im X'-Schema ist dies leicht modellierbar: Kongruenz kann immer nur innerhalb einer Phrase stattfinden; ausführlich beschrieben zum Beispiel in STERNEFELD (2007). Man kann sich vorstellen, dass die Phrase selbst bestimmte Flexionseigenschaften besitzt, die sie dann an bestimmte Elemente weitergibt. Ein Beispiel hierfür ist die Kasus-, Numerus- und Genus-Kongruenz innerhalb einer DP.

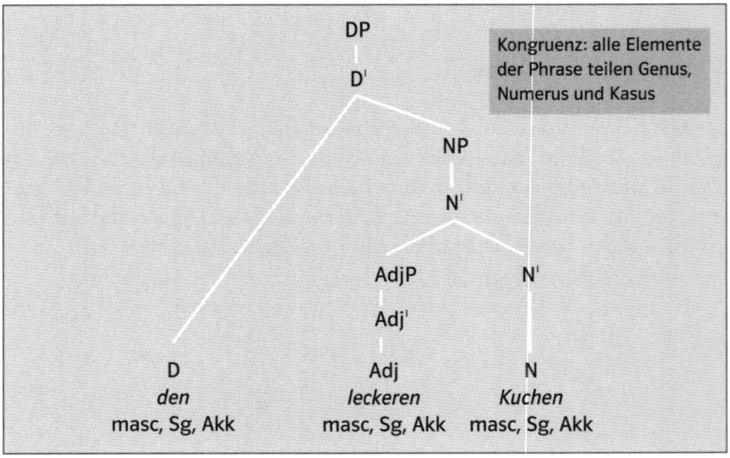

Abb. 10.11: Kongruenz im X'-Schema

Im folgenden Kapitel werden wir noch sehen, dass auch die Numerus-Kongruenz zwischen Verb und Subjekt auf diese Weise modelliert wird. Manche Flexionseigenschaften werden von einem Element an andere vergeben, ohne dass das vergebende Element diese selbst trägt. Auch das lässt sich modellieren: Man sagt, dass ein Kopf seine Argumente regiert. Ein Kopf bestimmt also manche Eigenschaften seiner Argumente. So regiert zum Beispiel eine Präposition den Kasus ihrer Argument-DP. Im Beispiel *für den leckeren Kuchen* fordert das *für* eine DP im Akkusativ (Abb. 10.12). Ein Kopf beeinflusst hingegen niemals die Flexionseigenschaften seiner Adjunkte.

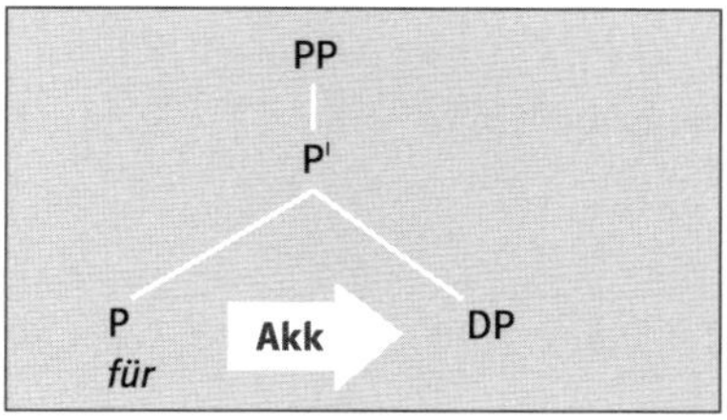

Abb. 10.12: Rektion im X'-Schema

4 Ein komplexes Beispiel

Bevor wir zur Analyse von Sätzen übergehen, wollen wir noch einmal detailliert ein komplexes Beispiel betrachten und dabei rekapitulieren, was wir im X'-Schema ausdrücken. Unser Beispiel ist *der vom Koch besichtigte voll funktionstüchtige sechsflammige Profiherd mit Doppelbackrohr.*

Analysieren wir diese Phrase in mehreren Schritten, müssen wir uns jeweils fragen:

- Welche Phrasen enthält die komplexe Phrase?
- Was ist jeweils der Kopf und welche Phrase liegt vor?
- Wie sehen die Argument- und Adjunktbeziehungen innerhalb der komplexen Phrase aus?

1 Welche Phrasen enthält die komplexe Phrase?

Weglasstest

Zunächst prüft man mit dem Weglasstest aus Kapitel 9, was in dieser Phrase unbedingt dastehen muss und was weggelassen werden kann. Damit findet man die nur als Ganzes weglassbaren Phrasen heraus. Ähnliche Ergebnisse ergeben auch die in Kapitel 9 angesprochenen Umstellungs- und Ersetzungstests.

der vom Koch besichtigte voll funktionstüchtige sechsflammige Profiherd mit Doppelbackrohr
**der vom Koch besichtigte voll funktionstüchtige sechsflammige Profiherd mit*

** der vom Koch besichtigte voll funktionstüchtige sechsflammige Profiherd Doppelbackrohr*
der vom Koch besichtigte voll funktionstüchtige sechsflammige Profiherd
→ [*mit Doppelbackrohr*] ist eine Phrase

**der vom Koch besichtigte voll sechsflammige Profiherd*
der vom Koch besichtigte funktionstüchtige sechsflammige Profiherd
der vom Koch besichtigte sechsflammige Profiherd
→ [*voll funktionstüchtige*] ist eine Phrase
→ [*voll*] ist eine Phrase

der vom Koch besichtigte sechsflammige Profiherd
der vom Koch besichtigte Profiherd
→ [*sechsflammige*] ist eine Phrase

der vom Koch besichtigte Profiherd
**der vom Koch Profiherd*
der besichtigte Profiherd
der vom Koch besichtigte Profiherd
der Profiherd
→ [*vom Koch besichtigte*] ist eine Phrase
→ [*vom Koch*] ist eine Phrase

Übrig bleibt *der Profiherd*. Wir wissen, dass *der Profiherd* eine DP sein muss, deren Kopf *der* ist. Wir wissen auch, dass die DP eine NP enthalten muss, deren Kopf dann *Profiherd* ist. Die anderen beteiligten Phrasen haben wir eben identifiziert:

→ [*mit Doppelbackrohr*]
→ [*voll funktionstüchtige*]
→ [*voll*]
→ [*vom Koch besichtigte*]
→ [*vom Koch*]
→ [*sechsflammige*]

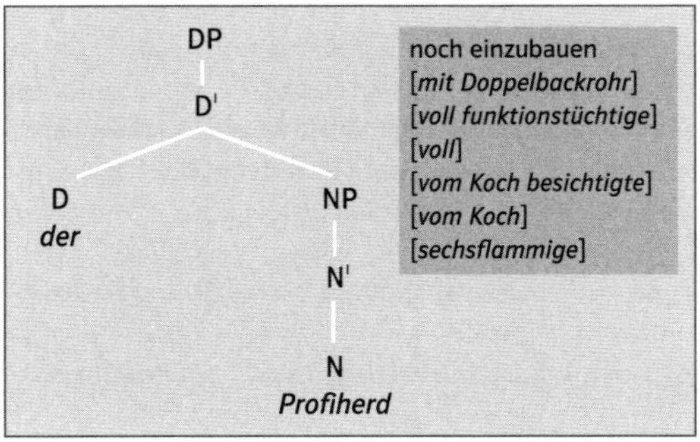

Abb. 10.13: Beispielanalyse: DP

2 Was ist der Kopf und welche Phrase liegt vor?

Phrasenbestimmung

Als nächstes bestimmt man die interne Struktur der einzelnen Phrasen. Wir wissen, dass Phrasen selbst wieder Phrasen enthalten können. Wenn wir also eine Phrase (z.B. [*vom Koch besichtigte*]) haben und eine Phrase, die einen Teil davon umfasst (z.B. [*vom Koch*]), handelt es sich um eine komplexe Phrase. Wir wissen sogar noch mehr: Innerhalb der komplexen Phrase muss ein Teil der Kopf sein und der Rest wieder phrasal. In [*vom Koch* [*besichtigte*]] muss *besichtigte* der Kopf sein und [*vom Koch*] eine Phrase. Da *besichtigte* ein Adjektiv ist, muss [*vom Koch besichtigte*] insgesamt eine Adjektivphrase darstellen. Bei [*vom Koch*] gibt es eine Besonderheit, nämlich *vom*, das sowohl die Präposition *von* als auch den Artikel *dem* enthält. Für unsere Zwecke genügt es, wenn wir *vom* einfach aufteilen. [*vom Koch*] stellt eine PP dar. Diese enthält eine DP, die wiederum eine NP einschließt.
Wenn wir auch für die anderen Phrasen so vorgehen, erhalten wir die folgenden Zuordnungen:

[*mit Doppelbackrohr*]	ist eine PP, die eine DP enthält, die wiederum eine NP einschließt
[*voll funktionstüchtige*]	ist eine AdjP, die eine AdvP enthält
[*sechsflammige*]	ist eine AdjP

3 Wie sehen die Argument- und Adjunktbeziehungen innerhalb der komplexen Phrase aus?

Interne Beziehungen

Nachdem die einzelnen Phrasen identifiziert sind, müssen nun die internen Beziehungen festgelegt werden. Dies tun wir zunächst für die gerade beschriebenen Phrasen und setzen diese dann in Beziehung zu *Profiherd*. Ich möchte den genauen Aufbau für die AdjP [*vom Koch besichtigte*] und die AdjP [*voll funktionstüchtige*] beschreiben.
Wir wissen:

AdjP [*vom Koch besichtigte*]	enthält
PP [*vom Koch*] und Kopf *besichtigte*	die PP enthält
DP [*dem Koch*] und Kopf *von*	die DP enthält
NP [*Koch*] und Kopf *dem*	

Wir wissen auch, dass NPs immer Argumente von ihren Determinern sind und DPs immer Argumente von ihren Präpositionen. Nun ist noch zu überlegen, ob [*vom Koch*] ein Argument oder ein Adjunkt von *besichtigte* bildet. *Besichtigte* ist von *besichtigen* abgeleitet und trägt noch dessen Argumentstruktur: *X besichtigt Y*; [*vom Koch*] übernimmt die semantische Rolle von X und ist daher ein Argument von *besichtigte*.

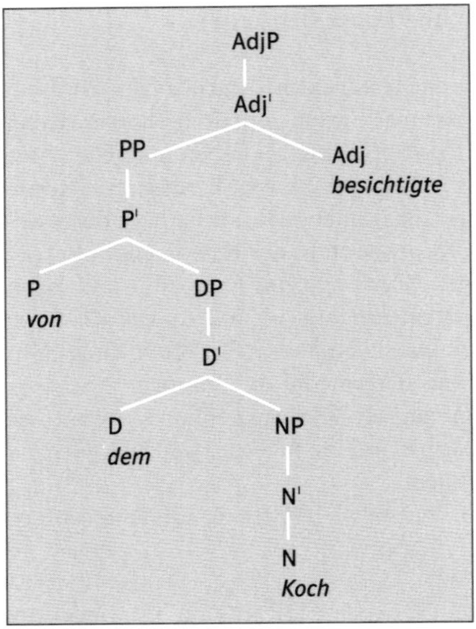

Abb. 10.14: Beispielanalyse: AdjP mit PP-Argument

Genauso können wir für jede weitere Phrase vorgehen.

AdjP [*voll funktionstüchtige*] enthält
AdvP [*voll*] und Kopf *funktionstüchtige*

Die AdvP wird nicht von funktionstüchtig verlangt, ist also ein Adjunkt.

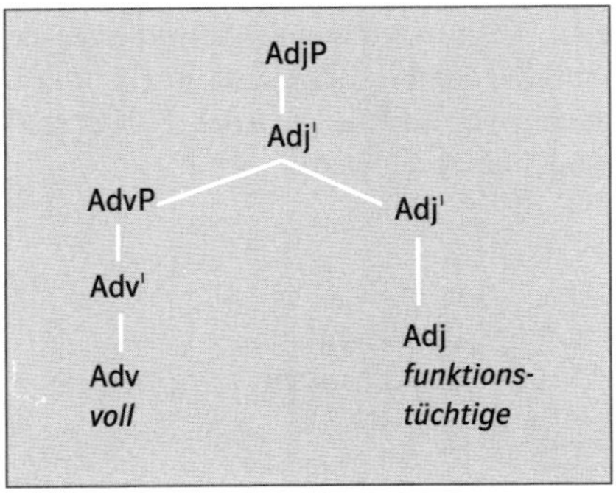

Abb. 10.15: Beispielanalyse: AdjP mit AdvP-Adjunkt

PP [*mit Doppelbackrohr*] enthält
DP [∅ *Doppelbackrohr*] und Kopf *mit* die DP enthält
NP [*Doppelbackrohr*] und Kopf [∅]

Die AdjP [*sechsflammige*] schließlich enthält nur den Kopf *sechsflammige.*

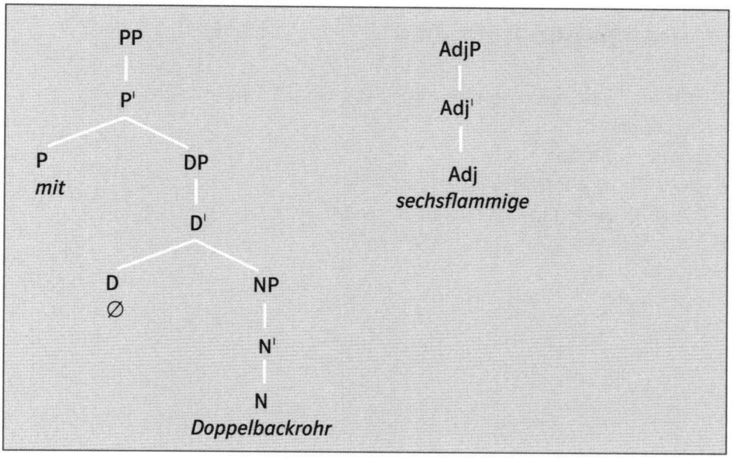

Abb. 10.16: Beispielanalyse: PP und AdjP

Als letztes integrieren wir die zwei DPs und zwei AdjPs in die NP *Profiherd*. Hier fragen wir uns erneut, ob sie als Argumente oder als Adjunkte anzusehen sind. *Profiherd* nimmt keine Argumente. Alle anderen Phrasen müssen Adjunkte sein, also an N' hängen, ohne die Ebene zu erhöhen.

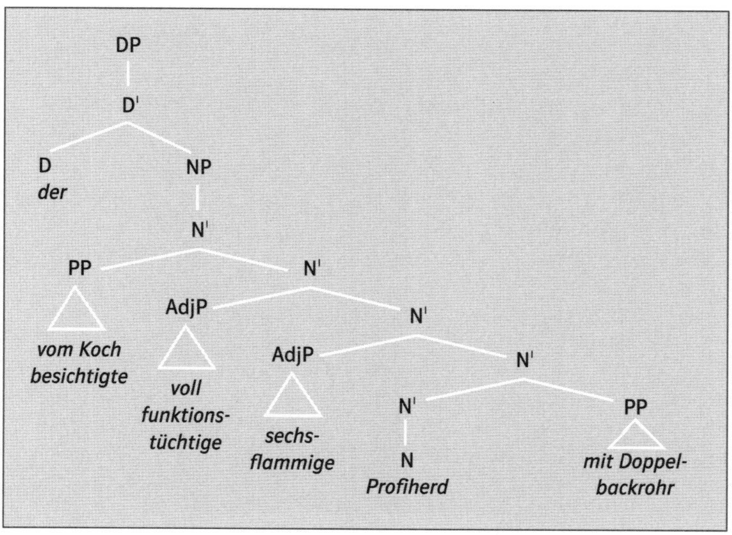

Abb. 10.17: Beispielanalyse: komplexe DP

5 Fragen und Aufgaben

Analysieren Sie die folgenden DPs, PPs und AdjPs:

- *die Tomate*
- *grüne Tomaten*
- *der sehr alte Parmesan*
- *die vom Aussterben bedrohten Heilpflanzen*
- *das scharfe Messer mit einem Holzgriff*
- *lecker*
- *sehr lecker*

1 Verben und Sätze

In Kapitel 9 haben wir festgestellt, dass die Anzahl der in einem Satz notwendig vorkommenden DPs, AdjPs, AdvPs und PPs vom Verb abhängt. Wir haben außerdem gesehen, dass sich die Wortstellung in Haupt- und Nebensätzen unterscheidet, Hauptsätze als Verb-zweit-Sätze und Nebensätze als Verb-letzt-Sätze definiert werden. Jetzt wollen wir diese Eigenschaften im X'-Modell ausdrücken.

Bewegung

Die Ingredienzien bestehen aus dem X'-Schema und dem Gedanken, dass aus einer zugrunde liegenden Satzform Verb-zweit-, Verb-erst- und Verb-letzt-Sätze abgeleitet werden können. Man geht also von zwei Ebenen aus: einer abstrakten, zugrunde liegenden Ebene und einer Oberflächenebene. Ganz ähnliche Konzepte haben wir schon in der Phonologie und der Morphologie kennen gelernt. Dabei unterscheidet sich die Wortstellung der verschiedenen Satztypen. Wenn die unterschiedlichen Oberflächenstrukturen aus einer gemeinsamen, zugrunde liegenden Struktur abgeleitet werden, muss etwas bewegt werden – zum Beispiel das Verb. Es stellt sich nun die Frage, welches die zugrunde liegende Struktur ist und auf welche Weise bewegt wird. Betrachten wir dazu die folgenden Sätze im Stellungsfeldermodell.

Satz	VF	LSK	MF	RSK
(a)		*weil*	*der Vater dem Kind die Schokolade*	*gab*
(b)		*weil*	*der Vater dem Kind die Schokolade*	*gegeben hat*
(a')		*gab*	*der Vater dem Kind die Schokolade*	
(b')		*hat*	*der Vater dem Kind die Schokolade*	*gegeben*
(a")	*dem Kind*	*gab*	*der Vater die Schokolade*	
(b")	*der Vater*	*hat*	*dem Kind die Schokolade*	*gegeben*

Abb. 11.1: Die unterschiedlichen Wortstellungen in verschiedenen Satztypen im Deutschen

In den Verb-letzt-Sätzen (a) und (b) stehen alle Bestandteile des Verbkomplexes zusammen in der RSK und in der LSK eine subordinierende Konjunktion (*weil*). In den Verb-erst-Sätzen (a') und (b') bleibt das Vorfeld leer und das finite Verb findet sich in der LSK. In den Verb-zweit-Sätzen (a") und (b") steht nur der finite Verbteil in der LSK, während der Rest weiterhin in der RSK bleibt.

Dass nur das finite Verb seine Position ändert und alle anderen Bestandteile des Verbkomplexes stabil in der RSK bleiben, ist ein Grund für die Annahme, dass die Nebensatzstellung die zugrunde liegende Wortstellung des Deutschen ist. Um einen Hauptsatz aus einem Nebensatz zu machen, muss also das finite Verb aus der RSK in die LSK bewegt werden und eine Phrase aus dem Mittelfeld in das Vorfeld verschoben werden.

2 Verb-letzt-Sätze

Kopf und Argument

Bevor wir uns die Bewegung anschauen, analysieren wir Verb-letzt-Sätze, und zwar nur das Mittelfeld (MF) und die rechte Satzklammer (RSK). Betrachten wir *der Vater dem Kind die Schokolade gegeben hat. [der Vater], [dem Kind]* und *[die Schokolade]* sind DPs, also schon phrasal; *gegeben hat* können wir zunächst gemeinsam als ein Verb analysieren – *gegeben hat* kann dann ein Kopf sein. Alle DPs sind Argumente von *geben*. Sofort erkennen wir ein Problem: Ein Kopf kann in unserem Modell nur zwei Argumente haben. Wie aber kann [*der Vater*] angebunden werden?

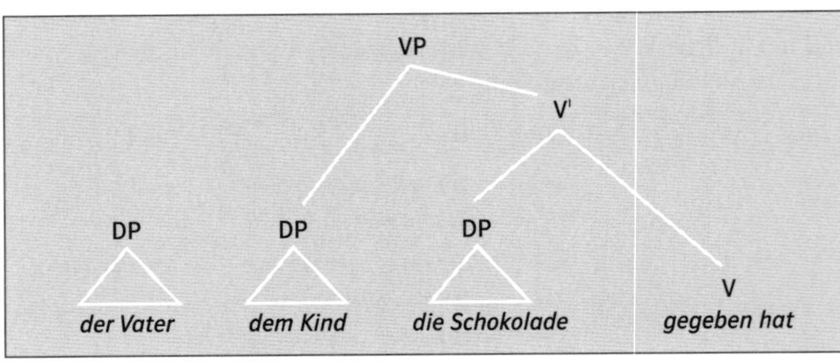

Abb. 11.2: VP mit drei Argumenten

Wir brauchen einen weiteren Kopf, dessen Argument dann das Subjekt *der Vater* sein kann. Der Verbkomplex *gegeben hat* besteht aus zwei Teilen, einem finiten und einem infiniten. Wenn wir uns genauer anschauen, wie sich die Argumente verteilen, schließen wir:

- *geben* fordert ein Subjekt, ein Akkusativobjekt und ein Dativobjekt;
- *hat* fordert keine Argumente, kongruiert aber im Numerus mit dem Subjekt. Die Numeri der anderen Argumente haben keinen Einfluss.

Funktionaler Kopf I

Der infinite Verbteil muss also in der VP stehen und der finite kann einen eigenen Kopf aufbauen. Hier nimmt man einen so genannten funktionalen Kopf I an (I steht für engl. *inflection* ‚Flexion'). Der finite Teil des Verbs steht zuerst in der VP und wird dann aus der VP nach I bewegt. Erinnern Sie sich, dass wir Bewegung annehmen müssen, um von einer zugrunde liegenden Struktur zu einer Oberflächenstruktur zu gelangen.

Das finite Verb *hat* hinterlässt eine Spur *t* (für engl. *trace* ‚Spur'). Man muss irgendwie kennzeichnen, dass die Spur die Spur dieses Verbs ist. Das erreicht man dadurch, dass beide den gleichen Index bekommen: t_j, hat_j. Man sagt, die Spur und das bewegte Element sind koindiziert.
Der Kopf I nimmt als erstes Argument die VP und als zweites Argument das Subjekt. Aus Kapitel 10 wissen wir, dass Kongruenz immer nur innerhalb einer Phrase bestehen kann. In der IP haben nun das Subjekt [*der Vater*] und I *hat* den gleichen Numerus.

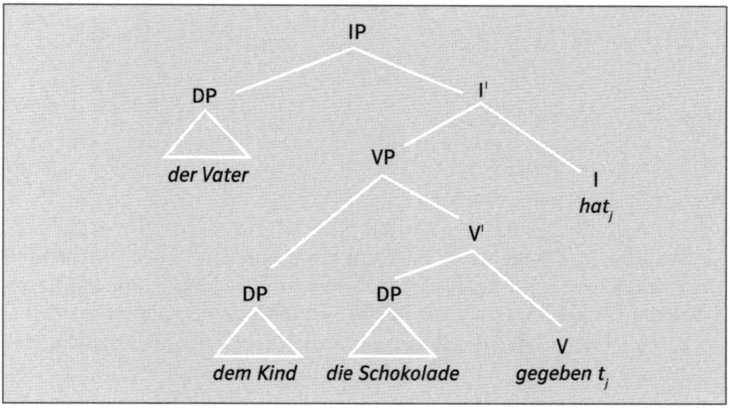

Abb. 11.3: IP

Wozu brauchen wir die IP und was können wir bisher erklären? Bedenken Sie, dass wir eine einheitliche Beschreibung für alle Sätze haben wollen und daher von dem komplexesten Fall (drei Argumente, Verbkomplex) ausgehen müssen.

- Ein Verb kann höchstens drei Argumente haben. Alle Argumente außer dem Subjekt befinden sich innerhalb der VP.
- Ein Verbkomplex kann aus mehreren Verben bestehen. Innerhalb des Verbkomplexes gibt es immer *ein* finites Verb, alle anderen Verben sind infinit. Dieses finite Verb, und nur dieses, steht in den unterschiedlichen Satztypen an verschiedenen Stellen. Daher nehmen wir an, dass es sich bewegen kann.
- Das finite Verb trägt denselben Numerus wie das Subjekt. Dies kann dadurch angezeigt werden, dass das Subjekt ein Argument von I darstellt.

Das Modell können wir natürlich auch auf Fälle anwenden, in denen es weniger Argumente gibt und nur ein finites Verb. Wir wollen immer das X'-Schema beibehalten und alle Strukturen vergleichbar analysieren.
Wenn zum Beispiel der Verbkomplex nur aus einem finiten Verb besteht, wird das Schema folgendermaßen angewendet:

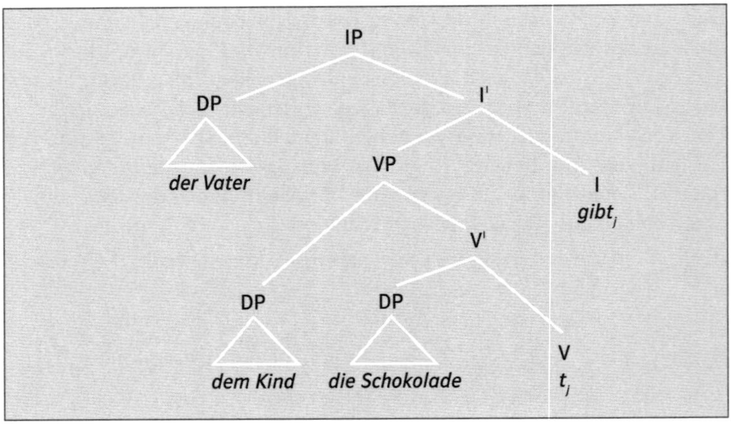

Abb. 11.4: IP mit einfachem Verb

Verben, die zwei Argumente oder nur ein Argument haben, werden mit einer einfacheren VP analysiert. Ich möchte das noch einmal in zwei Schritten für den Satz *das Kind die Schokolade* verspeist tun. Dabei ist zu beachten, dass wir immer noch die Nebensatz-Wortstellung betrachten.
Zunächst werden alle Argumente außer dem Subjekt innerhalb der VP untergebracht. In diesem Satz gibt es nur ein Argument außer dem Subjekt, nämlich die DP *die Schokolade*.

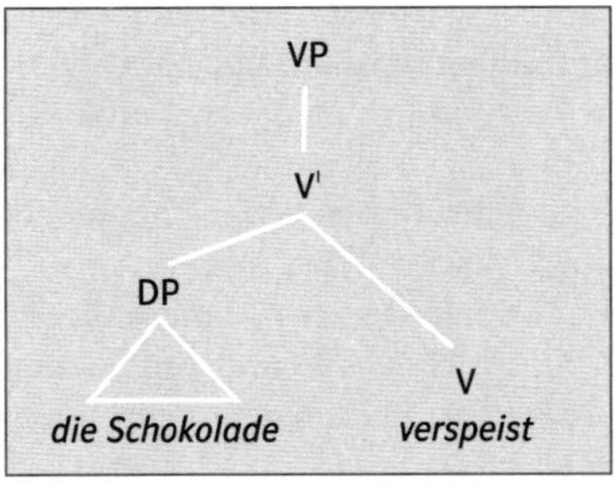

Abb. 11.5: VP mit einem Argument

In einem zweiten Schritt wird das finite Verb *verspeist* aus der VP nach I bewegt. In der VP bleibt eine koindizierte Spur. Die VP ist ein Argument von I und das Subjekt – die DP *das Kind* – bildet das zweite Argument.

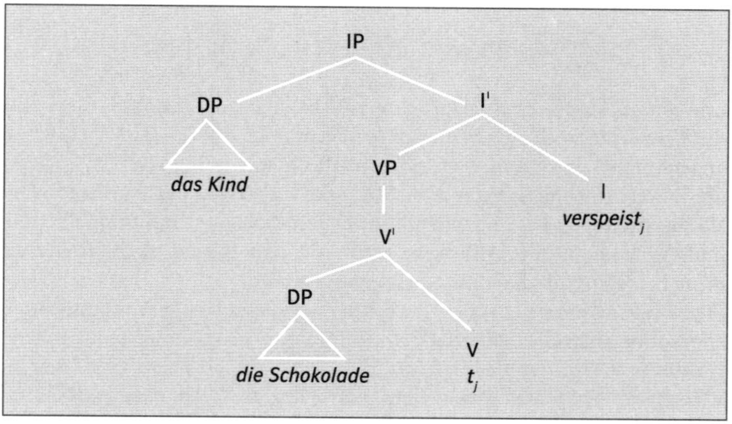

Abb. 11.6: IP mit Objekt und Subjekt

Neben den Argumenten kann man natürlich – genau wie oben dargestellt – Adjunkte einfügen, wie am Beispiel *das Kind mit Genuss die Schokolade verspeist* sichtbar.

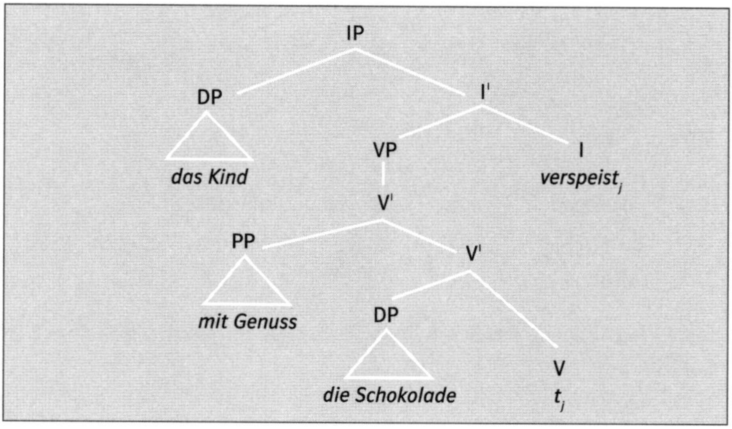

Abb. 11.7: IP mit Adjunkt

FAZIT

Für die IP gilt

- Zunächst wird eine VP erzeugt. Der Verbkomplex, also alle vorhandenen Verben, werden gemeinsam als V bezeichnet und bilden den Kopf der VP. Alle Verb-Argumente und alle Adjunkte werden in die VP eingebaut.
- Dann bewegt sich das finite Verb aus dem Verbkomplex in den funktionalen Kopf I. Das Verb hinterlässt eine Spur. Verb und Spur sind koindiziert.
- Das erste Argument von I ist die VP. Das zweite Argument von I ist das Subjekt.

3 CP: Hauptsätze und eingeleitete Nebensätze

Im vorigen Abschnitt wurden Sätze in Verb-letzt-Stellung analysiert, weil die Verb-letzt-Stellung als zugrunde liegende Verbstellung im Deutschen angenommen wird. In diesem Abschnitt werden wir aus Verb-letzt-Sätzen durch Verbbewegung Verb-erst-Sätze und Verb-zweit-Sätze ableiten. Die Voraussetzungen kennen wir schon: Das X'-Schema, funktionale Köpfe und Bewegung. Alle bisherigen Köpfe (V und I) sind abgesättigt, wir brauchen also auf alle Fälle einen weiteren Kopf.
Bevor wir diesen neuen Kopf einführen, vergegenwärtigen wir uns noch einmal die zu erklärenden Fakten. Betrachten Sie dafür Abb. 11.8, eine verkürzte Version von Abb. 11.1:

- In einem Verb-letzt-Satz stehen alle Verben des Verbkomplexes hinten in der RSK. Das finite Verb macht das letzte Verb im Verbkomplex aus. Bisher können wir nur das MF und die RSK bei Verb-letzt-Sätzen beschreiben. Diese sind in der Abb. grau unterlegt.
- Der Verb-letzt-Satz kann durch eine subordinierende Konjunktion in der LSK eingeleitet sein.
- In einem Verb-zweit-Satz befindet sich das finite Verb an zweiter Stelle in der LSK. Davor kann genau eine Phrase stehen.

Satz	VF	LSK	MF	RSK
		C	IP	
(a)		*weil*	*der Vater dem Kind die Schokolade*	*gab*
(a')	*dem Kind*	*gab*	*der Vater die Schokolade*	
(a'')		*gab*	*der Vater dem Kind die Schokolade*	

Abb. 11.8: Die unterschiedlichen Wortstellungen in verschiedenen Satztypen im Deutschen

Linke Satzklammer

Funktionaler Kopf C

Betrachten wir nun die LSK: Hier kann entweder eine subordinierende Konjunktion stehen oder das finite Verb. Wir bilden diese Regularität in der Annahme ab, dass es eine gemeinsame Position gibt, die nur einmal gefüllt werden kann. Nennen wir diese Position C, für engl. *complementizer* „subordinierende Konjunktion". Wir beginnen mit der Nebensatzwortstellung, also einer IP wie oben beschrieben, die von einer subordinierenden Konjunktion eingeleitet wird: *weil das Kind die Schokolade verspeist*; *weil* bildet dann den Kopf in C und die IP ein Argument von *weil*.

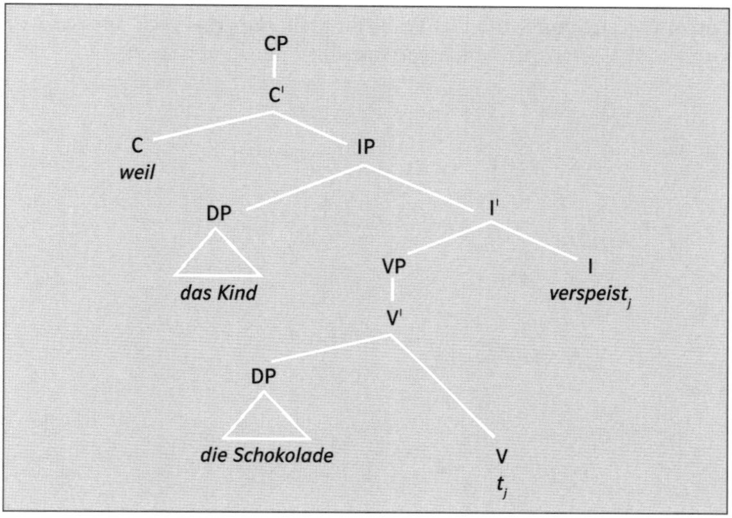

Abb. 11.9: CP – Verb-letzt-Struktur

Um von der Verb-letzt-Stellung zur Verb-erst-Stellung zu gelangen, ist das finite Verb wieder zu bewegen. Wir wissen jetzt, dass der ‚Landeplatz' des finiten Verbs C ist. In I muss wieder eine koindizierte Spur bleiben. Um von der zugrunde liegenden Verb-letzt-Stellung zur Verb-zweit-Stellung zu gelangen, müssen zwei Bewegungen stattfinden: Zuerst muss das Verb nach C gerückt werden und dann eine Phrase aus dem Mittelfeld in die Position vor C. Dabei hinterlassen beide koindizierte Spuren.

Satz	VF	LSK	MF	RSK
	Argument von C	C	IP	
Verb-letzt, zugrunde liegende Stellung			*das Kind die Schokolade*	*verspeist*
Verb-erst, Bewegung des Verbs		*verspeist*$_j$	*das Kind die Schokolade*	~~*verspeist*~~ t_j
Verb-zweit, Bewegung einer Phrase in die Position vor dem Verb	*das Kind*$_k$	*verspeist*$_j$	~~*das Kind*~~ t_k *die Schokolade*	~~*verspeist*~~ t_j

Abb. 11.10: Schematische Darstellung der abgeleiteten Wortstellungen aus der zugrunde liegenden Wortstellung

Betrachten wir zunächst die Verb-erst-Stellung. Das Verb *verspeist* ist von I nach C bewegt worden und hat eine Spur hinterlassen.

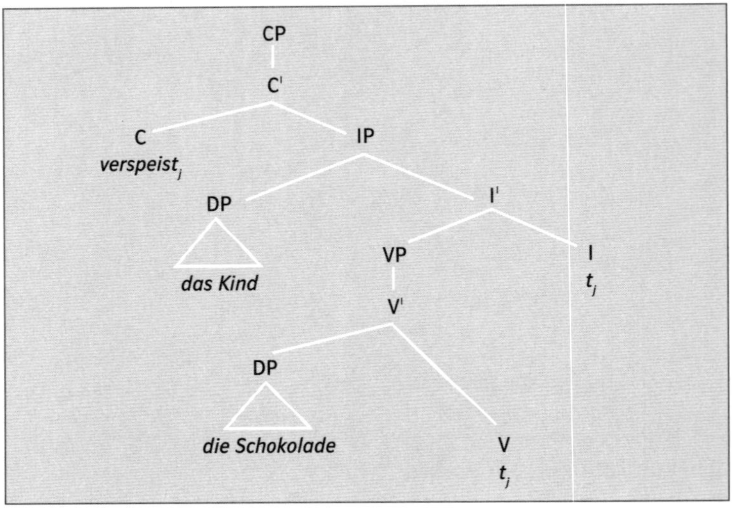

Abb. 11.11: CP – Verb-erst-Struktur

In der Verb-zweit-Stellung muss zusätzlich zu dieser Bewegung noch eine Phrase, hier die DP *das Kind*, bewegt werden.

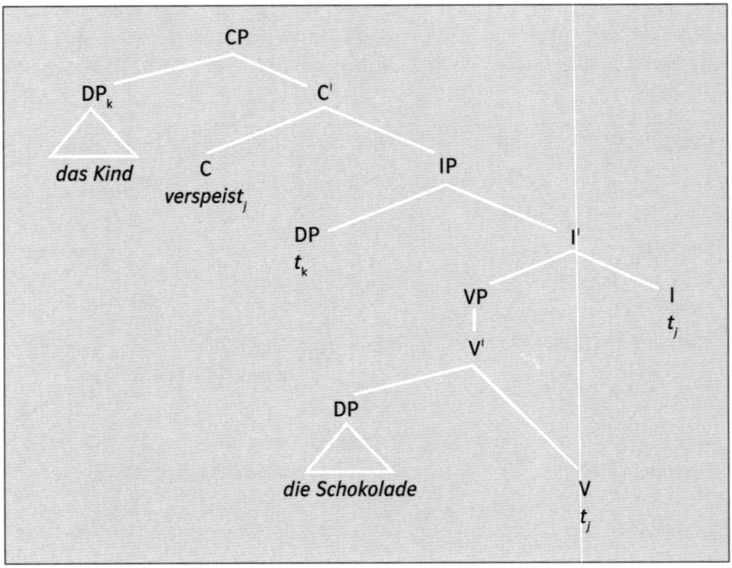

Abb. 11.12: CP – Verb-zweit-Struktur

Nebensätze (Verb-letzt-Sätze), Fragesätze (Verb-erst-Sätze) und Hauptsätze (Verb-zweit-Sätze) bilden CPs und werden aus einer gemeinsamen, zugrunde liegenden Struktur abgeleitet.

FAZIT

Für die CP gilt
- Neben der IP gibt es einen funktionalen Kopf C.
- In C steht bei Verb-letzt-Sätzen eine subordinierende Konjunktion. Das erste Argument von C ist die IP. Bei Verb-letzt-Sätzen gibt es kein weiteres Argument, so dass C' direkt zu CP übergeht.
- Bei Verb-erst-Sätzen wird das finite Verb von I nach C bewegt und hinterlässt wieder eine koindizierte Spur. Bei Verb-erst-Sätzen gibt es kein weiteres Argument, so dass C' direkt zu CP wird.
- Bei Verb-zweit-Sätzen wird das finite Verb von I nach C gerückt und hinterlässt wieder eine koindizierte Struktur. Außerdem wird genau eine weitere Phrase aus der IP oder der VP als zweites Argument von C vor das finite Verb bewegt. Diese hinterlässt auch eine koindizierte Spur.

4 Ein Beispiel

Im Folgenden wollen wir ein Beispiel ausführlich besprechen. Für die Darstellung werde ich jede Phrase einmal genau ableiten und dann mit einem Dreieck abgekürzt darstellen.
Zunächst werden alle Phrasen und die Argument- oder Modifikationsbeziehungen innerhalb der CP bestimmt. Der Beispielsatz, eine CP, lautet:

Die freundliche Köchin hat gestern Pasta mit Fenchel serviert.

Die CP muss erst in die zugrunde liegende Verb-letzt-Stellung gebracht werden:

die freundliche Köchin gestern Pasta mit Fenchel serviert hat

Dann müssen alle Phrasen gefunden und beschrieben werden, bis zuletzt das Verb behandelt wird. Die *freundliche Köchin* bildet eine DP, die als Argument eine NP enthält, die wiederum als Adjunkt eine AdjP einschließt; *gestern* stellt eine AdvP dar.

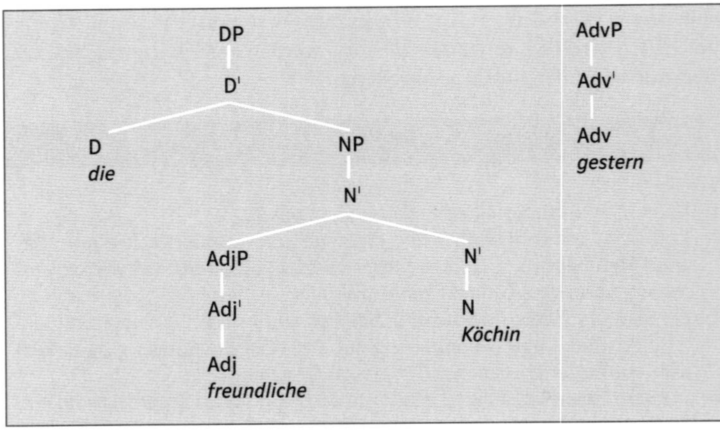

Abb. 11.13: Beispielanalyse: DP und AdvP

Pasta mit Fenchel ist eine DP. Die enthält als Argument eine NP, diese als Adjunkt eine PP, die wiederum als Argument eine DP, und diese als Argument schließlich eine NP:

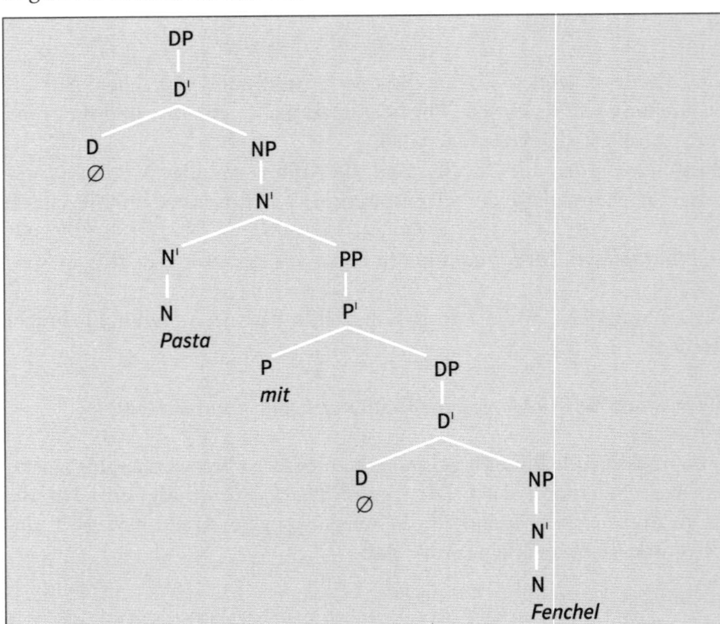

Abb. 11.14: Beispielanalyse: komplexe DP

serviert hat ist das Verb und bildet den Kopf der VP. Von diesem Kopf aus bauen wir zuerst die VP zusammen. Zunächst bestimmen wir die

Argument- und Adjunktbeziehungen zu *serviert hat*. Die DP *Pasta mit Fenchel* ist ein Argument (Akkusativobjekt), die AdvP *gestern* ein Adjunkt und die DP *die freundliche Köchin* ist als Subjekt ein Argument, das außerhalb der VP realisiert wird. Die VP wird so dargestellt:

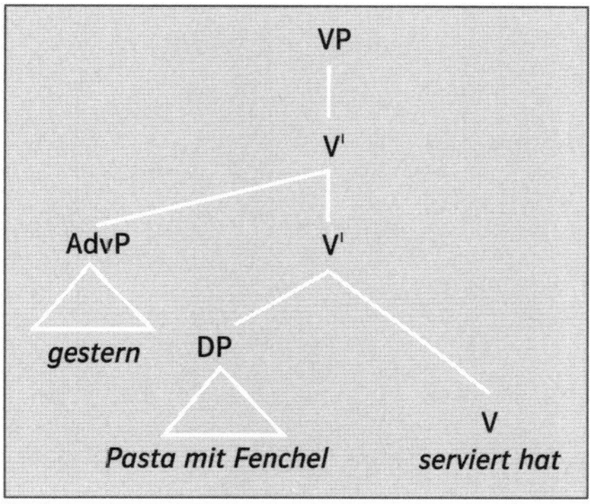

Abb. 11.15: Beispielanalyse: VP

Dann verschieben wir das finite Verb *hat* nach I und bauen das Subjekt ein.

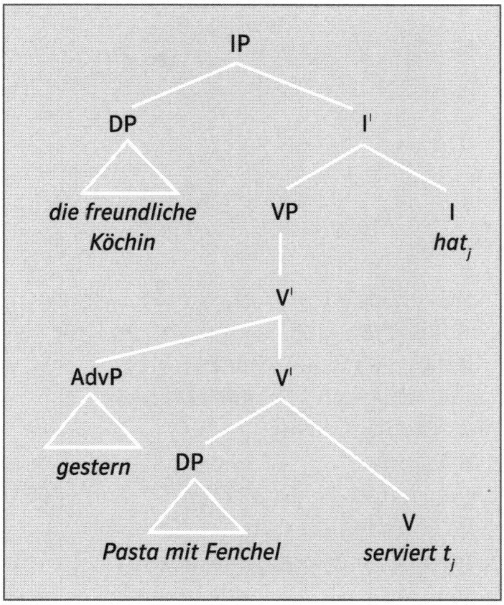

Abb. 11.16: Beispielanalyse: IP

Der ursprüngliche Satz war ein Hauptsatz in Verb-zweit-Stellung. Das bedeutet, dass das finite Verb noch einmal nach C verschoben werden muss und dann das Subjekt in die Position vor C.

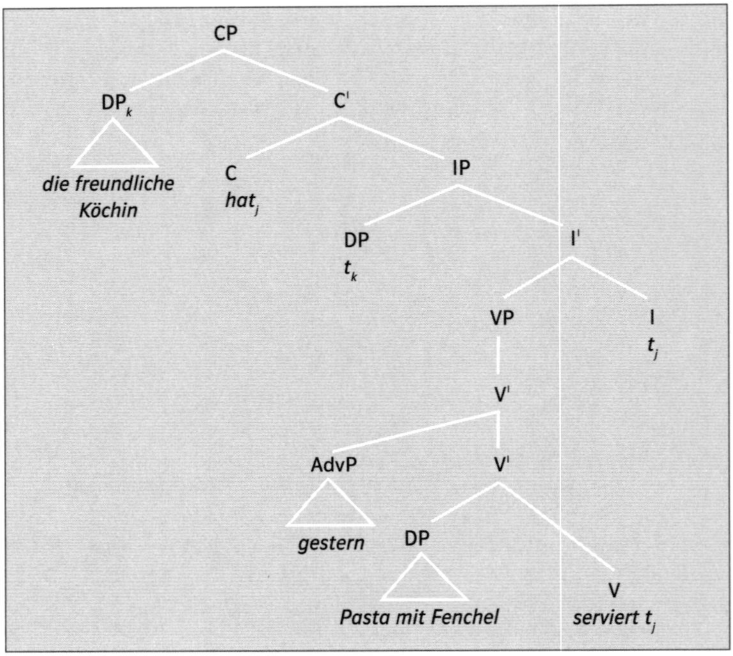

Abb. 11.17: Beispielanalyse: CP

5 Zusammenfassung

In diesem und dem vorigen Kapitel haben wir gelernt, wie ein allgemeines, für alle Sprachen gültiges syntaktisches Schema aussieht und für das Deutsche konkretisiert wird. In diesem Modell können

Argumente und Adjunkte

- Argumente und Adjunkte unterschiedlich behandelt werden:
  - Es gibt für jeden Kopf nur zwei Argumente.
  - Es existieren beliebig viele Adjunkte.

Kongruenz und Rektion

- flexionsmorphologische Regularitäten erklärt werden:
  - Kongruenz findet innerhalb einer Phrase statt.
  - Rektion geht nur vom Kopf auf seine Argumente aus.

Wortstellung

- unterschiedliche Wortstellungen aus einer zugrunde liegenden gemeinsamen Wortstellung abgeleitet werden:
  - Die ursprüngliche Stellung des Verbs erlaubt die Absättigung seiner Argumente – außer dem Subjekt – in der VP.
  - Die Bewegung des finiten Verbs nach I erklärt die Numerus-Kongruenz zwischen dem Verb und dem Subjekt.
  - Die Annahme, dass es nur eine gemeinsame Position C für entweder die subordinierende Konjunktion oder das finite Verb gibt, erklärt die Wortstellungsunterschiede zwischen Haupt- und Nebensatz.

6 Fragen und Aufgaben

- Analysieren Sie die folgenden CPs im X'-Schema:
  - *weil der Zucker schmilzt*
  - *weil der Hefeteig gehen muss*
  - *während der Koch für den Gast eine Suppe kocht*
  - *weil junger Giersch im Salat lecker schmeckt*
  - *der Aal wird geräuchert*
  - *verdirbt der Spitzenkoch den Brei*
  - *der neue Koch schneidet das Gemüse*
  - *die Köchin brät das Fleisch an*
- Wie am Anfang von Kapitel 9 angesprochen, haben wir viele Satztypen und Konstruktionen hier nicht behandeln können. Dazu gehören zum Beispiel Infinitivsätze: *um das Menü zu genießen*, Relativsätze: *die Suppe, die versalzen war* und Satzgefüge: *er mochte die Suppe nicht, weil sie versalzen war.* Während wir Infinitivsätze mit den hier besprochenen Mitteln nicht analysieren können, folgen Relativsätze und Satzgefüge wie der obige dem Schema. Überlegen Sie einmal, wie sich solche Sätze behandeln lassen. Bedenken Sie: Untergeordnete Nebensätze sind Phrasen (CPs), die entweder Adjunkte oder Argumente des Verbs des übergeordneten Hauptsatzes darstellen.

1 Bedeutung berechnen?

Warum bestimmen wir die Struktur komplexer Wörter und Sätze und warum sind wir dabei so formal? Die morphologischen und syntaktischen Strukturen sind letztlich Anweisungen für die Berechnung der Bedeutung von komplexen Ausdrücken. Das Wort ‚Berechnung' scheint zunächst nicht zu so etwas wie ‚Bedeutung' zu passen. Und doch muss es eine Art von Berechnung von Bedeutung geben, wenn wir in der Lage sind, komplexe, bisher nie gehörte Ausdrücke zu verstehen und ihre Bedeutung zu erfassen. Wie kann das gehen? Nehmen wir an, wir kennen die Bedeutung der Grundeinheiten, zum Beispiel der Wörter oder Morpheme. Dann gibt uns die Struktur eine Anweisung dafür, wie diese Teilbedeutungen zusammengesetzt werden. Das Prinzip dahinter heißt Kompositionalitätsprinzip und wird oft dem Sprachphilosophen GOTTLOB FREGE (1848–1925) zugeschrieben. (Manchmal wird das Prinzip sogar ‚Frege-Prinzip' genannt; ob Frege es wirklich formuliert hat, ist umstritten und die Geschichte der Zuschreibung interessant, siehe z.B. PELLETIER 2000.) Das Kompositionalitätsprinzip besagt:

Kompositionalität

Die Bedeutung eines komplexen Ausdrucks errechnet sich aus den Bedeutungen seiner unmittelbaren Teile und der Struktur des Ausdrucks, d.h. der Art und Weise, wie dieser sich syntaktisch zusammensetzt.

Strukturelle Ambiguität

Warum ist die Struktur wichtig? Betrachten wir die folgenden Beispiele. Beide sind strukturell mehrdeutig bzw. ambig:

..., dass ich das Bild ohne die Brille sah
Kleinkunststück

Im ersten Beispiel kann die PP *ohne die Brille* ein Adjunkt zum Verb sein – ich freue mich, dass ich noch so gut sehe. Oder die PP modifiziert die DP *das Bild* – dann reden wir über ein Bild, auf dem keine Brille zu sehen ist. Die Syntax erlaubt beide Möglichkeiten und die Struktur, die wir wählen, spiegelt die Bedeutung.
Bei *Kleinkunststück* ist es ähnlich. In der Struktur *klein[kunst•stück]* wird ausgedrückt, dass wir ein kleines Kunststück betrachten. In der Struktur *[klein•kunst]stück* hingegen steckt ein Stück Kleinkunst. Auch hier lässt die Morphologie beide Möglichkeiten zu – gemeint sein könnte die eine oder die andere.
In diesem Kapitel beschäftigt uns zunächst die Bedeutung der zugrunde liegenden Einheiten, hier: der Wörter. Dies wird als die lexikalische Semantik oder Wortsemantik bezeichnet. Dann werden wir an einem kleinen Beispiel, der Adjektiv-Nomen-Kombination, zeigen, wie sich Bedeutungen zusammensetzen. Bevor wir dazu kommen, zunächst zwei Vorbemerkungen.

Das Kompositionalitätsprinzip gilt für neue, bisher nicht gehörte Ausdrücke. Diese verstehen wir nur, indem wir sie aus den bereits bekannten Teilen zusammensetzen. Es gibt aber natürlich komplexe Ausdrücke, die als Ganzes gelernt und semantisch gar nicht kompositionell aufgebaut sind. Solche Ausdrücke nennt man Idiome, Mehrwortlexeme oder Phraseologismen. Gerne genannte Beispiele sind *auf dem Holzweg sein* oder *Bindfäden regnen*. Ganze Sätze oder Texte können gelernt und nicht kompositionell sein, zum Beispiel Sprichwörter wie *Morgenstund´ hat Gold im Mund* oder Zaubersprüche. Mit solchen Wendungen beschäftigen wir uns hier nicht; es gibt dazu aber sehr viel interessante Forschung nachzulesen, siehe z.B. BURGER/BUHOFER/SIALM (1982) oder SINCLAIR (1991).

Semantik und Logik

Meine zweite Vorbemerkung betrifft die ‚Sprache' der Semantik. Viele semantische Ansätze sind in formaler Logik, meist in quantifizierter Prädikatenlogik, formuliert. In der Logik kann man vieles eindeutig formulieren, was in der natürlichen Sprache mehrdeutig ist. In dieser Einführung werden wir uns keine Formeln ansehen, aber einige Grundlagen der Logik nachvollziehen. Zur Illustration greife ich auf sehr einfache Darstellungen aus der Mengenlehre zurück. Einführungen in die formale Semantik finden sich bei HEIM/KRATZER (1997) und CHIERCHIA/MCCONNELL-GINET (1990), eine Einführung in die Logik für Linguisten in PARTEE/TER MEULEN/WALL (1990).

Man kann noch einen ganz anderen Blick auf die Bedeutungen werfen: Wenn man die Bedeutung von Ausdrücken bestimmt hat, möchte man sie in eine Systematik bringen. Die Fragen lauten dann: Welche Ausdrücke bedeuten dasselbe? Welche Bedeutungen von Ausdrücken schließen einander ein und welche widersprechen einander? Solche Bedeutungsbeziehungen werden am Ende des Kapitels besprochen.

2 Wortsemantik

Lesarten

Die Wortsemantik oder lexikalische Semantik ermittelt die Lesarten von Wörtern. Man muss das so genau sagen, weil ein Wort durchaus mehrere Lesarten haben kann. Hier müssen wir unterscheiden zwischen der Homonymie auf der einen Seite, die die Homographie und die Homophonie umfasst, und der Polysemie auf der anderen Seite.

DEFINITION

Ein Ausdruck a ist homonym zu einem Ausdruck b genau dann, wenn die Bedeutungen von a und b synchron nicht zusammenhängen, aber a und b die gleiche Form haben.

Homonymie

Beispiele für homonyme Wörter sind *Kiefer* oder *Bauer.* Aber Vorsicht: hier haben wir unterschiedliche Genera. Die Definition spezifiziert nicht, was Form bedeutet. Form kann sich entweder auf die Aussprache beziehen, dann reden wir über Homophonie, oder auf die Schreibung, dann reden wir über Homographie. Viele Homonyme wie z.B. *Kiefer* sind homophon und homograph. Aber es gibt homographe Wörter, die nicht homophon sind: <tenor> /ˈteːnɔʀ/ vs. <tenor> /teˈnoːʀ/ oder <web> in *World Wide Web* und als Form des Verbs *weben*. Es gibt natürlich auch homophone Wörter, die nicht homograph sind: <mehr> vs. <meer> oder <lerche> vs. <lärche>. Homonyme Wörter sind jedoch relativ selten und eigentlich für das Sprachsystem nicht interessant, weil die Gleichheit zufällig oder historisch gewachsen und nicht produktiv ist. Interessanter sind polyseme Ausdrücke.

Polysemie

DEFINITION

Ein Ausdruck a ist polysem genau dann, wenn a mehrere verschiedene, aber miteinander verwandte Lesarten hat.

Metonymie

Sehr viele Ausdrücke sind polysem. Denken Sie an *Krone* in *Königskrone, Schaumkrone* oder *Baumkrone*, an *belegen* in *ein Seminar belegen, einen Platz belegen, eine Aussage belegen, ein Brötchen belegen* etc. Für uns sind diejenigen Polysemien am interessantesten, die produktiv sind, bei denen also nicht einfach nur Listen von Lesarten gelernt werden müssen, sondern Mechanismen oder Systematiken neue Lesarten hervorbringen. Ein Beispiel für einen solchen Mechanismus ist die Metonymie, bei der der gemeinte Gegenstand durch einen Ausdruck bezeichnet wird, der sich eigentlich auf einen anderen, mit dem gemeinten verbundenen Gegenstand bezieht. Z.B. kann ein Teil für das Ganze stehen oder ein Gefäß für seinen Inhalt. So kann ich fragen: *möchtest Du noch eine Tasse?*, wenn ich meine *möchtest Du noch eine Tasse gefüllt mit Tee*. Ähnlich: *Glas* für *Glas Bier*, oder *Teller* für *Teller Suppe* etc. Ein Beispiel für systematische Polysemie ist also die Alternation von Gefäßen für die Inhalte der Gefäße. Eine andere durch Metonymie abgeleitete systematische Polysemie steckt in der Alternation von essbaren Tieren und ihrem Fleisch.
Im Garten scharrt ein Huhn. – Gestern gab es Huhn zum Mittagessen.
Diese beiden Lesarten scheint es für sehr viele essbare Tiere zu geben: *Schwein, Rind, Fisch, Pute*, etc. Die Systematik ist produktiv – sobald ein für uns neues essbares Tier entdeckt wird, kann sie auch hier angewendet werden (*Känguru, Krokodil* etc.).

Inhaltswörter und Funktionswörter

Polysemie und Homonymie sind also der Grund dafür, dass wir in der lexikalischen Semantik nicht über Ausdrücke, sondern über Lesarten von Ausdrücken reden. In der lexikalischen Semantik wird dabei unterschieden zwischen den sogenannten Inhaltswörtern (Nomina, Verben, Adjektiven) und den sogenannten Funktionswörtern (Konjunktionen, Determinatoren, etc.).

Koordination

Funktionswörter sind in der formalen Semantik seit den einflussreichen Arbeiten von Richard Montague (1974; siehe auch Dowty/Wall/Peters 1981) ausführlich behandelt worden, weil sich ihre Semantik relativ abstrakt und klar logisch beschreiben lässt. Betrachten wir die koordinierende Konjunktion *und* in *Maria hat Äpfel und Birnen gekauft, Maria hat Brot und Butter gegessen* oder *Maria hat Kaffee und Milch verschüttet.* Die Konjunktion *und* verhält sich in allen Fällen gleich, man kann sie also losgelöst von den einzelnen durch *und* verbundenen Elementen (den Konjunkten) betrachten und über *a und b* reden. Man kann sagen, dass a und b wahr ist, genau dann, wenn *a* wahr ist und *b* wahr ist. Dann kann man jede einzelne Bedingung überprüfen: Ist *a* wahr? Hat Maria Äpfel gekauft? Ist *b* wahr? Hat Maria Birnen gekauft? Aus der Wahrheit der einzelnen Konjunkte kann man die Wahrheit der gesamten Äußerung berechnen. Warum ist Wahrheit interessant? Hier liegt ein Bedeutungsbegriff zugrunde, der auf den Philosophen Ludwig Wittgenstein (1898–1951) zurückgeht: „Einen Satz verstehen heißt wissen, was der Fall ist, wenn er wahr ist." (2003, ursprünglich erschienen 1921, Vers 4.024).

TIPP

Der finnische Sänger M.A. Numminen hat die ersten Verse aus dem Tractatus Logico Philosophicus von Wittgenstein vertont: http://www.ma-numminen.net/de2/numminen.shtml.

Wir verstehen also, was der Ausdruck *a und b* bedeutet, wenn wir wissen, was der Fall ist, wenn der Ausdruck *a und b* wahr ist. Dieser Ausdruck ist genau dann wahr, wenn der Ausdruck *a* und der Ausdruck *b* beide wahr sind. (Eigentlich geht es um die Sätze, die *a* und *b* enthalten, da man Wahrheitswerte nur für Sätze berechnen kann.)

An Inhaltswörter müssen wir anders herangehen, da sie nicht wie die Funktionswörter Ausdrücke miteinander verknüpfen, sondern auf Elemente in der Welt verweisen. Eine mögliche Vorgehensweise ist mengentheoretisch. Ein Ausdruck bezeichnet die Menge der Objekte in der Welt, auf die er sich bezieht. Wir nennen das die Extension des Ausdrucks. Am einfachsten ist das bei bestimmten Adjektiven zu sehen. *Rot* bezeichnet in seiner Farblesart die Menge aller roten Dinge in der Welt, *blau* die Menge aller blauen Dinge in der Welt. Bei konkreten Nomina kann man es ähnlich sehen. *Haus* bezeichnet die Menge aller Häuser, *Schiff* die Menge aller Schiffe.

Mengentheorie

Auch intransitive Verben kann man so verstehen, dass sie die Menge aller Objekte inklusive der Menschen bezeichnen, auf die sie zutreffen: *schläft* bezeichnet die Menge aller Objekte, die schlafen.

3 Kompositionelle Semantik

In der kompositionellen Semantik werden Lesarten miteinander auf systematische Art und Weise verbunden. Wir haben oben gesehen, dass die Struktur die Verbindung spiegelt, indem sie z.B. die Modifikationsbeziehungen zwischen Ausdrücken beschreibt. Es gibt noch andere Aspekte, die in der Bedeutung der einzelnen Ausdrücke selbst liegen. Ich möchte das hier an der Verknüpfung von Adjektiven und Nomina zeigen. Betrachten wir zunächst die Verbindung von einem Farbadjektiv mit einem konkreten Nomen, zum Beispiel *blauer Teller*. *Blau* bezeichnet die Menge aller blauen Dinge und *Teller* die Menge aller Teller. *Blauer Teller* benennt dann die Schnittmenge der beiden Mengen, nämlich genau die Elemente, die blau und Teller sind, wie in Abb. 12.1.

Intersektive Adjektive

Adjektive, die sich wie *blau* verhalten, nennt man intersektive Adjektive; mit Intersektion wird die Schnittmenge bezeichnet.

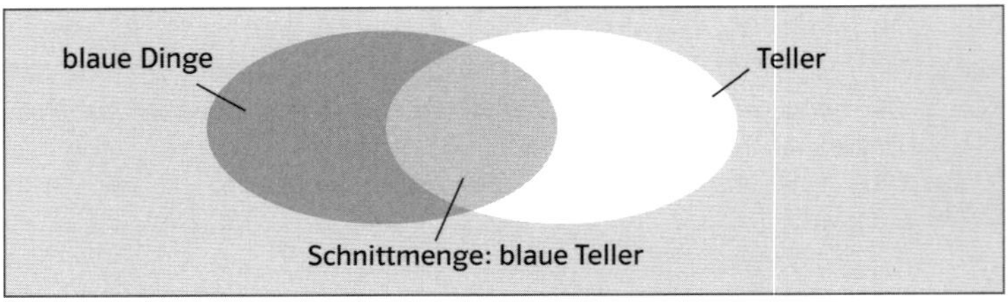

Abb. 12.1: Mengentheoretische Darstellung von *blaue Teller*

Subsektive Adjektive

Nicht alle Adjektive sind intersektiv. Wie beschreibt man Ausdrücke wie *kleines Brot* oder *teurer Käse*? Das Problem besteht darin, dass *klein* oder *teuer* sich immer auf einen anderen Ausdruck beziehen und nicht losgelöst davon eigene Mengen beschreiben. Woraus bestünde denn die Menge der kleinen Dinge? Kleine Brote können viel größer sein als große Brötchen. Ein Brot ist klein, wenn es kleiner ist als ‚normal große' Brote. Einen Käse bezeichnen wir als teuer, wenn er mehr kostet als das, was wir üblicherweise für Käse ausgeben. Wir haben es also nicht mit Schnittmengen, sondern mit Untermengen zu tun. *Kleines Brot* bezeichnet die Untermenge aller Brote, die nach irgendeinem Kriterium als klein bezeichnet werden, wie in Abb. 12.2 dargestellt.
Adjektive wie *klein* und *teuer* nennt man subsektive Adjektive.

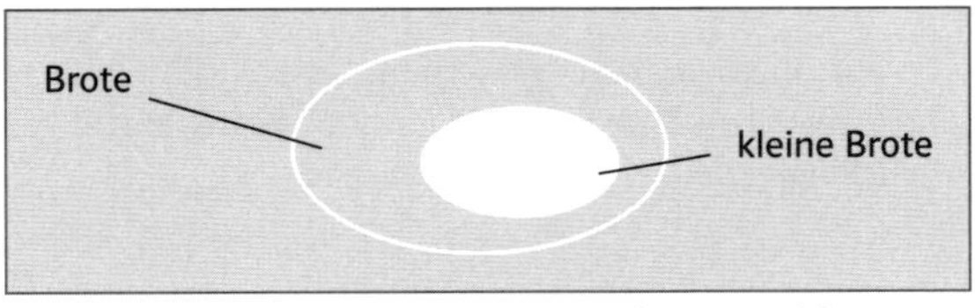

Abb. 12.2: Mengentheoretische Darstellung von *kleine Brote*

Mit den einfachen Mitteln der Mengendarstellung lässt sich die Verknüpfung von subsektiven und intersektiven Adjektiven mit Nomina gut darstellen. Wir scheitern aber an einem weiteren Typ von Adjektiven, die weder subsektiv noch intersektiv sind. Adjektive wie *ehemalig, mutmaßlich* oder *zukünftig* in *ehemaliger Bundeskanzler, mutmaßlicher Täter* oder *zukünftiger 3-Sterne-Koch*. Diese Adjektive bezeichnen gar keine Mengen. Weder können wir eine unabhängige Menge von zukünftigen Dingen bilden, die wir dann mit der Menge der 3-Sterne-Köche schneiden könnten, noch können wir aus der Menge der 3-Sterne-Köche die Untermenge der zukünftigen ermitteln, denn ein zukünftiger 3-Sterne-Koch ist ja kein 3-Sterne-Koch.
Die Grundidee sollte aber klar sein: Die Bedeutung der komplexen Ausdrücke hängt ab von ihrer Struktur und von der Bedeutung der zugrunde liegenden Ausdrücke. Bestimmte Lesarten mancher Ausdrücke können mengentheoretisch so modelliert werden, dass die Verknüpfung dadurch bestimmt wird. Bei anderen Lesarten reicht eine mengentheoretische Modellierung nicht aus.

4 Bedeutungsbeziehungen

Nehmen wir an, wir wüssten, wie Lesarten zu modellieren sind. Für einige einfache Beispielfälle haben wir bereits gesehen, wie das gehen könnte. Dann setzen wir die Lesarten verschiedener Ausdrücke zueinander in Beziehung. Auch hier ist vieles unklar, aber die folgenden Bezeichnungen für die so genannten Bedeutungsbeziehungen werden oft verwendet: Synonymie, Antonymie, Hyponymie/Hyperonymie. Ich möchte diese der Reihe nach vorstellen.

DEFINITION

Ein Ausdruck a ist zu einem Ausdruck b synonym genau dann, wenn a und b in allen Kontexten salva veritate füreinander ausgetauscht werden können. Salva veritate bedeutet ‚ohne Verlust der Wahrheit'.

Synonymie

Synonyme Ausdrücke können also in allen Kontexten durch einander ersetzt werden, ohne dass sich die Gesamtbedeutung des sie enthaltenden komplexen Ausdrucks ändert. Dies trifft zum Beispiel auf die Begriffe *Samstag* und *Sonnabend* zu, die in jedem Kontext austauschbar sind. Der Unterschied ist hier regional und inzwischen wahrscheinlich schon stark abgeschwächt – d.h. der Gebrauch des einen oder anderen Worts gibt eventuell Informationen über den Hintergrund des Sprechers, aber der Wahrheitsgehalt des komplexen Ausdrucks wird nicht beeinflusst: *Samstag* und *Sonnabend* sind synonym. Ganz ähnlich gibt es manchmal in verschiedenen Registern synonyme Ausdrücke für das Gleiche (z.B. *Auto* und *PKW*). Echte Synonymie ist aber sehr selten. Wir finden hingegen häufiger eine partielle Synonymie, wie in *Job* und *Anstellung* oder *Flugzeug* und *Flieger*. In vielen Kontexten sind die Ausdrücke austauschbar, aber in anderen nicht. Ein Beispiel ist *erwerben* und *kaufen*. In vielen Kontexten sind die beiden Ausdrücke austauschbar, z.B. in *ich erwerbe/kaufe ein Auto*. In anderen Kontexten, wie in *ich erwerbe eine Fremdsprache/#ich kaufe eine Fremdsprache*, sind sie nicht einfach austauschbar. Das ‚#' zeigt an, dass ein Ausdruck semantisch merkwürdig ist.

Antonymie

Eine weitere Bedeutungsrelation, die oft angesprochen wird, ist die Antonymie. Als erste Näherung kann man sagen, dass zwei Ausdrücke a und b antonym sind, wenn *a* das Gegenteil von *b* bezeichnet. Das ist aber zu grob. Die folgenden Wortpaare drücken alle Gegenteile voneinander aus, aber die jeweiligen Gegenteilsbeziehungen unterscheiden sich: *schwarz – weiß, billig – teuer, kalt – heiß, tot – lebendig*. Worin genau besteht der Unterschied? Es ist wichtig, dass der jeweilige Anwendungsbereich definiert ist. Angewendet auf Lebewesen kann man sagen, dass tot und lebendig die Menge der Lebewesen sauber aufteilen. Ein Lebewesen, das lebendig ist, ist nicht tot, ein Lebewesen, das tot ist, ist nicht lebendig. Außerdem gibt es nichts Drittes: Jedes Lebewesen ist entweder tot oder lebendig. Antonymien, die so funktionieren, heißen kontradiktorische Antonymien.

Kontradiktorische Antonymie

DEFINITION

Ein Ausdruck a steht in kontradiktorischer Antonymie zu einem Ausdruck b genau dann, wenn aus dem Zutreffen von a geschlossen werden kann, dass b nicht zutrifft und umgekehrt.

Ganz anders ist es bei *heiß* und *kalt*. Ein Gegenstand kann nicht gleichzeitig heiß und kalt sein, aber er kann auch keines von beiden sein – wenn er z.B. lauwarm ist. Gegenstände lassen sich nicht sauber in heiße und kalte Gegenstände einteilen, es gibt vieles dazwischen. Antonymien, die so funktionieren, heißen konträre Antonymien.

Konträre Antonymie

DEFINITION

Ein Ausdruck a steht in konträrer Antonymie zu einem Ausdruck b genau dann, wenn aus dem Zutreffen von a geschlossen werden kann, dass b nicht zutrifft, aber nicht umgekehrt aus dem Nichtzutreffen des einen auf das Zutreffen des anderen geschlossen werden kann.

Wenn wir uns, wie schon vorher, die Bedeutung eines Ausdrucks als eine Menge von Gegenständen vorstellen, dann teilen die Bedeutungen von zwei kontradiktorischen Ausdrücken eine Menge vollständig unter sich auf: Die Menge der natürlichen Zahlen besteht aus den *geraden* und den *ungeraden* Zahlen und sonst nichts. Zwei konträre Bedeutungen hingegen bezeichnen zwar disjunkte Mengen innerhalb ihres Anwendungsbereichs, lassen aber noch einen Bereich übrig, in dem beide nicht zu-

treffen. Dies ist z.B. der Fall für *positive* und *negative* Zahlen: Auch die 0 ist eine Zahl, aber weder positiv noch negativ.
Eine weitere häufig angesprochene Bedeutungsbeziehung ist die Hyponymie bzw. Hyperonymiebeziehung.

Hyponymie

DEFINITION

Ein Ausdruck a ist ein Hyponym eines Ausdrucks b und b das Hyperonym von a genau dann, wenn die Bedeutung von a in der Bedeutung von b enthalten ist.

Spaghetti ist ein Hyponym von *Pasta*: Spaghetti sind immer Pasta, aber Pasta bezeichnet nicht immer Spaghetti. Weitere Hyponyme von Pasta sind *Fusilli, Tagliatelle* oder *Penne*, die dann Co-Hyponyme genannt werden. Hyponymie bzw. Hyperonymie lässt sich in einer Taxonomie wie in Abb. 12.3 darstellen.

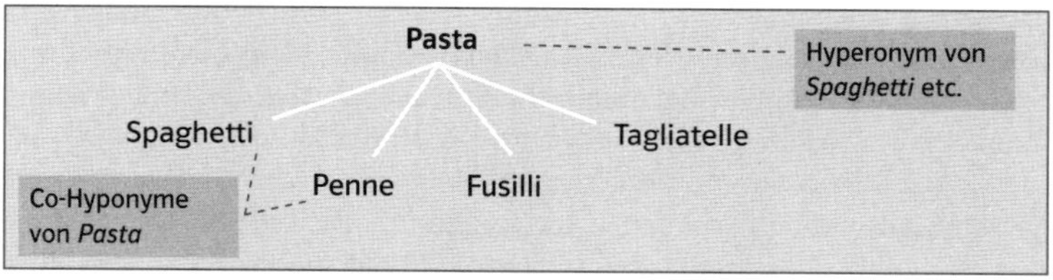

Abb. 12.3: Hyponymie und Hyperonymiebeziehungen

Wieder angewendet auf die mengentheoretische Sichtweise lassen sich Hyponyme als Untermengen ihrer Hyperonyme auffassen.

5 Zusammenfassung

In diesem Kapitel haben wir uns die Bedeutung produktiver komplexer Ausdrücke deutlich gemacht und das Kompositionalitätsprinzip kennen gelernt. Dieses besagt, dass die Bedeutung komplexer Ausdrücke aus der Bedeutung der in ihnen enthaltenen Ausdrücke unter Berücksichtigung der Struktur errechnet wird.

6 Fragen und Aufgaben

- Bestimmen Sie für die Adjektive (eigentlich AdjPs) in folgenden Ausdrücken, ob sie intersektiv, subsektiv oder keines von beiden sind: *saurer Wein, sauberes Glas, angeblicher Feinschmecker, 3 kg. schwerer Schinken, starker Tee*
- Bestimmen Sie die Bedeutungsbeziehungen zwischen den folgenden Ausdrücken *beginnen – anfangen, freundlich – unfreundlich, Sofa – Couch – Chaiselongue, schlafen – pennen, erklären – erläutern, Kartoffelpuffer – Reibekuchen, stark – schwach, Nudeln – Pasta*

1 Handeln durch Sprechen

In den Kapiteln 4 bis 11 hatten wir uns mit der Form von sprachlichen Äußerungen auseinander gesetzt und uns auf jeder Ebene gefragt, wie die kleinsten Einheiten aussehen und produktiv zusammengesetzt werden. In Kapitel 12 haben wir erkannt, dass wir die so abgeleiteten Strukturen brauchen, um Bedeutungen von Sätzen zu berechnen. In diesem Kapitel untersuchen wir nun die Verwendung sprachlicher Äußerungen in einem bestimmten Kontext.

Kontext

Äußerungen sind keine losgelösten linguistischen Objekte. Jede Äußerung wird vielmehr von einer bestimmten Person in einem bestimmten Kontext gemacht, wobei diese Person normalerweise bestimmte Absichten verfolgt. Wenn wir Äußerungen im Kontext betrachten, sehen wir, dass die berechnete Bedeutung der jeweiligen Sätze ergänzt und manchmal sogar überschrieben werden kann. Das bedeutet aber nicht, dass mit beliebigen Äußerungen Beliebiges ausgedrückt werden könnte – Kommunikation wäre dann nicht möglich. Die Effekte, die die Semantik ergänzen oder überschreiben, müssen wohldefinierten Mechanismen folgen. Diese Mechanismen, von denen die Implikatur der wichtigste ist, leiten sich von den Konversationsmaximen ab, die wir im nächsten Abschnitt besprechen. Danach werfen wir einen Blick auf Äußerungen: Sie können als sprachliche Handlungen verstanden werden, mit denen Sprecher oder Sprecherinnen etwas bewirken. Dazu kommen wir kurz auf die aus der Syntax bekannte Einteilung von Satztypen in Verb-erst-, Verb-zweit- und Verb-letzt-Sätze zurück und bringen sie mit den Satzmodi Aussage, Frage und Ausrufesatz in Verbindung. Auf diese Weise werden wir feststellen, dass sich Satztyp und Satzmodus nicht immer eindeutig aufeinander abbilden lassen. Vielmehr werden alle Satztypen und Satzmodi für bestimmte kommunikative Zwecke verwendet, die zu Sprechakttypen zusammengefasst werden können.

EXKURS

Jede Äußerung wird von einem bestimmten Sprecher in einer bestimmten Situation gemacht. Eine Reihe von sprachlichen Ausdrücken lässt sich nur in Bezug auf die Situation interpretieren. Zu diesen so genannten indexikalischen oder deiktischen Ausdrücken gehören *ich, hier, jetzt, morgen, dort.*

2 Konversationsmaximen

Der Sprachphilosoph Paul Grice (1913–1988) beschrieb in einer Arbeit von 1975 interessante Unterschiede zwischen logischen Ausdrücken und ihren natürlichsprachlichen Entsprechungen. Im letzten Kapitel haben wir die auf der Logik basierende Semantik des Wortes *und* in Ausdrü-

cken wie *Maria hat Äpfel und Birnen gekauft* besprochen und festgelegt, dass ein Ausdruck *a* und *b* dann wahr ist, wenn *a* wahr ist und *b* wahr ist. *a* und *b* ist ohne Bedeutungsänderung umkehrbar: *Maria hat Birnen und Äpfel gekauft* bedeutet genau dasselbe wie *Maria hat Äpfel und Birnen gekauft.*
Nach der bisher gegebenen Semantik von *und* müssten auch die folgenden Sätze gleichbedeutend sein:

Maria verlor das Rennen und trank zuviel Schnaps.
Maria trank zuviel Schnaps und verlor das Rennen.

Semantik und Pragmatik

Hier reicht die Semantik aber nicht aus. Im Normalfall versteht man den ersten Satz so, dass Maria zuviel Schnaps trank, nachdem oder weil sie das Rennen verloren hatte, und den zweiten Satz so, dass sie erst zuviel Schnaps trank und dann als Folge das Rennen verlor. Die Semantik von *und* wird durch weitere Informationen, nämlich den zeitlichen Ablauf und vielleicht die Kausalität ergänzt. Wir nehmen an, dass der Sprecher oder die Sprecherin (im Weiteren einfach S) dieser Sätze die Reihenfolge der Konjunkte nicht zufällig gewählt hat.
Ganz ähnlich kann man für weitere Ausdrücke vorgehen. Zwei mit *oder* verknüpfte Ausdrücke *a* und *b* in der Logik sind immer wahr, wenn nicht beide Teilausdrücke falsch sind – sie können also beide wahr sein. Das natürlichsprachliche *oder* funktioniert in einigen Kontexten genauso:

In der Kantine darf jeder essen, der unter 25 ist oder einen Studentenausweis hat.

Um in der Kantine essen zu dürfen, reicht es, wenn eine der beiden Bedingungen: *unter 25 sein, einen Studentenausweis haben* erfüllt ist. Es dürfen aber auch beide Bedingungen erfüllt sein. Man darf auch in der Kantine essen, wenn man unter 25 ist und gleichzeitig einen Studentenausweis hat. Oft wird jedoch das natürlichsprachliche *oder* als ein exklusives *oder* verstanden, in dem nur eine der Bedingungen erfüllt ist. Ganz klar wird das in *zum Frühstücksbüffet wird eine Tasse Kaffee oder eine Tasse Tee serviert.* Versuchen Sie in solchen Fällen, mit der Bedienung zu argumentieren. Aber auch in Äußerungen wie *ich gehe heute oder morgen in die Stadt* geht die Hörerin oder der Hörer der Äußerung (im Weiteren einfach H) üblicherweise davon aus, dass S nicht an beiden Tagen in die Stadt geht.
Die Semantik determiniert die Bedeutung eines Satzes. Bei *und* sowie *oder* legt sie weniger fest als üblicherweise im Kontext verstanden wird. GRICE führt das darauf zurück, dass alle Teilnehmer an einer Konversation sich rational und kooperativ verhalten und implizit das Kooperationsprinzip und die sich daraus ergebenden Maximen (siehe Definitionskasten) befolgen. Spätere Autoren haben die Menge der Maximen geändert, aber die Grundannahmen bleiben bestehen.

Kooperationsprinzip

DEFINITION

Kooperationsprinzip: Gestalte deinen Gesprächsbeitrag so, dass er dem anerkannten Zweck dient, den du gerade zusammen mit deinen Kommunikationspartnern verfolgst.

Maxime der Qualität

- Versuche einen Gesprächsbeitrag zu liefern, der wahr ist.
- Sage nichts, wovon du glaubst, dass es falsch ist.
- Sage nichts, wofür du keine hinreichenden Gründe hast.

Maxime der Quantität

- Mache deinen Gesprächsbeitrag so informativ, wie es für den anerkannten Zweck des Gesprächs nötig ist.
- Mache deinen Beitrag nicht informativer, als es für den anerkannten Zweck des Gesprächs nötig ist.

Maxime der Relevanz

- Sage nur Relevantes.
- Vermeide Unklarheit.
- Vermeide Mehrdeutigkeit.
- Vermeide unnötige Weitschweifigkeit.
- Vermeide Ungeordnetheit.

1 Konversationelle Implikaturen

Normen

Die Maximen ergeben sich aus der Befolgung des Kooperationsprinzips. Sie sind also keine beobachteten Regularitäten, sondern Normen – die natürlich verletzt werden können. Im Normalfall ist es aber rational anzunehmen, dass ein Gesprächspartner sich kooperativ verhält. Ich möchte das an ein paar Beispielen verdeutlichen.

Zöllner: *Führen Sie Alkohol ein?*
S: *Ich habe zwei Flaschen Wein mitgebracht.*

Die Aussage von S ist auch wahr, wenn S mehr als zwei Flaschen Wein mitgebracht hat, wird aber meistens so verstanden, dass S genau zwei Flaschen Wein mitgebracht hat. Dies wird durch die Maxime der Quantität vermittelt: H geht davon aus, dass S so informativ ist wie für die Situation nötig.

S1: *Wie spät ist es?*
S2: *Die Zeitung ist noch nicht da.*

Scheinbar beantwortet S2 die Frage von S1 nicht. Nach der Maxime der Relevanz kann S1 aber annehmen, dass die Aussage von S2 sich auf die Frage bezieht und versuchen, die Antwort daraus zu interpretieren – zum Beispiel im gemeinsamen Wissen, dass die Zeitung immer um 8 Uhr kommt, es also vor 8 Uhr sein muss.

Nun lassen sich auch unsere Beispiele mit *und* und *oder* interpretieren: Wir nehmen nach den Maximen der Quantität und der Modalität an, dass die Reihenfolge der Konjunkte bei *und* nicht zufällig ist und das *oder* gewählt wurde, weil das informativere *und* nicht gilt.

Satzbedeutung und Äußerungsbedeutung

Wir haben also jeweils eine Satzbedeutung, die durch die Semantik gegeben ist, und eine durch die Pragmatik angereicherte Äußerungsbedeutung vorliegen. Die zusätzliche Information nennt man Implikatur.

2 Missachtung der Maximen

Implikaturen ergeben sich u.a. aus dem Kooperationsprinzip und der Annahme, dass die Maximen beachtet sind. Anders als logische Folgerungen können Implikaturen jedoch überschrieben werden. Manchmal ist das problemlos möglich:

S1: *Hast Du Rotwein zum Abendessen mitgebracht?*
S2: *Ich habe zwei Flaschen Rotwein mitgebracht, eigentlich sogar drei, wenn man den Trollinger als Rotwein ansehen möchte.*

Zuweilen führt die Verletzung der Konversationsmaximen aber zu pragmatisch merkwürdigen Äußerungen:

S: *Karl-Heinz hat zwei Flaschen Wein mitgebracht, aber ich glaube das nicht.*

Hier ist die Maxime der Qualität verletzt. Die Implikatur, dass S die Wahrheit sagt, wird sofort überschrieben.
Zusätzlich kann natürlich das Kooperationsprinzip bewusst verletzt werden, wie zum Beispiel bei ironischen Äußerungen die Maxime der Qualität:

S: *Ich bin völlig begeistert. Schlecht geschlafen, Milch sauer, Bus zu spät, letzte Hose dreckig. Das wird ein Supertag!*

Die bewusste Verletzung von Maximen kann auch zu Implikaturen führen. Als Beispiel wird oft eine Situation wie die folgende angeführt. Eine Professorin schreibt unter eine schlechte Hausarbeit:

Die Hausarbeit enthält wenig Orthographiefehler.

Hier besagt die Auslassung der genauen Bewertung, die ja durch die Maxime der Qualität gefordert wäre, und die Verletzung der Maxime der Relevanz, dass die Arbeit eigentlich nicht zu bewerten ist.
Zusammenfassend kann man sagen, dass Äußerungen in einem gegebenen Kontext mehr ausdrücken können als die Satzbedeutungen alleine

hergeben. Die zusätzlichen, überschreibbaren Bestandteile der Äußerungsbedeutung nennt man konversationelle Implikaturen. Dies setzt voraus, dass S und H sich kooperativ verhalten und über ein gemeinsames Vorwissen sowie gemeinsame, auch implizite Grundannahmen verfügen. Dies nennt man ‚Common Ground', für eine ausführliche Erläuterung siehe CLARK (1996).

3 Sprechakte

Konstative

Einen anderen Fokus bei der Betrachtung sprachlicher Äußerungen im Kontext legen JOHN AUSTIN (1962) und, auf AUSTINS Arbeiten aufbauend, JOHN SEARLE (1969). Sie verstehen Äußerungen als Handlungen, die eine Veränderung in der Welt bewirken – wozu auch die Einstellungen von S und H gehören. AUSTIN unterscheidet zunächst konstative von performativen Äußerungen. Als Konstative bezeichnet man Äußerungen, in denen Informationen mitgeteilt werden. Diese Äußerungen können wahr oder falsch sein:

Weißkohl enthält viel Vitamin C.

Performative

Die Vermittlung von Informationen ist sicher ein wichtiger Zweck von sprachlichen Äußerungen, aber nicht der einzige. Dazu kommen performative Äußerungen, also solche, die allein schon dadurch eine Handlung darstellen, dass sie geäußert werden. Performative Äußerungen können nicht wahr oder falsch sein, sondern sie glücken entweder oder glücken nicht:

Ich verspreche dir ein Eis.
Ich ernenne Maria hiermit zur Chefköchin.
Ich bitte dich, mir einen Tee zu kochen.

In diesen Beispielen wird jeweils ein performatives Verb wie *versprechen, ernennen* oder *bitten* verwendet. Davon gibt es viele. Unter anderem gehören die direktiven Verben dazu, die das Verhalten einer anderen Person ändern sollen, wie *bitten, auffordern* oder *anweisen*. Es gibt die expressiven Verben, die die psychische Einstellung von S ausdrücken, wie *gratulieren, protestieren* und *loben* oder auch kommissive Verben, die ein bestimmtes Verhalten von S ankündigen, wie *garantieren, versprechen* oder *schwören*.

Typen von Sprechakten

Angelehnt an die Klassifikation der performativen Verben teilt man die Intentionen von S in unterschiedliche Sprechakte ein. So gibt es direktive Sprechakte, die das Verhalten einer Person ändern sollen, und expressive Sprechakte, in denen die psychische Einstellung von S ausgedrückt wird. Dies wird im folgenden Definitionskasten erläutert. Spätere Autoren haben übrigens immer wieder andere Inventare von Sprechakten vorgelegt.

DEFINITION

Typen von Sprechakten nach Searle (1979):
Assertive sind Sprechakte, die S auf die Wahrheit einer Aussage festlegen. Beispiele für assertive Verben sind behaupten, sagen, angeben mit und antworten.
Direktive sind Sprechakte, die H zu einer Handlung bewegen wollen. Beispiele für direktive Verben sind bitten, befehlen, auffordern, anweisen und anflehen.
Kommissive sind Sprechakte, in denen sich S auf eine zukünftige Handlung verpflichtet. Beispiele für kommissive Verben sind versprechen, schwören, zusagen und garantieren.
Expressive sind Sprechakte, in denen S eine Haltung gegenüber einer Tatsache äußert. Beispiele für expressive Verben sind bedanken, gratulieren, bedauern und beklagen.
Deklarative sind Sprechakte, die die Welt verändern, indem sie ausgeführt werden. Beispiele für deklarative Verben sind taufen, etwas eröffnen, ernennen und zurücktreten.

Austin und Searle stellen aber fest, dass für die Ausführung eines Sprechakts nicht immer ein performatives Verb verwendet werden muss. So kann man statt *ich verspreche dir ein Eis* auch sagen *du bekommst ein Eis* oder statt *ich bitte dich, mir einen Tee zu kochen* auch *ich hätte jetzt gerne einen Tee*. Die Form ist also nicht konstitutiv für einen bestimmten Sprechakt. An dieser Stelle wollen wir nun auf die Satztypen und Satzmodi aus Kapitel 9 zurückkommen.

1 Satztypen und Satzmodi

In Kapitel 9 haben wir durch Stellungsregularitäten Satztypen unterschieden: Verb-erst-Sätze, Verb-zweit-Sätze und Verb-letzt-Sätze. Wir haben diesen dann in Abb. 9.2 Satzmodi zugeordnet, das aber nicht weiter diskutiert. Abb. 9.2 ist zu einfach. Wir müssen uns an dieser Stelle noch einmal klar machen, dass es nicht zu jedem Satztyp genau einen Satzmodus gibt. Wir können zum Beispiel Entscheidungsfragen (interrogativ) mit allen Satztypen formulieren.

Verb-erst: *Kocht Karl-Heinz einen Tee?*
Verb-zweit: *Karl-Heinz kocht einen Tee?*
Verb-letzt: *Ob Karl-Heinz mir wohl einen Tee kocht?*

Genauso können wir in allen drei Satztypen imperativ und deklarativ sein.

Verb-erst: *Koch einen Tee!*
Verb-zweit: *Du sollst mir einen Tee kochen!*
Verb-letzt: *Dass Du mir endlich einen Tee kochst!*

Verb-erst: *Kam Karl-Heinz doch gestern in die Küche und …*
Verb-zweit: *Karl-Heinz kam gestern in die Küche.*
Verb-letzt (bei entsprechendem Matrixsatz):
…, dass Karl-Heinz in die Küche kommt.

Indirekte Sprechakte

Die Form ist also nicht immer ausschlaggebend für die Funktion, die durch ganz unterschiedliche Formen erreicht werden kann. Austin und Searle reden über indirekte Sprechakte, wenn die Form nicht der Intention des Sprechakts entspricht.
Zurück zu unserem Tee-Beispiel. Wenn ich etwas sagen möchte, das bewirkt, dass Karl-Heinz mir einen Tee kocht, kann ich einen direktiven Sprechakt ausführen. Ich kann auch einen Imperativ oder ein direktives Verb verwenden.

Karl-Heinz, koch mir einen Tee!
Karl-Heinz, ich bitte dich, mir einen Tee zu kochen.

Ich kann aber auch auf beliebig viele Arten indirekt sein. Im folgenden Satz wird nicht nach der Fähigkeit gefragt:

Könntest Du mir einen Tee kochen?
Ich hätte gerne einen Tee.
Was wäre das schön, wenn du mir einen Tee kochen würdest.
Mir ist kalt. …

Wir können also unterscheiden zwischen dem Zweck der Sprechhandlung (Illokution) und der Äußerungsform (Lokution). Abb. 13.1 gibt ein paar Beispiele.

Lokution Illokution Perlokution

Illokution	Lokutionen
direktiv: S fordert H auf, einen Tee zu kochen	*Koch einen Tee!* *Ich hätte gerne einen Tee* *Mir ist kalt und ich habe Durst*
kommissiv: S verpflichtet sich, für H einen Tee zu kochen	*Ich verspreche, Dir einen Tee zu kochen.* *Ich koche Dir gleich einen Tee.* *Setz dich. Das Teewasser kocht schon.*
deklarativ: S eröffnet ein Einkaufszentrum	*Hiermit eröffne ich dieses Einkaufszentrum.* *Es ist mir einen besondere Ehre, dieses Band durchschneiden zu dürfen.* *Trinken wir auf dieses Einkaufszentrum!*

Abb. 13.1: Beispiele für Illokutionen mit möglichen Lokutionen

Deklarative Sprechakte

Noch zwei kleine Nebenbemerkungen. Deklarative sind manchmal formelhaft. So gilt ein Schwur in manchen Situationen nur, wenn er auf eine genau spezifizierte Art ausgesprochen wird. In vielen Arbeiten wird die Beziehung zwischen Indirektheit und Höflichkeit diskutiert, für einen Überblick siehe z.B. LEECH (1983).

Bedingungen des Gelingens

Mein direktiver Sprechakt war erfolgreich, wenn Karl-Heinz seine Aufgabe, mir einen Tee zu kochen, verstanden hat. Sonst ist mein Sprechakt gescheitert. Das kann man allgemeiner formulieren: Damit ein Sprechakt gelingen kann, müssen bestimmte Bedingungen gelten. Diese werden Gelingensbedingungen, engl. ‚felicity conditions', genannt.
Es gibt allgemeine Bedingungen, wie die, dass S und H die gleiche Sprache sprechen und H S verstehen kann. Dann gibt es Bedingungen, die für einzelne Sprechakte formuliert werden. So gelingt ein direktiver Sprechakt nur dann, wenn H überhaupt in der Lage ist, die Bitte von S zu erfüllen. SEARLE formuliert solche Bedingungsbündel für einige Sprechakte genauer. Hier ein Beispiel für den kommissiven Sprechakt ‚Versprechen':

1. S sagt, dass er eine Handlung ausführen wird.
2. S hat vor, diese Handlung auszuführen.
3. S ist sicher, dass er diese Handlung ausführen kann.
4. S glaubt, dass er diese Handlung nicht ohnehin ausführen würde.
5. S glaubt, dass H will, dass S die Handlung ausführt.
6. S will sich mit der Äußerung A verpflichten.

AUSTIN und SEARLE versuchen, Sprachhandlungen zu klassifizieren und formulieren die Bedingungen, unter denen sie gelingen können. Zurück zu der ganz am Anfang dieses Abschnitts eingeführten Unterscheidung zwischen konstativen und performativen Äußerungen. AUSTIN nimmt diese Unterscheidung selber ein wenig zurück und sagt, dass auch konstative Äußerungen etwas bewirken können, dass auch sie glücken oder missglücken können.

4 Zusammenfassung

In diesem Kapitel haben wir zwei Sichtweisen auf sprachliche Äußerungen im Kontext kennen gelernt. In beiden Ansätzen wird gezeigt, dass die Semantik nur einen Teil der Information liefert. Bei GRICE werden weitere implizite Informationen durch Implikaturen vermittelt. AUSTIN und SEARLE legen ihr Hauptaugenmerk darauf, wie sprachliche Äußerungen eingesetzt werden, um Veränderungen in der Welt zu bewirken.

5 Fragen und Aufgaben

▶ Welche Maxime wird hier verletzt?

Touché by ©TOM

▶ Formulieren Sie für jeden der angegebenen Sprechakttypen eine Illokution mit verschiedenen Lokutionen.

▶ Formulieren Sie die Gelingbedingungen für die Sprechakte ‚Drohen' und ‚Taufen'.

Im Folgenden finden Sie einige ausgewählte Bücher für das weitere Studium. Sehr viele gute Einführungsbücher sind auf Englisch geschrieben. Sie sollten sich daher so früh wie möglich damit anfreunden, dass Sie auch englische Fachtexte lesen müssen. Je tiefer Sie in theoretische Gebiete einsteigen, desto mehr Literatur wird in Englisch geschrieben sein. Im ersten Teil des Literaturverzeichnisses sind Einführungen, Grammatiken und allgemeine Ressourcen nach Themen geordnet. Hier finden Sie auch Hinweise auf Werke, die nicht im Text zitiert sind. Im zweiten Teil finden Sie weitere im Text zitierte Literatur.

1 Allgemeine Einführungen, Grammatiken, Handbücher

1 Allgemeine Einführungen und Überblicksdarstellungen

GREWENDORF, GÜNTHER/HAMM, FRITZ/STERNEFELD, WOLFGANG: *Sprachliches Wissen. Eine Einführung in moderne Theorien der grammatischen Beschreibung.* Frankfurt a. M.: Suhrkamp (1991). Das Buch ist zwar schon etwas älter, aber die motivierenden Kapitel sind sehr lesenswert. Sehr klar ist auch die Einführung in die Syntax, besonders in die X-Bar-Theorie.

LINKE, ANGELIKA/NUSSBAUMER, MARKUS/PORTMANN, PAUL R.: *Studienbuch Linguistik.* Tübingen: Niemeyer (2004[5]).

LYONS, JOHN: *Einführung in die moderne Linguistik.* München: C.H. Beck (1995[8]). Diese Einführung ist auch schon älter (das englische Original erschien 1971), aber für viele Bereiche immer noch ein Standardwerk. Es ist sehr klar geschrieben und bietet eine gute historische Darstellung.

MEIBAUER, JÖRG/DEMSKE, ULRIKE/GEILFUSS-WOLFGANG, JOCHEN/PAFEL, JÜRGEN/RAMERS, KARL HEINZ/ROTHWEILER, MONIKA/STEINBACH, MARKUS: *Einführung in die germanistische Linguistik.* Stuttgart, Weimar: Metzler (2007[2]).

2 Grammatiken

Es gibt sehr viele Grammatiken des Deutschen. Sie unterscheiden sich nicht nur in ihrer Abdeckung und dem Zielpublikum, sondern vor allem auch in den Grundannahmen. In der Grammis-Datenbank des Instituts für deutsche Sprache in Mannheim (http://www.ids-mannheim.de/gra/grammis.html) sind Artikel zu vielen Aspekten der deutschen Grammatik gesammelt.

DUDEN 4: Die Grammatik. Mannheim: Duden-Verlag (2005[7]).

EISENBERG, PETER: *Grundriß der deutschen Grammatik. Das Wort.* Stuttgart, Weimar: Metzler (1998).

EISENBERG, PETER: *Grundriß der deutschen Grammatik. Der Satz.* Stuttgart, Weimar: Metzler (1999).

HELBIG, GERHARD/BUSCHA, JOACHIM: *Deutsche Grammatik. Ein Handbuch für den Ausländerunterricht.* Berlin: Langenscheidt (2004).

ZIFONUN, GISELA/HOFFMANN, LUDGER/STRECKER, BRUNO et al.: *Grammatik der deutschen Sprache.* 3 Bände. Berlin: Walter de Gruyter (1997).

3 Linguistische Wörterbücher und Enzyklopädien

Linguistische Wörterbücher enthalten kurze Erläuterungen und meistens auch eine Überblicksbibliographie zu linguistischen Themen.

BROWN, KEITH (Hg.): *Encyclopedia of Language and Linguistics.* Amsterdam: Elsevier (2005).

BUSSMANN, HADUMOD (Hg.): *Lexikon der Sprachwissenschaft.* Stuttgart: Kröner Verlag (2003³).

CRYSTAL, DAVID: *A Dictionary of Linguistics and Phonetics.* Oxford: Blackwell (2003).

KÖNIG, WERNER: *dtv-Atlas deutsche Sprache.* München: dtv (2004¹⁵).
Enthält kurze Einführungen in viele Gebiete der Sprachwissenschaft. Ausführlichere Darstellung der Sprachgeschichte und Dialektgebiete des Deutschen mit vielen illustrativen Abbildungen und Karten.

4 Handbücher

Es gibt unterschiedliche Handbuchserien zur Linguistik. Handbücher enthalten Überblicksartikel zu einzelnen Gebieten, die oft einen guten Einstieg in ein neues Gebiet bilden. Wichtige Handbuchreihen in der Linguistik:

Handbooks of Linguistics von Blackwell.
Informationen unter http://www.blackwellpublishing.com/seriesbyseries.asp?ref=BHL.

Handbücher der Sprach- und Kommunikationswissenschaft (HSK) von Walter de Gruyter/Mouton de Gruyter.
Es gibt HSK-Bände zu vielen Themen, unter anderem zu allen Themen, die in dieser Einführung besprochen werden. Informationen finden Sie unter http://www.degruyter.de/cont/fb/sp/spHsk.cfm

Oxford Handbooks in Linguistics.
Informationen unter http://www.oup.co.uk/academic/socsci/handbooks/linguistics/.

5 Studienbibliographien

Literaturangaben – oft kommentiert – und Webseiten zu bestimmten Themen sind in den Studienbibliographien Sprachwissenschaft gesammelt, herausgegeben im Auftrag des Instituts für deutsche Sprache; Informationen unter http://www.ids-mannheim.de/pub/laufend/studienbib/.

6 Wissenschaftliches Arbeiten

Wissenschaftliche Texte folgen bestimmten Konventionen im Aufbau, in der Art zu schreiben oder in der Erstellung einer Bibliographie. Es gibt viele Bücher, die allgemeine Konventionen erläutern und wissenschaftliches Arbeiten generell näher bringen, zum Beispiel:

SOMMER, ROY: *Schreibkompetenzen. Erfolgreich wissenschaftlich schreiben.* Stuttgart: Klett (2006).

2 Einzelgebiete

1 Geschichte der Sprachwissenschaft

Sehr gut zu lesen und interessant ist der Abschnitt über die Geschichte der Sprachwissenschaft in der Einführung von LYONS (1995).

ARENS, HANS: *Sprachwissenschaft. Der Gang ihrer Entwicklung von der Antike bis zur Gegenwart.* Freiburg, München: Karl Alber (1969²). Nachdruck: Frankfurt: Athenäum Fischer Taschenbuch Verlag, 2 Bde. (1974).
ARENS stellt die Geschichte der Sprachwissenschaft mit Hilfe vieler Originalzitate vor. Das Buch ist schwierig zu lesen, aber sehr nützlich.

CAMPBELL, LYLE: “The history of linguistics”. In: Aronoff, Mark/Rees-Miller, Janie (Hg.). *The Handbook of Linguistics.*

Oxford: Blackwell (2001), 81–104.
Der Artikel bietet einen guten Einstieg in die Geschichte der Sprachwissenschaft.

ROBINS, ROBERT H.: *Ideen- und Problemgeschichte der Sprachwissenschaft. Mit besonderer Berücksichtigung des 19. und 20. Jahrhunderts.* Frankfurt: Athenäum (1973).
Dies ist eine fast schon klassische Darstellung. ROBINS setzt allerdings sehr viel Vorwissen voraus. Es gibt eine neuere Auflage auf Englisch: ROBINS, R. H.: *A Short History of Linguistics.* London: Longman (1997[4]).

2 Historische Linguistik und Geschichte des Deutschen

Der *dtv-Atlas deutsche Sprache* (siehe oben) enthält viele historische Karten.

DONHAUSER, KARIN/FISCHER, ANNETTE/MECKLENBURG, LARS: *Moutons Interaktive Einführung in die Historische Linguistik des Deutschen. The Mouton Interactive Introduction to Historical Linguistics of German.* Berlin: Mouton de Gruyter (2007).
Die DVD bietet eine gut verständliche und ansprechend aufgebaute interaktive Einführung in die Entwicklung des Deutschen mit vielen Sprachbeispielen und Karten.

HOCK, HANS HEINRICH: *Principles of Historical Linguistics.* Berlin: Mouton de Gruyter (1991[2]).

VON POLENZ, PETER: *Deutsche Sprachgeschichte vom Spätmittelalter bis zur Gegenwart.* Bd. 1: *Einführung. Grundbegriffe. Deutsch in frühbürgerlicher Zeit.* Berlin: Walter de Gruyter (2000[2]).

VON POLENZ, PETER: *Deutsche Sprachgeschichte vom Spätmittelalter bis zur Gegenwart.* Bd. 2: *17. und 18. Jahrhundert.* Berlin: Walter de Gruyter (1994).

VON POLENZ, PETER: *Deutsche Sprachgeschichte vom Spätmittelalter bis zur Gegenwart.* Bd. 3: *19. und 20. Jahrhundert.* Berlin: Walter de Gruyter (1999).

SCHMIDT, WILHELM: *Geschichte der deutschen Sprache.* Stuttgart, Leipzig: Hirzel (2006[10]).

3 Phonetik und Phonologie

Das IPA-Alphabet und viele weitere Informationen bietet die Homepage der International Phonetic Association: http://www2.arts.gla.ac.uk/IPA/ipa.html.
Unter http://www.linguistics.ucla.edu/people/ladefoge finden sich Webversionen der CDs, die Ladefogeds Einführungen beiliegen, und viele weitere Informationen.
Mit dem frei verfügbaren Programm PRAAT können die akustischen Eigenschaften wie Spektrum oder Formanten einer gesprochenen Äußerung analysiert werden: http://www.fon.hum.uva.nl/praat/.

HALL, T. ALAN: *Phonologie. Eine Einführung.* Berlin: Walter de Gruyter (2000).
HALL diskutiert das phonologische System des Deutschen, aber auch vieler anderer Sprachen und erläutert anhand von Beispielen die grundlegenden Einheiten und Probleme der Phonologie. Mit Übungen.

LADEFOGED, PETER: *Vowels and Consonants.* Malden, Oxford: Blackwell (2005[2]).
Bietet eine Einführung in die akustische und artikulatorische Phonetik mit vielen Beispielen aus unterschiedlichen Sprachen. Dazu gibt es eine CD mit Hörbeispielen.

MAAS, UTZ: Phonologie. *Einführung in die funktionale Phonetik des Deutschen.* Göttingen: Vandenhoek & Ruprecht (2006).
Gibt eine Einführung mit einem Schwerpunkt auf wirklich vorkommende Äußerungen, mit vielen Daten aus der

gesprochenen Sprache und deutschen Dialekten. Die theoretischen Modelle werden anschaulich erklärt.

POMPINO-MARSCHALL, BERND: *Einführung in die Phonetik*. Berlin: Walter de Gruyter (2003²).
Eine Einführung in alle Bereiche der Phonetik, mit vielen Beispielen zum Deutschen.

WIESE, RICHARD: *The Phonology of German*. Oxford/New York: Oxford University Press (2000²).
Einführung in die deutsche Phonologie mit vielen Beispielen. Das Buch ist theoretischer angelegt als die Einführung von Hall und geht besonders auf die Optimalitätstheorie ein.

4 Schriftsysteme und Graphematik

COULMAS, FLORIAN: *Writing systems. An introduction to their linguistic analysis*. Cambridge: Cambridge University Press (2003).
Eine Einführung in Schriftsysteme: ideographische Systeme, Keilschrift, Entwicklung von Alphabeten etc. mit linguistischem Hintergrund. Viele Abbildungen und gute Erläuterungen.

FUHRHOP, NANNA: *Orthografie*. Heidelberg: Winter (2005).
Bietet eine kurze und gut lesbare Einführung in die Prinzipien der deutschen Wortschreibung und der syntaktischen Schreibung.

GARBE, BURCKHARDT: „Phonetik und Phonologie, Graphetik und Graphemik des Neuhochdeutschen seit dem 17. Jahrhundert". In: Besch, Werner/Betten, Anne/Reichmann, Oskar/Sonderegger, Stefan (Hg.). *Sprachgeschichte. Ein Handbuch zur Geschichte der deutschen Sprache und ihrer Erforschung*. Bd. 2. Berlin: Walter de Gruyter (2000²), 1766–1782.

MAAS, UTZ: „Graphematische Eigenschaften von Wörtern". In: Cruse, D. Alan/Hundsnurscher, Franz/Job, Michael/Lutzeier, Peter Rolf (Hg.): *Lexikologie. Ein internationales Handbuch zur Natur und Struktur von Wörtern und Wortschätzen*. Berlin: Walter de Gruyter (2002), Bd. 1, 217–227.

MUNSKE, HORST HAIDER: *Lob der Rechtschreibung. Warum wir schreiben, wie wir schreiben.* C.H. Beck: München (2005).
Ein für ein allgemeines Publikum geschriebenes Buch, das die Hintergründe der deutschen Orthographie erläutert.

5 Morphologie

BAUER, LAURIE: *Introducing Linguistic Morphology*. Washington: Georgetown University Press (2003).
Sehr gute Einführung in die Grundlagen der Flexion und Wortbildung. Beispiele aus vielen Sprachen, nicht spezifisch zum Deutschen.

DONALIES, ELKE: *Basiswissen deutsche Wortbildung*. Tübingen, Basel: A. Francke, UTB (2007).

EICHINGER, LUDWIG: *Deutsche Wortbildung*. Tübingen: Gunther Narr Verlag (2000).

FLEISCHER, WOLFGANG/BARZ, IRMHILD: *Wortbildung der deutschen Gegenwartssprache*. Tübingen: Niemeyer (1995).
Ausführliche Darstellung der meisten deutschen Wortbildungsprozesse. Nützlich als Nachschlagewerk.

MUGDAN, JOACHIM: „Morphological Units". In: Asher, Ron E. (Hg.). *The Encyclopedia of Language & Linguistics*. Oxford u.a.: Pergamon Press (1994), 2543–2553.
Interessante und klare Diskussion der Grundeinheiten der Morphologie: Morphem, Stamm, Affix etc.

6 Syntax

DÜRSCHEID, CHRISTA: *Syntax. Grundlagen und Theorien.* Ergänzt um ein Kapitel zur Optimalitätstheorie von Martin Businger. Göttingen: Vandenhoeck & Ruprecht (2007[4]).
Einführung in verschiedene syntaktische Ansätze und Analyse von Strukturen des Deutschen in mehreren Theorien. Schönes Kapitel zum topologischen Modell.

MÜLLER, STEFAN: *Grammatiktheorie.* Tübingen: Stauffenburg Verlag (2009).
Klare, fundierte und sehr gut lesbare Einführung in unterschiedliche Grammatiktheorien.

MUSAN, RENATE: *Satzgliedanalyse.* Heidelberg: Universitätsverlag Winter (2008).
Kurze und klare Einführung in die Satzgliedanalyse. Gut für das Selbststudium geeignet.

STERNEFELD, WOLFGANG: *Syntax. Eine morphologisch motivierte generative Beschreibung des Deutschen.* Band 1. Tübingen: Stauffenburg Verlag (2007[2]).
Einführung in die generative Syntax. Es gibt einen weiterführenden zweiten Band.

WELKE, KLAUS: *Einführung in die Satzanalyse. Die Bestimmung der Satzglieder im Deutschen.* Berlin: Walter de Gruyter (2007).
Grundlegende Einführung in die ‚traditionelle' Syntax mit vielen Beispielanalysen.

WÖLLSTEIN-LEISTEN, ANGELIKA/HEILMANN, AXEL/STEPAN, PETER/VIKNER, STEN: *Deutsche Satzstruktur. Grundlagen der syntaktischen Analyse.* Tübingen: Stauffenburg Verlag (1997).

7 Semantik

CHIERCHIA, GENNARO/MCCONNELL-GINET, SALLY: *Meaning and Grammar.* Cambridge, MA: MIT Press (1990).
Einführung in die formale Semantik.

HEIM, IRENE/KRATZER, ANGELIKA: *Semantics in Generative Grammar. An Introduction.* Oxford: Blackwell (1997).
Gibt eine anspruchsvolle Einführung in die formale Semantik und schließt gut an die generative Syntax an.

LÖBNER, SEBASTIAN: *Semantik. Eine Einführung.* Berlin: Walter de Gruyter (2003).
Gut zugänglich, dabei nicht formal.

LYONS, JOHN: *Semantik I.* München: C.H. Beck (1992).

LYONS, JOHN: *Semantik II.* München: C.H. Beck (2000).
Ein Klassiker mit einem grundlegenden Kapitel zu Bedeutungsbeziehungen, dabei nicht formal.

8 Pragmatik

LEVINSON, STEVEN: *Pragmatics.* Cambridge: Cambridge University Press (1983).
Immer noch der Klassiker und gut lesbar; allerdings sind einige Teilbereiche heute veraltet.

MEIBAUER, JÖRG: *Pragmatik. Eine Einführung.* Tübingen: Stauffenburg Verlag (2001[2]).

9 Erstspracherwerb

KLANN-DELIUS, GISELA: *Spracherwerb.* Stuttgart: Metzler (2008).

LUST, BARBARA: *Child Language. Acquisition and Growth.* Cambridge: Cambridge University Press (2006).

10 Fremdspracherwerb und Deutsch als Fremdsprache

EDMONDSON, WILLIS/HOUSE, JULIANE: *Einführung in die Sprachlehrforschung.* Tübingen, Basel: A. Francke Verlag (2000²).

ELLIS, ROD: *Second Language Acquisition.* Oxford: Oxford University Press (1997).

RÖSLER, DIETMAR: *Deutsch als Fremdsprache.* Stuttgart: Metzler (1994).

3 Sonstige zitierte Literatur

AUSTIN, JOHN LANGSHAW: *How to do things with words.* Oxford: Oxford University Press (1962).

BERGENHOLTZ, HENNING: *Zur Morphologie deutscher Substantive, Verben und Adjektive.* Bonn: Dümmler (1976).

BURGER, HARALD/BUHOFER, ANNELIES/SIALM, AMBROS: *Handbuch der Phraseologie.* Berlin: Walter de Gruyter (1982).

CARLE, ERIC: *Die kleine Raupe Nimmersatt.* Hildesheim: Gerstenberg (1996).

CARSTENSEN, BRODER: „Das Genus englischer Fremd- und Lehnwörter im Deutschen". In: Viereck, Wolfgang (Hg.). *Studien zum Einfluß der englischen Sprache auf das Deutsche.* Tübingen: Gunther Narr (1980).

CLARK, HERBERT H.: *Using language.* Cambridge: Cambridge University Press (1996).

CURZAN, ANNE: "Corpus Linguistics and Historical Linguistics: Evidence of Language Change". In: Lüdeling, Anke/Kytö, Merja (Hg.). *Corpus Linguistics. An International Handbook.* Berlin: Mouton de Gruyter (erscheint).

DEACON, TERRENCE W.: *The symbolic species. The co-evolution of language and brain.* London: W.W. Norton & Company (1997).

DOWTY, DAVID/WALL, ROBERT E./PETERS, STANLEY: *Introduction to Montague semantics.* Dordrecht: Reidel (1981).

DRACH, ERICH: *Grundgedanken der deutschen Satzlehre.* Frankfurt a. M.: Diesterweg (1937, 1963⁴).

EISENBERG, PETER: „Das deutsche Schriftsystem." In: Günther, Hartmut/Ludwig, Otto (Hg.). *Schrift und Schriftlichkeit. Ein interdisziplinäres Handbuch internationaler Forschung.* 2. Halbband. Berlin: Walter de Gruyter (1996), 1451–1455.

ERICKSON, JON/GYMNICH, MARION: *Grundkurs Anglistische Sprachwissenschaft.* Stuttgart: Klett (1998).

FLEISCHER, JÜRG: „Zur Methodologie althochdeutscher Syntaxforschung". In: *Beiträge zur Geschichte der deutschen Sprache und Literatur.* 128 (2006), 25–69.

FREGE, GOTTLOB: „Über Sinn und Bedeutung". In: *Zeitschrift für Philosophie und philosophische Kritik.* NF 100 (1892), 25–50.

FUHRHOP, NANNA: *Grenzfälle morphologischer Einheiten.* Tübingen: Stauffenburg Verlag (1998).

GORDON, RAYMOND G., JR. (Hg.): *Ethnologue: Languages of the World.* Dallas, Tex.: SIL International (2005¹⁵). Online unter: http://www.ethnologue.com.

GOULD, STEPHEN JAY: *The Structure of Evolutionary Theory.* Cambridge: Belknap Press (2002).

GRICE, PAUL: "Logic and Conversation". In: Cole, Peter/Morgan, Jerry L. (Hg.). *Syntax and Semantics.* Bd. 3, New York: Academic Press (1975), 41–58.

HENCH, GEORG ALLISON: *The Monsee fragments. New coll. text with introduction, notes, grammatical treatise and exhaustive glossary.* Straßburg: Trübner (1890).

HOCKETT, CHARLES F.: „The origin of speech". In: *Scientific American.* 203 (1960), 88–96.

HÖHLE, TILMAN N.: Über Komposition und Derivation: zur Konstituentenstruktur von Wortbildungsprodukten im Deutschen. In: *Zeitschrift für Sprachwissenschaft.* 1 (1982), 76–112.

KNOBLOCH, CLEMENS/SCHAEDER, BURKHARD: „Kriterien für die Definition von Wortarten". In: Booij, Geert/Lehmann, Christian/Mugdan, Joachim (Hg.). *Morphologie – Ein internationales Handbuch zur Flexion und Wortbildung.* Berlin: Walter de Gruyter (2000), 674–693.

KÖPCKE, KLAUS MICHAEL/ZUBIN, DAVID A.: „Prinzipien für die Genuszuweisung im Deutschen". In: Lang, Ewald/Zifonun, Gisela (Hg.). *Deutsch typologisch. Jahrbuch des Instituts für Deutsche Sprache.* Berlin: Walter de Gruyter (1995), 473–49.

KREIDLER, CHARLES W.: Clipping and acronymy". In: Booij, Geert/Lehmann, Christian/Mugdan, Joachim (Hg.). *Morphologie – Ein internationales Handbuch zur Flexion und Wortbildung.* Berlin: Walter de Gruyter (2000), 956–963.

LABOV, WILLIAM: „The Boundaries of Words and their Meanings". In: Bailey, Charles-James N./Shuy, Roger (Hg.). *New Ways of Analyzing Variation in Englisch.* Washington, D.C.: Georgetown University Press (1973), 340–373.

LEECH, GEOFFREY: *Principles of Pragmatics.* London: Longman (1983).

LÜDELING, ANKE: *On Particle Verbs and Similar Constructions in German.* Stanford: CSLI (2001).

LÜDELING, ANKE: „Neoclassical word-formation". In: Brown, Keith (Hg.). *Encyclopedia of Language and Linguistics.* Oxford: Elsevier (2006).

MADDIESON, IAN: *Patterns of Sounds.* Cambridge: Cambridge University Press (1984).

MCMAHON, APRIL/MCMAHON, ROBERT: *Language Classification by Numbers.* Oxford: Oxford University Press (2005).

MEISENBURG, TRUDEL: „Zur Typologie von Alphabetschriftsystemen anhand des Parameters der Tiefe". In: *Linguistische Berichte.* 173 (1998), 43–64.

MONTAGUE, RICHARD: *Formal Philosophy. Selected Papers of Richard Montague. Edited and with an introduction by Richmond H. Thomason.* New Haven/ London: Yale University Press (1974).

MUGDAN, JOACHIM: *Jan Baudouin de Courtenay (1845–1929). Leben und Werk.* München: Wilhelm Fink (1984).

PARTEE, BARBARA/TER MEULEN, ALICE/ WALL, ROBERT E.: *Mathematical Methods in Linguistics.* Dordrecht: Kluwer (1990).

PELLETIER, FRANCIS JEFFRY: „Did Frege Believe Frege's Principle?". In: *Journal of Logic, Language, and Information.* 10 (2000), 87–114.

PULLUM, GEOFFREY/SCHOLZ, BARBARA: *Recursion and the infinitude claim.* Im Begutachtungsprozess, erscheint erst. Verfügbar unter http://ling.ed.ac.uk/~gpullum/bcscholz/Infinitude.pdf, 06.04.2008.

SANDERS, WILLY: *Sachsensprache, Hansesprache, Plattdeutsch.* Göttingen: Vandenhoeck und Ruprecht (1982).

SCHLEICHER, AUGUST: *Compendium der vergleichenden Grammatik der indogermanischen Sprachen. Kurzer Abriss der indogermanischen Ursprache, des Altindischen, Altiranischen, Altgriechischen, Altitalischen, Altkeltischen, Altslawischen, Litauischen und Altdeutschen.* 2 Bde. Weimar: H. Böhlau (1861).

SCHLOBINSKY, PETER: *Grammatikmodelle. Positionen und Perspektiven.*

Wiesbaden: Westdeutscher Verlag (2003).

SCHMID, HANS ULRICH: „Zölibazis Lustballon. Wortverschmelzungen in der deutschen Gegenwartssprache". In: *Muttersprache.* 3 (2003), 265–278.

SEARLE, JOHN: *Speech Acts – an Essay in the Philosophy of Language.* Cambridge: Cambridge University Press (1969).

SEARLE, JOHN: *Expression and Meaning: Studies in the Theory of Speech Acts.* Cambridge: Cambridge University Press (1979).

SIEKMEYER, ANNE: *Form und Gebrauch komplexer englischer Lehnverben im Deutschen: Eine empirische Untersuchung.* Bochum: Universitätsverlag Brockmeyer (2007).

SINCLAIR, JOHN: *Corpus, Concordance, Collocation.* Oxford: Oxford University Press (1991).

SONDEREGGER, STEFAN: *Althochdeutsche Sprache und Literatur.* Berlin: Walter de Gruyter (1987).

SÜTTERLIN, LUDWIG: *Die Deutsche Sprache der Gegenwart (Ihre Laute, Wörter, Wortformen und Sätze).* Leipzig: R. Voigtländers Verlag (1918[4]).

THIEROFF, ROLF: *Das finite Verb im Deutschen. Tempus – Modus – Distanz.* Tübingen: Narr (1992).

WEGENER, HEIDE: *Die Nominalflexion des Deutschen – verstanden als Lerngegenstand.* Tübingen: Niemeyer (1995).

WEGENER, HEIDE: „Entstehung und Funktion der Fugenelemente im Deutschen – oder: Warum wir keine *Autosbahn haben". In: *Linguistische Berichte.* 196 (2003), 425–457.

WITTGENSTEIN, LUDWIG: *Tractatus logico-philosophicus, Logisch-philosophische Abhandlung.* Frankfurt am Main: Suhrkamp (2003).